Reinertsen · Die neuen Werkzeuge der Produktentwicklung

Donald G. Reinertsen

Die neuen Werkzeuge der Produktentwicklung

Aus dem Amerikanischen von Klaus Feiten

HANSER

Carl Hanser Verlag München Wien

Titel der Originalausgabe: „Managing the Design Factory“

Published by arrangement with the original Publisher The Free Press, a subsidiary of Simon & Schuster Inc.

Die Deutsche Bibliothek – CIP-Einheitsaufnahme

Reinertsen, Donald:
Die neuen Werkzeuge der Produktentwicklung / Donald Reinertsen.
Aus dem Amerikan. von Klaus Feiten. – München ; Wien : Hanser,
1998
Einheitssacht.: Managing the design factory <dt.>
ISBN 3-446-19457-6

Internet: http//www.hanser.de
Umschlaggestaltung: MCP · Susanne Kraus GbR, Holzkirchen
Datenbelichtung: Wolframs Direkt Medienvertrieb GmbH, Attenkirchen
Druck und Bindung: Druckhaus „Thomas Müntzer“ GmbH, Bad Langensalza
Printed in Germany

Für meinen Bruder
LEE ALAN REINERTSEN

Vorwort

In den frühen achtziger Jahren arbeitete ich als Berater bei McKinsey & Co. für ein deutsches Unternehmen, das als Hersteller von Schreibmaschinen Weltruf genoß. Viele Jahre lang entwickelte dieses Unternehmen technisch brillante und wirtschaftlich erfolgreiche mechanische Erzeugnisse. Sein Produktentwicklungsprozeß war in jeder Hinsicht herausragend. Aber die Welt änderte sich: Elektronische Textverarbeitungssysteme und Computer begannen die mechanische Schreibmaschine zu verdrängen. Obwohl das Unternehmen diesen Trend voraussah und seine Produkte sowie seine Marketingstrategie entsprechend änderte, verschwand es vom Markt. Die Todesursache war der Produktentwicklungsprozeß. Der Prozeß, der das Unternehmen zum führenden Schreibmaschinenhersteller gemacht hatte, war für den Wettbewerb auf dem schnellebigen Markt elektronischer Produkte zu langsam.

Sein bislang herausragender Entwicklungsprozeß weihte dieses Unternehmen dem Untergang. Warum? Weil leider kein Prozeß für alles gleich gut ist. Der "beste Weg", mechanische Produkte für einen langlebigen Markt zu entwickeln, ist sehr verschieden von dem "besten Weg", elektronische Erzeugnisse für einen kurzlebigen Markt zu entwickeln. Die sequentiellen Optimierungstechniken, die brillante mechanische Erzeugnisse hervorbrachten, waren für Elektronik zu langsam – und das Unternehmen hatte diesen Unterschied nicht erkannt.

Warum sah man nicht rechtzeitig, daß der Prozeß sich ändern mußte? Die wirkliche Ursache des Problems war, daß dieses Unternehmen seinen Entwicklungsprozeß nicht *bewußt* auf *bestimmte* Ziele hin ausgerichtet hatte. Anderenfalls hätte man erkannt, daß eine Veränderung der Ziele eine Veränderung des Prozesses erfordert. Statt seinen Prozeß sorgfältig auf die Erfüllung bestimmter wirtschaftlicher Ziele zuzuschneiden, ließ das Unternehmen diesen Prozeß sich gleichsam naturwüchsig entfalten. Man tat, was auch viele amerikanische Unternehmen getan haben: bislang erfolgreiche Methoden einfach weiterverwenden. Was funktionierte, war "gut", was nicht funktionierte "schlecht". Das "Gute" wurde Teil des Prozesses und entwickelte sich zum Gesetz, das nicht in Frage gestellt werden konnte.

In diesem Buch vertrete ich einen anderen Ansatz. Ich glaube, daß wir einen Entwicklungsprozeß als eine Serie von bewußten Entscheidungen gestalten können, die von den grundlegenden wirtschaftlichen Zusammenhängen unserer Unternehmung bestimmt werden. Es gibt viele "beste Wege" in der Produktentwicklung – jeder für bestimmte wirtschaftliche Situationen.

Für mich ist der große Vorteil der Gestaltung des Entwicklungsprozesses auf einer solchen analytischen Grundlage, daß wir damit besser verstehen, warum wir bestimmte Dinge so und nicht anders machen. Wenn Sie wissen, warum Sie etwas tun, können Sie es anders machen, wenn sich die Begründungszusammenhänge ändern. In einer sich schnell ändernden Welt ist diese analytische Vorgehensweise überlebenswichtig, weil Sie damit aktiv werden können, bevor die offensichtlichen Anzeichen des Versagens auftreten.

Zur Erklärung dieses analytischen Vorgehens ziehe ich Ähnlichkeiten und Unterschiede zwischen Fertigungsprozeß und Produktentwicklungsprozeß heran. Für deutsche Unternehmen ist dabei die grundsätzlich verschiedene Bedeutung von Schwankungen im Prozeß vielleicht am schwersten zu verstehen. Wie viele amerikanische Firmen empfinden auch die Deutschen oft Schwankungen beziehungsweise Variabilität als prinzipiell negativ. In der Welt der Produktentwicklung ist das ein gefährlicher Fehler. In der Entwicklung entsteht Variabilität, weil wir neue Problem lösen und neue Lösungen finden. Wir könnten diese Variabilität nur zu einem inakzeptablen Preis beseitigen: das gesamte Risiko, alle Wissenserzeugung, alle Innovationen wären aus unseren Entwürfen zu verbannen. Wir müssen also einen Weg finden, mit der Variabilität zu leben.

Diese Koexistenz bedeutet nicht, daß wir auf jeglichen Versuch verzichten müßten, die Produktentwicklung unter Kontrolle zu bringen. Vielmehr akzeptieren wir Schwankungen und Unsicherheiten und richten die Entwicklung danach aus. Dabei wenden wir das, was wir in der Produktentwicklung gelernt haben, auf die Prozeßentwicklung an. Entscheidend bei der Prozeßgestaltung ist es, die Mathematik stochastischer Systeme zu verwenden, statt den Produktentwicklungsprozeß deterministisch aufzufassen. Den Entwicklungsprozeß "schwankungstolerant" zu machen, ist einer der Schlüssel erfolgreicher Produktentwicklung.

Mit dem richtigen analytischen Werkzeug können wir unsere Entwicklungsprozesse viel ökonomischer als die meisten heutigen Unternehmen gestalten. Uns winkt ein hoher Lohn. Besonders für viele europäische Unternehmen, die weltweit gegen niedrige Arbeitskosten und wachsende Qualität konkurrieren, ist Exzellenz in der Produktentwicklung eine der letzten Bastionen. Wer das ignoriert, könnte bald feststellen, daß sein Wettbewerber klüger war als er.

Donald Reinertsen

Redondo Beach, Kalifornien, Mai 1998

Inhaltsverzeichnis

Einführung

Eine Revolution in der Fabrik

Zu Beginn der frühen 80er Jahre fegte eine erstaunliche Revolution durch Amerikas Fertigungsunternehmen. Sie wurde nicht von einem Berater oder akademischen Guru ausgelöst. Alle führenden wirtschaftswissenschaftlichen Fakultäten ignorierten sie zunächst. Dennoch wird jeder Produktionsfachmann bestätigen, daß Just-in-Time-Manufacturing (JIT) wahrscheinlich für die Fertigungsindustrie mehr Bedeutung hat als alles, was seit der Einführung des Fließbands geschehen ist.

Diese Revolution enthielt viele Lehren, die direkt von der Fabrik auf das Entwicklungslabor übertragen werden können. Dazu gehören vor allem die Senkung der Losgrößen, die Steigerung der Flexibilität und die Reduzierung des Variantenreichtums. Subtiler, aber nicht weniger wichtig, sind zwei weitere Komplexe: der Irrtum, sich auf die bloße Effizienz von Prozessen zu konzentrieren, und die Notwendigkeit, Produkt und Prozeß aufeinander abzustimmen. Leider haben die meisten Unternehmen diese neuen Einsichten nur sehr langsam auf den Entwicklungsprozeß übertragen. Dies ist aber möglich – wo und unter welchen Bedingungen möchte das vorliegende Buch aufzeigen.

Heute sind die meisten von uns mit den Primäreffekten von JIT vertraut. Die Zykluszeiten in unseren Fabriken sind um Faktoren zwischen 10 und 100 gesunken. Wir haben die Lagerbestände um mehr als 90 Prozent reduziert und damit ein gewaltiges Kapital freigesetzt. Wir sind uns aber auch der sekundären Effekte bewußt, nämlich einer Verbesserung der Qualität, einer Beschleunigung des Lernens und einer Senkung der Produktionskosten. Die Just-in-Time-Revolution ist ein Beispiel dafür, welche Verbesserungen sich erzielen lassen, wenn man fundamentale Annahmen über ein System, in diesem Fall eine Fabrik, in Frage stellt. JIT ging das Problem auf ganz neue Weise an. Dieser Ansatz ignorierte alle herrschenden wirtschaftswissenschaftlichen Doktrinen und den festen Glauben von Generationen von Fertigungsfachleuten, Kaufleuten und Managern. In diesem Fall war ein Durchbruch das Ergebnis. Der Entwicklungsprozeß ist jetzt für einen ebensolchen Paradigmenwechsel reif. Im Verlauf dieses Buchs möchte ich Ihnen zeigen, wie viele unserer tiefsitzenden Überzeugungen von der

Produktentwicklung falsch und dysfunktional sein könnten. Um dies zu untersuchen, beginnen wir mit einem kurzen Abstecher zur gegenwärtigen Form des Produktentwicklungsprozesses.

Im Zelt des Medizinmanns

In den meisten Unternehmen ist Produktentwicklung eine Mischung aus schwarzer Kunst und esoterischen Ritualen. Die meisten Entwicklungsprozesse sind nicht bewußt entworfen worden, sondern haben sich einen holprigen Weg entlang entwickelt. Man probiert etwas aus, und wenn es funktioniert, macht man es weiter so. Lösungen, die nicht funktionieren, verwirft man und kommt auch nie wieder auf sie zurück. Unsere Prozesse enthalten die Spuren dieser evolutionären Anpassungen, eingebettet in unsere Rituale und Traditionen. Einige dieser Anpassungen bleiben nützlich. Andere veralten, bestehen aber als historische Überbleibsel weiter – in etwa so, wie wir einen Wurmfortsatz mit uns herumtragen. Die Produktentwicklung ist ein "unsauberer" Prozeß, vergleichbar dem alten Witz über das Wurstmachen: Man möchte die Würste genießen, will aber nicht wirklich genau wissen, wie sie entstanden sind.

Es ist sehr leicht, die Produktentwicklung eher als eine schwarze Kunst denn als eine Wissenschaft zu betrachten, weil so viele Elemente dieses Prozesses nicht vorhersagbar sind. Unvorhersagbarkeit ist zwangsläufig gegeben, wenn wir Dinge tun, die wir zuvor noch nie getan haben. Wir raten einfach, wie lange es dauern wird, wie gut die Ergebnisse sein werden und wieviel Geld es kosten wird. Dieses starke unvorhersagbare Moment kann uns zu der falschen Annahme verleiten, daß die Produktentwicklung völlig verschieden von repetitiven Tätigkeiten wie der Fertigung sei.

In diesem Buch werden wir uns bemühen, viel disziplinierter in unserem Denken zu sein. Wir werden sorgfältig untersuchen, was bei der Produktentwicklung wirklich geschieht. Dabei werden wir Werkzeuge wie die Warteschlangentheorie und die Informationstheorie auf das Feld der nicht vorhersagbaren Prozesse anwenden. Dies führt uns dazu, nutzlos gewordene Rituale in Frage zu stellen. Am Ende dieses Buchs werden Sie, so hoffe ich, überzeugt sein, daß solch ein Ansatz nützliche Einsichten vermittelt.

Es gibt keine „besten" Vorgehensweisen

Der Schwerpunkt dieses Buchs liegt auf Werkzeugen, nicht auf Regeln. Für manche Leser wird dies beunruhigend sein. Sicherlich funktionieren einige Ansätze besser als andere. Warum nicht vorbildliche Vorgehensweisen (*best practices*) ermitteln, ihnen folgen und von nun an bis in alle Ewigkeit glücklich leben?

Nach vielen Jahren Arbeit auf dem Gebiet der Produktentwicklung bin ich zu der Überzeugung gelangt, daß das Konzept der *best practices* eine verführerische, aber gefährliche Falle ist. *Best practices* sind nur in bestimmten Zusammenhängen und zur Erreichung bestimmter Ziele am "besten". Eine Veränderung entweder des Zusammenhangs oder des Ziels kann schnell eine "beste" in eine "dumme" Vorgehensweise verwandeln. So kann beispielsweise ein eigener Prototypenbau in dem einen Unternehmen eine hervorragende Lösung sein, in einem anderen dagegen zu einem wirtschaftlichen Desaster führen. In einem Maschinenbauunternehmen bietet ein eigener Prototypenbau die Möglichkeit, schnell zuverlässige Prototypen zu erzeugen. In einer Halbleiterfertigung dagegen könnte ein Prototypenbau unerhört teuer sein. Die große Gefahr der *best practice* ist, daß sich eine Vorgehensweise von ihrem Zweck und Kontext ablöst und eine rituelle Bedeutung erlangt, die mit ihrer ursprünglichen Absicht nichts mehr zu tun hat.

Diese Verzerrung scheint zu entstehen, weil wir die Tendenz haben, dem Etikett "Bester" den Rang eines absoluten Urteils einzuräumen. Niemand weigert sich, den "besten" Weg einzuschlagen. Es erfordert eine große geistige Klarheit zu erkennen, daß das Prädikat "Bester" irreführend sein kann. Abraham Lincoln fragte einmal einen Freund, wie viele Beine ein Pferd hätte, wenn man den Schwanz als Bein bezeichnete. Auf die Antwort "fünf" entgegnete Lincoln: "Nein, vier! Wenn du einen Schwanz ein Bein nennst, wird noch lange kein Bein daraus." Wenn etwas als *best practice* gilt, muß es noch lange nicht die beste Lösung zur Erreichung eines bestimmten Ziels in einem bestimmten Kontext sein.

Wir gehen mit diesem Problem am besten um, wenn wir stets skeptisch bleiben. Wir müssen immer daran denken, was wir eigentlich tun, und mit Wertvorstellungen überladene Etikettierungen vermeiden, die zu falschen Vereinfachungen führen. Aus diesem Grund konzentriert sich dieses Buch auf Werkzeuge statt auf Regeln und Rituale. Ein Werkzeug verbessert unsere Fähigkeit, eine bestimmte Wirkung in einem bestimmten Zusammenhang zu erzielen. Ein Hammer ist ein gutes Werkzeug, um Nägel einzuschlagen, aber zum Schrauben ziemlich ungeeignet. Mit einem solchen Bild werden wir aller Voraussicht nach klarer denken als mit der Stilisierung bestimmter Techniken zu *best practices*.

Die Werkzeuge dieses Buchs lassen sich in zwei grundsätzliche Kategorien unterteilen. Werkzeuge, die uns beim Nachdenken über das Problem der Produktentwicklung helfen, werden "Denkwerkzeuge" genannt. Sie ermöglichen uns zu verstehen, warum wir bestimmte Dinge tun müssen. Diese Werkzeuge sind größtenteils aus der Welt der Ingenieurwissenschaften und der Wirtschaftswissenschaften entliehen. Manager müssen allerdings mehr tun, als nachzudenken, sie müssen handeln. Hierfür stellen wir "Handlungswerkzeuge" bereit.

Beide Arten von Werkzeugen sind für den Erfolg notwendig; die Denkwerkzeuge sind dabei die grundsätzlicheren. Denkwerkzeuge versetzen uns in die Lage zu verstehen, *warum* wir Dinge tun, und nicht einfach, was zu tun ist. Der große japanische Ingenieur Shigeo Shingo berichtete in seinem Buch *Die lagerlose Produktion*, daß er immer wieder von Amerikanern besucht werde, die auf der Suche nach Know-how seien, sich für das "Know-why" aber selten interessierten. Er betonte, daß seine Besucher seinen Erfolg niemals verstehen würden, solange sie ihn nicht fragten, *warum* er gewisse Dinge tue. Nur mit dem Wissen *warum* kann man die Fähigkeit erwerben, in einer sich ständig ändernden Welt ein Konzept an eine bestimmte Situation anzupassen. In diesem Buch hoffe ich Ihnen helfen zu können, die Fähigkeit zur klaren Erkenntnis darüber zu entwickeln, warum gewisse Dinge in gewissen Situationen funktionieren.

Woher die Ideen kommen

Die brauchbarsten Ideen in diesem Buch kommen von Praktikern. Ich bin besonders dankbar für die wertvollen Anregungen, die ich von meinen Beratungskunden und von den Teilnehmern an meinen mehrmals im Jahr stattfindenden Produktentwicklungskursen am California Institute of Technology in Pasadena erhalten habe. Diese Leute haben mir geholfen herauszufinden, welche Ideen aus der Flut der Managementliteratur tatsächlich in der Praxis funktionieren.

Einige Praktiker verdienen eine besondere Erwähnung. Marv Patterson, Autor des Werks *Accelerating Innovation*, gab mir den ersten Anstoß, über die Beziehung von Informationstheorie und Produktentwicklung nachzudenken. Dan Krupka von AT&T war ähnlich wichtig dabei, mein Interesse an der Warteschlangentheorie wiederzubeleben.

Der verstorbene Chris Lorenz von der *Financial Times*, Verfasser des Buchs *The Design Dimension*, spielte eine einzigartige Rolle. Er erfaßte den wirtschaftlichen Wert der ökonomischen Analysewerkzeuge bereits vor fast vierzehn Jahren, mindestens ein Jahrzehnt vor jedem anderen Beobachter. Ich bin fest überzeugt, daß ich mich ohne seine Unterstützung niemals auf dieses enge Gebiet der Beratung hätte spezialisieren können, und bin ihm daher zutiefst verpflichtet.

Wie immer interessiere ich mich für die Ansichten meiner Leser.
Ich bin unter folgender Adresse zu erreichen:

Donald Reinertsen
Reinertsen & Associates
600 Via Monte D'Oro
Redondo Beach, CA 90277
Telefon: (310) 373-5332
Fax: (310) 373-5093
Email: DonReinertsen@compuserve.com

Der Aufbau dieses Buchs

Der erste Abschnitt dieses Buchs stellt das Konzept der Entwicklungsfabrik vor. Ein solches Konzept bildet nur *ein* Muster des Produktentwicklungsprozesses, es ist jedoch, wie ich glaube, ein nützliches. Als Modell ist es ein Abbild der Wirklichkeit und nicht die Wirklichkeit selbst. Darin liegt seine Stärke und zugleich seine Schwäche. Als eine vereinfachte Abstraktion kann das Konzept nützliche Einblicke erzeugen. Wir müssen uns allerdings immer wieder daran erinnern, daß diese Abstraktion einen Schleier zwischen uns und die Realität des Prozesses legt. Dies wird leicht vergessen.

Im zweiten Abschnitt führen wir einige Denkwerkzeuge ein, die uns helfen, unser Modell zu verstehen. Diese Werkzeuge entstammen der Welt der Ingenieurwissenschaften und der Wirtschaftswissenschaften: sie helfen uns, das Problem der Produktentwicklung stärker quantitativ zu betrachten. Interessanterweise entstehen dabei – wie oft bei quantitativen Werkzeugen – auch qualitative Einsichten. Die Werkzeuge, die wir benutzen, sind Wirtschaftlichkeitsmodelle, Warteschlangentheorie, Informationstheorie und Systemtheorie. Diese Werkzeuge sind weder besonders neu noch besonders schwer zu verstehen.

Der dritte Teil dieses Buchs deckt Handlungswerkzeuge ab. Diese Werkzeuge kommen in erster Linie aus der Managementwelt. Sie umfassen Aufbau- und Ablauforganisation ebenso wie Risikomanagement.

Schließlich besprechen wir, welche Schritte ergriffen werden können, um in den Entwicklungsprozeß zu intervenieren und ihn zu verbessern. Wenn Sie die neuen Ideen nicht in Taten umsetzen, haben Sie ihre Zeit mit der Lektüre dieses Buchs verschwendet. Lassen Sie uns jetzt beginnen, indem wir die Entwicklungsfabrik im Detail betrachten.

TEIL 1

DIE ENTWICKLUNGSFABRIK

1 Wir betreten die Entwicklungsfabrik

Stellen Sie sich vor, Sie hätten ein Unternehmen mit einem großen Bankkonto, das keine Zinsen bringt. Sie wären unglücklich. Nun stellen Sie sich weiter vor, daß dieses Konto jährlich die Hälfte seines Kapitalvermögens verliert. Sie wären außer sich. Dabei ist das genau die Situation der meisten Unternehmen, die versuchen, ihren Produktentwicklungsprozeß zu managen. Sie haben viel Geld in teilweise abgeschlossene Entwürfe investiert, aber diese Investitionen bringen ihnen nichts ein, solange die Produkte nicht vermarktet werden. Die Investitionen sind gefährdet, weil die Einführung eines Konkurrenzprodukts über Nacht das zum Teil abgeschlossene Projekt wertlos machen kann. Im Grunde genommen haben sie ein großes Vermögen, das nicht nur keine Zinsen bringt, sondern darüber hinaus sehr schnell seinen Wert verliert. Es gibt allerdings einen grundsätzlichen Unterschied: Die meisten Unternehmen haben keine Ahnung, wie groß dieses Vermögen ist oder welchen Gewinn es abwerfen könnte.

Dieses Kapitel führt das Konzept der Entwicklungsfabrik ein, auf dem wir aufbauen werden, wenn wir später mächtigere, analytische Werkzeuge vorstellen. Wir behandeln die Ziele der Entwicklungsfabrik sowie ihren Ausstoß und ihre Lagerbestände und untersuchen Ähnlichkeiten wie Unterschiede zwischen der Entwicklungsfabrik und der Fertigungsfabrik. Ich habe den Begriff “Entwicklungsfabrik” für den Produktentwicklungsprozeß gewählt, weil er uns einen für die Betrachtung dieses Prozesses nützlichen Kontext bietet. Indem wir die Produktentwicklung als ein Fertigungsproblem sehen, können wir gewisse Werkzeuge und Konzepte verwenden, die sich für repetitive Prozesse wie die Fertigung als nützlich erwiesen haben.

Es gibt gute Gründe, die Entwicklung mit den Augen eines Fertigungstechnikers zu betrachten. Im allgemeinen ist die Fertigung im Vergleich zur Produktentwicklung durch sorgfältigeres Management und tiefere Reflexion von Erfahrungswissen gekennzeichnet. Dies ist teilweise darauf zurückzuführen, daß wir in der Fertigung bessere Buchhaltungssysteme haben, welche die Messung von Leistungen erleichtern. Ein weiterer Grund ist, daß wir auf diesem Gebiet mehr Geld ausgeben, so daß ihm das Management größere Aufmerksamkeit widmet. Es kann auch daran liegen, daß die Fertigung als repetitiver Prozeß eine bessere Lernkurve ermöglicht als die nicht-repetitive Produktentwicklung. Was immer die Ursache sein mag – Tatsache ist, daß wir die Fertigung gründlicher als die Produktentwicklung untersucht haben. Dieses sorgfältige Studium hat unser Denken geschärft und einige nützliche Werkzeuge hervorgebracht, die mit Gewinn auf den Entwicklungsprozeß angewandt werden können.

Unsere Ziele sind wirtschaftlich

Am Anfang unserer Überlegungen muß die Frage stehen: "Was ist das Ziel der Entwicklungsfabrik?" Wir können nicht die Entwicklungsfabrik optimieren, wenn wir uns nicht darüber im klaren sind, was wir zu optimieren versuchen.

Die Antwort ist einfach: Die Entwicklungsfabrik hat einen Zweck – im übrigen denselben wie die Fertigungsfabrik –, nämlich Profit zu machen. Ich möchte behaupten, daß die Fabrik kein wichtiges Ziel hat, das nicht in wirtschaftlichen Begriffen quantifiziert werden könnte. Ich behaupte weiterhin, daß uns nur der Versuch einer solchen Quantifizierung in die Lage versetzt, die Konsequenzen bestimmter Handlungen objektiv abzuwägen. Wir sind lediglich Philosophen, bis wir anfangen, Zahlen zu benutzen.

Diese Sicht ist nicht so kraß gewinnsüchtig, wie es scheint. Aller Profit leitet sich aus einer einzigen Quelle ab: der Fähigkeit, Dinge oder Dienstleistungen teurer zu verkaufen, als ihre Herstellung oder ihr Erwerb sind. Unser Verkaufspreis ist ein Maß des Werts, den Menschen unserem Angebot beimessen. Wenn es uns nicht gelingt, einen hinreichenden Wert für Kunden zu erzeugen, werden sie ihr Geld für etwas anderes ausgeben. In diesem Sinne ist der Verkaufspreis die Botschaft des Kunden, daß wir etwas Nützliches getan haben. Unsere Kosten sind dagegen ein Maß dafür, wie gut wir Zeit und materielle Ressourcen nutzen. Ein Hersteller, der Material, Arbeit und Energie effizient in Erzeugnisse umwandeln kann, wird mit Gewinn belohnt. Wenn Ressourcen verschwendet werden, fallen die Gewinne. In diesem Sinne ist Gewinn einfach ein Maß dafür, wie effizient wir Zeit und Ressourcen in Dinge umwandeln können, die von anderen Menschen geschätzt werden. Wenn wir etwas Wichtiges für Menschen tun, ohne Zeit und Ressourcen zu verschwenden, werden wir mit Profit belohnt.

Wir werden diese Maßeinheit für Profit in Kapitel 2 vollständiger entwickeln. Dort zeigen wir, wie die Größen Aufwand, Kosten, Leistung und Zeit auf einen gemeinsamen Nenner von Rentabilität gebracht werden können. Vorläufig wollen wir festhalten, daß wir letztlich auf Profite, nicht auf Produkte abzielen.

Erzeugnisse und Entwürfe

Wie erzeugt die Entwicklungsfabrik diese Profite? Hier liegt ein grundsätzlicher Unterschied zur Fertigungsfabrik. Einen Entwurf herzustellen ist etwas anderes, als ein Produkt herzustellen. Wie Marv Patterson in seinem Buch *Accelerating Innovation* betont hat, ist der Zweck eines Entwurfs, Informationen zu erzeugen. Es ist der Unterschied zwischen dem Kochen des Essens und dem Schreiben der Rezepte. Die Fertigungsfabrik erzeugt Nahrung, die Menschen essen können. Die Entwicklungsfabrik schafft Rezepte. Hinter dieser einfachen Aussage verbergen sich interessante Implikationen, auf die wir in Kapitel 4 im Rahmen informationstheoretischer Ausführungen näher eingehen werden. Lassen Sie uns jetzt nur ein paar grundlegende Beobachtungen machen.

Die Rezepte, die wir in der Entwicklungsfabrik erzeugen, erreichen ihren Zweck nur, wenn sie in unser Ziel umgesetzt werden, nämlich Profit. Das *einzige* Maß für den Wert unseres Entwurfs ist damit sein wirtschaftlicher Wert. Unsere Entwürfe sind nicht wichtig, weil sie innovativ oder schön sind: sie sind nur wichtig, wenn sie Geld machen. Doch unsere Entwürfe werden nur Geld machen, wenn wir Rezepte entwickeln, die dazu tauglich sind, Material, Arbeit und Betriebskosten besser als unser Wettbewerb in wertvolle Funktionalität umzuwandeln.

Unsere Rezepte müssen gut sein – aber sie sind auch verderblich. Die Fähigkeit eines Entwurfs, Geld zu machen, hängt entscheidend von der Zeit ab. Unser Rezept wird ständig an Rezepten anderer Anbieter gemessen. Der Profit des Rezepts wird von seinem Wert bestimmt, der sich aus Verkaufspreis und Kosten zusammensetzt. Diese beiden Faktoren verändern sich mit der Zeit. So verkaufte sich zum Beispiel der ursprüngliche Sony-Walkman für etwa 150 Dollar. Da seine Herstellung weniger als 150 Dollar kostete, war er gewinnbringend. Derselbe Entwurf würde heute kein Geld mehr bringen, weil der Marktpreis für diese Funktionalität weniger als 30 Dollar beträgt. Die Preise sind gefallen, weil die heutigen Entwürfe andere Rezepte haben. Diese Entwürfe haben Metallteile durch Plastikteile ersetzt und können zu den heutigen niedrigen Preisen gewinnbringend verkauft werden.
Wir brauchen also gute Rezepte, und wir brauchen sie früher als unser Wettbewerb.

Entwicklungsauftragsbestand

Wenn wir eine Entwicklung starten, tätigen wir Investitionen in die Erzeugung von Rezepten. Das Rezept bringt aber erst Gewinn, wenn das Essen fertig ist. Solange das Rezept noch unvollständig ist, verfügen wir über eine Investition, die kein Geld verdient. Wir nennen diese Investition *Entwicklungsauftragsbestand*, auf Englisch *design-in-process inventory (DIP)*.

Dieser Begriff ist das Äquivalent zum Fertigungsauftragsbestand, *work-in-process inventory (WIP)*, in der Fertigungsfabrik. Wie der Bestand an Fertigungsaufträgen ist der Bestand an Entwicklungsaufträgen ein Zeichen für die Gesundheit unseres Prozesses. Wenn wir unsere Entwürfe schnell zur Marktreife entwickeln, können wir schnell anfangen, Geld zu verdienen, was sehr positiv ist. Wenn wir langsam sind, werden wir ein hohes DIP-Niveau haben, und dieser Bestand an Entwicklungsaufträgen bringt uns nichts ein. Der Entwicklungsprozeß hat also ebenso Bestände wie die Fabrik.

Das Inventar an Entwicklungsaufträgen ist wichtiger als die Lagerbestände in der Fabrik, weil es weitaus größer ist und höhere Kosten verursachen. Fertigungsfabriken setzen ihre Bestände ungeheuer schnell um. Moderne Fabriken können ihren Gesamtbestand mehr als 50mal pro Jahr umschlagen. Im Gegensatz dazu kommt kaum ein Entwicklungsprozeß auf mehr als einen Durchlauf pro Jahr. Somit ist in den meisten Unternehmen der Entwicklungsauftragsbestand (DIP) wesentlich größer als der Fertigungsauftragsbestand (WIP). Wie Bild 1.1 zeigt, können in vielen Situationen die Zahlen für DIP leicht zehnmal höher sein als die für WIP.

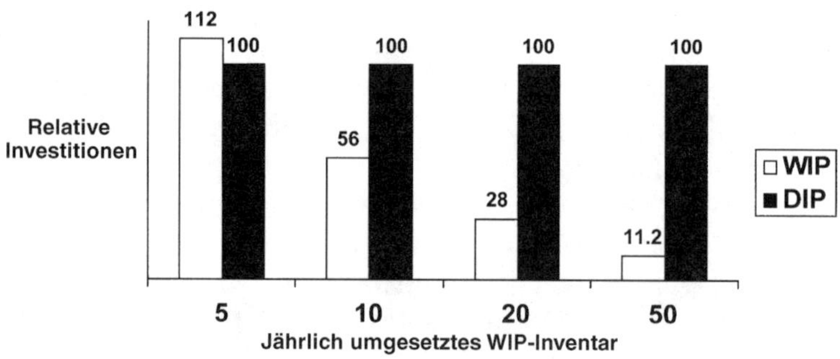

***Bild 1.1:** Entwicklungsauftragsbestand (DIP)*
Anmerkung: Vorausgesetzt wird ein zehnprozentiges Verhältnis von F&E zu Verkauf sowie ein zweijähriger Entwicklungszyklus.

Darüber hinaus sind die DIP-Kosten wesentlich höher als die für *work-in-process*. Eine traditionelle Faustregel besagt, daß die Finanzierung des Fertigungsauftragsbestands pro Jahr etwa 25 Prozent des gesamten Inventarwerts kostet. Dies schließt Lagerkosten, Kapitalkosten, das Risiko der Veralterung usw. ein. Die Kosten des Entwicklungsauftragsbestands sind wesentlich höher, weil das Risiko der Veralterung so hoch ist. In bestimmten Bereichen hat ein Produkt, das zwei Jahre zu spät auf den Markt kommt, überhaupt keinen Wert mehr. Die meisten Fertigungsauftragsbestände verlieren ihren Wert nicht annähernd so schnell.

Man sollte glauben, daß die hohen Entwicklungsauftragsbestände und deren Kosten einen Anreiz für das Management darstellten, diese Größen zu messen und zu managen. Bedauerlicherweise wird das Problem aufgrund einer entscheidenden Schwäche unserer Buchhaltungssysteme ignoriert. Sehen Sie beispielsweise in einen Geschäftsbericht. Wo ist der Entwicklungsauftragsbestand? Warum findet sich kein Nachweis seiner Existenz?

Die Unterdrückung des Entwicklungsauftragsbestands ist ein grausamer Streich, den uns die allgemein akzeptierten Buchhaltungsprinzipien spielen. Vor langer Zeit entschieden die Buchhalter, daß F&E-Aufwände zu dem Zeitpunkt berücksichtigt werden sollten, an dem das Geld ausgegeben wird. Sie behaupteten, daß der Wert einer zum Teil abgeschlossenen Entwicklung nicht hinreichend genau eingeschätzt werden könne, um ihn als finanziellen Aktivposten zu behandeln. Sie glaubten, daß Unternehmen ihre Bilanzen aufblasen und ihre Profite übertreiben würden, wenn sie Geld, das für F&E ausgegeben wurde, wie ein Bankkonto behandelten.

Diese Argumente sind vernünftig, aber die unglückliche Konsequenz einer solchen vernünftigen Buchhaltungspraxis ist es, daß der Entwicklungsauftragsbestand in unseren Gewinn-und-Verlust-Rechnungen unsichtbar ist. Weder Aktionäre noch Manager haben die geringste Idee, ob mit dieser Ressource gut umgegangen wird. Weil wir ihn nie irgendwo ausweisen, betrachten wir den Entwicklungsauftragsbestand nicht als einen Aktivposten, den wir managen müssen.

Eine nicht abgeschlossene Produktentwicklung ist also wie ein unsichtbares Konto, das keine Zinsen bringt. Man hat ohne ein Ergebnis Zeit und Aufwand investiert. Schlimmer noch, sie gleicht einem Konto ohne Zinsen, das seinen Geldwert sehr schnell verliert.

Der größte Wert des Wissens über Entwicklungsauftragsbestände liegt darin, daß wir dadurch erst in die Lage versetzt werden, etwas an dem Problem zu ändern. Wenn wir nicht wissen, daß es Entwicklungsauftragsbestände gibt, können wir sie nicht managen. Wir werden später in diesem Buch sehen, wie verschiedene Optionen von Entwicklungsprozessen das Ausmaß und die Kosten dieses Inventars reduzieren können.

Steigende Änderungskosten

Die Entwicklungsfabrik hat wie die Fertigungsfabrik Gewinnziele und Inventar. Es gibt allerdings Gebiete, auf denen die Entwicklungsfabrik große Unterschiede zur Fertigungsfabrik aufweist. Ein solches Gebiet ist das Verhalten der Änderungskosten während des Prozesses.

Die Kosten für die Durchführung von Änderungen in der Produktentwicklung steigen mit fortlaufendem Prozeß exponentiell an. Dies ist ein wesentlicher Unterschied zur Fertigung, wo der Wertzuwachs während des Prozesses eher linearer steigt. In einem Entwicklungsprozeß sind die Kosten für frühe Änderungen außerordentlich niedrig, wohingegen die Kosten der späten Änderungen sehr hoch sind. Diese Betonung der wirtschaftlichen Seite ist für das Management des Entwicklungsprozesses von entscheidender Bedeutung. Exponentiell steigende Kosten erfordern es unbedingt, Änderungen in die frühen Phasen des Entwicklungsprozesses zu verlagern, wo sie Hunderte von Malen billiger sind. Bild 1.2 stellt die Änderungskosten in Entwicklung und Fertigung gegenüber.

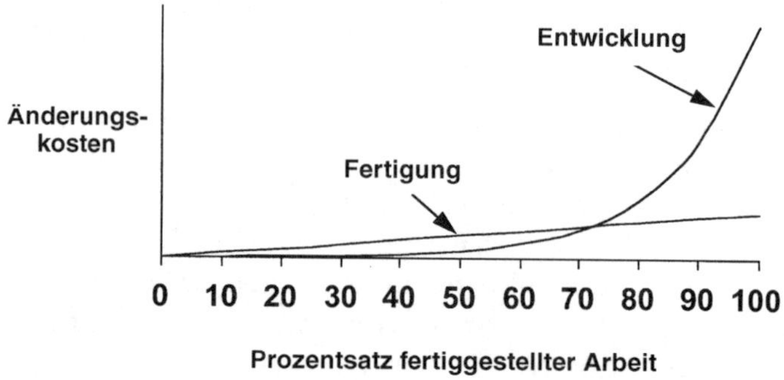

Bild 1.2: Steigende Änderungskosten

Wegen dieser Kostenkurve ist das Änderungsmanagement in der Entwicklungsfabrik von zentraler Bedeutung. Späte Änderungen sind sehr teuer. Wir werden in diesem Buch sehen, welche Konsequenzen dies für die Informationserzeugung und das Risikomanagement hat.

Späte Verfügbarkeit von Informationen

Ironischerweise ist es zwar sehr leicht, von einer möglichst weitgehenden Verlagerung aller Änderungen in die frühen Phasen des Entwicklungsprozesses zu sprechen, aber sehr schwer, es tatsächlich zu tun. Das Schlüsselproblem ist, daß Informationen in der Entwicklungsfabrik später als in der Fertigungsfabrik verfügbar werden. Um dies besser zu verstehen, müssen wir einen feinen Unterschied zwischen Informationen über Anforderungen und Informationen über die Durchführung machen.

In einem Fertigungsverfahren ist unsere Produktanforderung zu Beginn des Prozesses hundertprozentig vollständig. Die Anforderungen ändern sich während des Prozesses fast nie. Mit jedem Herstellungsschritt versuchen wir eine Rückmeldung über die Effizienz unseres Prozesses zu erhalten. Wenn wir eine Zwischenanforderung nicht erfüllt haben, greifen wir korrigierend ein. Wenn wir beispielsweise eine Welle zerspanen, kennen wir die erforderlichen Maße zu Beginn der Bearbeitung. Wir überprüfen die einzelnen Bearbeitungsschritte und stellen nötigenfalls unsere Prozeßparameter nach.

Lassen Sie uns damit die Produktentwicklung vergleichen. Wir glauben, wir hätten die Anforderungen definiert, aber irgendwie ändern sie sich immer während des Entwicklungsprozesses. Das heißt, daß wir, anders als im Fertigungsprozeß, einige unserer Anforderungen erst nach Beginn der Arbeit erhalten. Zudem bekommen wir von unseren Kunden Rückmeldungen über die Eignung unserer Entwurfslösung, nachdem wir die konstruktiven Entscheidungen getroffen haben. Diese Rückmeldungen kommen oft sehr spät, etwa dann, wenn wir am Ende des Entwicklungsprozesses Beta-Tests durchführen. Zum Beispiel können wir unsere Welle mit einer bestimmten Stärke entwerfen und dann entdecken, daß die Welle im Praxistest aufgrund unerwartet hoher Belastungen bricht. Nun müssen wir sehr spät im Entwicklungsprozeß Änderungen durchführen. Somit trifft uns das Problem der späten Informationsbereitstellung. Bild 1.3 zeigt die Unterschiede in der Informationsbereitstellung zwischen der Entwicklungsfabrik und der Fertigungsfabrik.

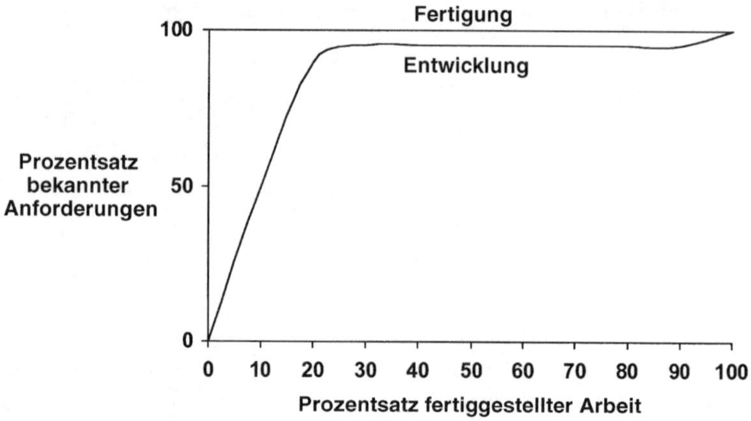

Bild 1.3: *Informationsbereitstellungsprofile*

Interessanterweise trägt die späte Informationsbereitstellung zum Anstieg der Verzögerungskosten bei, weil viele Informationen erst eintreffen, wenn es sehr teuer wird, auf sie zu reagieren. Wenn wir uns diesem Problem später im Buch näher widmen, werden wir entdecken, daß wir diese späte Informationsbereitstellung nicht passiv hinnehmen müssen. Vielmehr können wir die Informationsbereitstellung aktiv managen und damit die Wirtschaftlichkeit des Entwicklungsprozesses gravierend beeinflussen.

Nicht-repetitive Prozesse

Es gibt einen anderen wichtigen Unterschied zwischen der Entwicklungsfabrik und der Fertigungsfabrik. Die Fertigungsfabrik tut üblicherweise Dinge mehr als einmal nacheinander. Die Entwicklungsfabrik beschäftigt sich im Gegensatz dazu in erster Linie mit nicht-repetitiven Prozessen. In der Entwicklungsfabrik erledigen wir praktisch niemals dieselbe Sache zweimal auf dieselbe Art und Weise. Der Entwicklungsprozeß erzeugt Informationen oder "Rezepte", und es hat keinen Wert, dasselbe"Rezept" zweimal zu schaffen. Für die Fertigungsfabrik liegt der Wert darin, das gleiche Produkt zweimal herzustellen. Anders als im Fertigungsprozeß findet im Entwicklungsprozeß nur dann eine Wertschöpfung statt, wenn wir etwas ändern. Man könnte sagen, daß wir kein Geld verdienen können, indem wir das Rad neu erfinden, jedoch sehr wohl, indem wir das gleiche Rad oft hintereinander produzieren.

Der ständige Druck, etwas neu und anders zu machen, hat wichtige Implikationen für unser Management des Prozesses. Hierin liegt die Ursache dafür, daß im Entwicklungsprozeß viel mehr Streuung als in repetitiven Fertigungsverfahren auftritt. Diese Streuung oder Variabilität – wir verwenden dafür auch den Begriff "Schwankungen" – ist ein Indikator dafür, daß wir im Entwicklungsprozeß etwas neu machen und damit Wert erzeugen.

Leider haben viele Manager, geschult in der Reduzierung von Streuung in ihren Fertigungsprozessen, nicht sorgfältig genug überlegt, ob die Bekämpfung von Streuung in ihren Entwicklungsprozessen ebenso erfolgversprechend ist. Wie wir in Kapitel 4 zeigen werden, sind Risiko und damit verbunden Variabilität inhärente und *wünschenswerte* Merkmale von Entwicklungsprozessen. Sie liegen im Zentrum der Fähigkeit dieses Prozesses, Informationen zu erzeugen. Der Weg zur Eliminierung von Variabilität kann in Entwicklungsprozessen leicht zu einem Prozeß ohne Wertschöpfung führen.

Dieser Unterschied in der Bedeutung von Variabilität hat wichtige Implikationen für die Art von Werkzeugen, welche die Entwicklungsfabrik vom Fertigungsprozeß übernehmen kann. Der Fertigungsprozeß, der repetitiver Natur ist, profitiert von der Reduzierung von Variabilität und hat daher zu diesem Zweck geeignete Werkzeuge entwickelt. Die Entwicklungsfabrik braucht Veränderlichkeit und damit Werkzeuge, die es erlauben, mit dieser Veränderlichkeit zu leben. Wenn wir Werkzeuge der Fertigungsfabrik blind in der Entwicklungsfabrik benutzen, kann dies mehr schaden als nutzen. Beispielsweise verwenden wir in Fertigungsprozessen Kennzahlen und Standards, wir messen Abweichungen, und wir korrigieren Parameter. Wir werden später sehen, inwiefern dieser Ansatz für die Welt der Produktentwicklung ungeeignet sein kann.

Glücklicherweise bedeutet die mangelnde Eignung der Fertigungswerkzeuge nicht, daß wir ohne Hilfsmittel bleiben müßten. Unsere Fertigungswerkzeuge eignen sich gut für voraussagbare, deterministische Prozesse, aber in der Entwicklung sind wir mit veränderlichen, nichtrepetitiven Prozessen konfrontiert. Die gute Nachricht ist, daß zur Handhabung solcher Prozesse leistungsfähige Werkzeuge entwickelt wurden. Wir stellen diese spezialisierten Werkzeuge in den Kapiteln 3, 4 und 5 vor.

Expansive Arbeit

Es gibt einen letzten, wichtigen Unterschied zwischen Entwicklungsfabrik und Fertigungsfabrik. Dieser Unterschied entspringt aus der nicht-repetitiven Natur des Entwicklungsprozesses, die wir gerade diskutiert haben. Eine Fertigungsfabrik tut Dinge normalerweise mehr als einmal. Wann immer wir repetitive Aufgaben bearbeiten, haben wir einen impliziten Standard dafür, wie lange die Arbeit dauern sollte. Die Ziellinie des Fertigungsprozesses ist klar definiert: Ein Teil ist entweder fertig oder nicht. Wenn wir zum Beispiel ein Stück Metall zerspanen, messen wir es, um festzustellen, ob wir fertig sind. Wenn wir die gewünschten Maße erreicht haben, hören wir auf.

In der ganz anders gearteten Welt der Entwicklung dehnt sich unsere Arbeit perverserweise aus, um die verfügbare Zeit zu füllen. Einige Manager machen die Entwickler für dieses Problem verantwortlich. In Wirklichkeit ist es der Aufgabe inhärent, weil es ein Problem zu lösen gilt, das vorher noch nicht gelöst worden ist. Wenn wir zum erstenmal mit einem Problem konfrontiert sind, erwägen wir verschiedene Möglichkeiten, einige wahrscheinliche, einige weit hergeholte. Normalerweise schließen wir die unwahrscheinlichen Möglichkeiten aus und beginnen mit der Überprüfung der wahrscheinlichen Lösungen. Das klassische Modell der Entwicklung wird in *The Sciences of the Artificial*, dem berühmten Werk des Nobelpreisträgers Herbert Simon erklärt. Nach Simons Beobachtung suchen wir nicht ewig nach einer perfekten Lösung, sondern hören auf, wenn wir eine zufriedenstellende finden. Das Erreichen einer solchen annehmbaren Lösung bildet die Grenze von Simons Entwicklungswelt.

In der Welt der Produktentwicklung hören wir selten auf, wenn wir eine zufriedenstellende Lösung erreichen, weil dies nur zu einem zufriedenstellenden Produkt führen würde. Wir hören auf, wenn wir keine Zeit mehr haben. Sie können dies selbst überprüfen, wenn Sie sich vor Augen führen, wann Entwicklungsaufgaben vom Zeitplan her abgeschlossen sein sollen und wann sie tatsächlich beendet werden. Wenn eine Entwicklungsaufgabe beendet wäre, sobald ein Ingenieur eine zufriedenstellende Lösung findet, wären theoretisch einige Aufgaben vor der Zeit und einige auch erst verspätet abgeschlossen. In der Praxis sehen wir aber etwas ganz anderes: Entwicklungsprojekte sind entweder rechtzeitig oder zu spät fertig – niemals zu früh. Wir hören auf, wenn wir keine Zeit mehr haben. Wenn wir früher als geplant eine zufriedenstellende Lösung finden, nutzen wir die zusätzliche Zeit, eine bessere zu finden, weil es immer noch Möglichkeiten gibt, die Leistung zu verbessern oder die Kosten zu senken. Es gibt wenige Anreize dafür, unsere Arbeit verfrüht abzuliefern, weil das nächste Projekt wahrscheinlich sowieso noch nicht begonnen werden kann. Es ist immer attraktiver, einen Entwurf "auf Hochglanz zu bringen", als zuzusehen, wie er Staub ansammelt, während man auf die nächste Arbeit wartet. Die tatsächlichen Zeiten für die Aufgabendurchführung unterscheiden sich stark von den theoretischen (Bild 1.4).

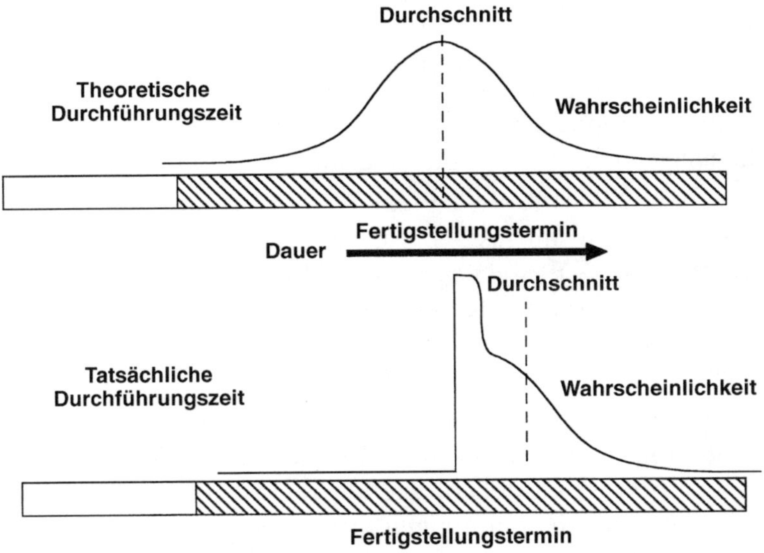

Bild 1.4: Theoretische vs. tatsächliche Aufgabendurchführungszeiten

Die Eigenart der Entwicklungsarbeit, sich auszudehnen, hat, wie wir in Kapitel 11 sehen werden, wichtige Implikationen. Der Zeitplan wird sich unerbittlich zerfransen, wenn wir nicht einen Prozeß entwickeln, der diese Expansion kompensiert. Zum Glück gibt es hierzu Mittel und Wege.

Zusammenfassung

Wie wir gesehen haben, gibt es zwischen der Entwicklungsfabrik und der Fertigungsfabrik viele Ähnlichkeiten. Beide wollen Geld verdienen. Beide verwenden Input-Ressourcen, um Output zu produzieren. Im einen Fall besteht dieser Output aus Produkten, im anderen Fall aus Informationen. Beide Fabriken haben Inventar, obwohl der Entwicklungsauftragsbestand aufgrund unserer Buchhaltungspraxis größtenteils finanziell unsichtbar ist.

Zugleich gibt es einige grundlegende Unterschiede. In der Entwicklungsfabrik steigen die Änderungskosten während des Prozesses dramatisch. Dies hat Einfluß auf unseren Umgang mit Änderungen. In der

Entwicklungsfabrik beginnen wir den Prozeß mit weniger Informationen, als wir zu seiner Fertigstellung brauchen. Das heißt, daß Informationen mitten im Prozeß eintreffen, was wiederum sehr interessante Implikationen für unsere Prozeßgestaltung hat.

Die Prozesse in unserer Entwicklungsfabrik sind viel weniger repetitiv und weit ungewisser. Dies ist sogar von entscheidender Bedeutung für den Erfolg. Wir werden später in diesem Buch sehen, inwiefern Variabilität unser Freund und nicht unser Feind ist. Also suchen wir nach Werkzeugen, die uns den Umgang mit Variabilität erleichtern, nicht aber ihrer Eliminierung dienen.

Wir haben darüber hinaus bemerkt, daß die Entwicklungsfabrik prinzipiell expansive Aufgaben bearbeitet. Die Ziellinie ist aus Gummi und kann sich leicht von uns fortbewegen. Dies hat, wie wir später sehen werden, wichtige Auswirkungen auf die Gestaltung unserer Steuerungs- und Überwachungssysteme.

Wir besitzen jetzt einen allgemeinen Begriff von der Entwicklungsfabrik und einigen ihrer Merkmale. Wir müssen allerdings etwas tiefer eindringen, um zu verstehen, wie wir diese Fabrik managen können. Dazu wollen wir uns mit einigen grundlegenden Werkzeugen ausrüsten. Diese "Denkwerkzeuge" werden in Teil 2 dieses Buchs behandelt. In Kapitel 2 betrachten wir wirtschaftliche Modellierungswerkzeuge, die uns ein quantitatives Verständnis für Projekt- und Prozeßökonomie geben. Kapitel 3 ist der Warteschlangentheorie gewidmet. Die Warteschlangentheorie erlaubt uns, Probleme der Prozeßgestaltung und des Kapazitätsmanagements in einer quantifizierten Art und Weise anzugehen. Kapitel 4 behandelt die Informationstheorie, ein leistungsfähiges Werkzeug, um zu verstehen, wie ein Entwicklungsprozeß Information erzeugen sollte. Schließlich betrachten wir in Kapitel 5 System- und Rückkopplungstheorie, um deren Bedeutung für die Gestaltung komplexer Systeme zu verstehen. Die in Teil 2 des Buchs entwickelten Konzepte bilden das Fundament für die Handlungswerkzeuge, die wir in Teil 3 beschreiben.

TEIL 2

DENKWERKZEUGE

2 Profite machen, nicht Produkte

Viele Unternehmen versuchen, ihren Entwicklungsprozeß zu verändern, ihn schneller, genauer oder effizienter zu machen. *Wie* versuchen sie das? Es ist erstaunlich, wie viele Unternehmen diese Frage nicht beantworten können. Wenn man etwas tiefer gräbt, entdeckt man stattdessen, daß die meisten Veränderungsprojekte von zwei Kräften getrieben werden: Nachahmung und Gehorsam. Unternehmen imitieren, was sie an anderen Unternehmen bewundern. Sie kopieren Verhaltensweisen solcher "Vorzeigeunternehmen", ohne zu wissen, ob dies ihre eigene Leistung überhaupt verändert. Manchmal ist dieses Kopieren nützlich – oft keineswegs. Wenn Sie denselben Golfschläger wie ein Profi benutzen, muß das nicht unbedingt Ihr Spiel verbessern, vor allem, wenn sich Ihre Bedürfnisse von den seinen unterscheiden.

Das zweite Hauptmotiv für Veränderungen ist Gehorsam. Führungskräfte lesen Artikel über "gute" Managementpraktiken und übernehmen sie, nur weil sie als "gut" gelten, ohne zu wissen, wie diese Praktiken sich in ihrem Unternehmen wirtschaftlich auswirken. Das große Risiko bei diesem Verhalten ist, daß man mit den wechselnden Winden der Managementmoden hin und her geworfen wird. Jeder neue Zeitschriftenartikel treibt einen in eine andere Richtung.

Es gibt einen anderen Weg, Entscheidungen zu treffen, einen Weg, der lächerlich einfach, aber erstaunlich wirksam ist: mehr Dinge tun, die uns helfen, unser Ziel zu erreichen! Wenn, wie in Kapitel 1 erläutert, Profit unser Ziel ist, müssen wir aus der unendlichen Liste aller möglichen Handlungsweisen diejenigen auswählen, die uns tatsächlich helfen, Geld zu verdienen.

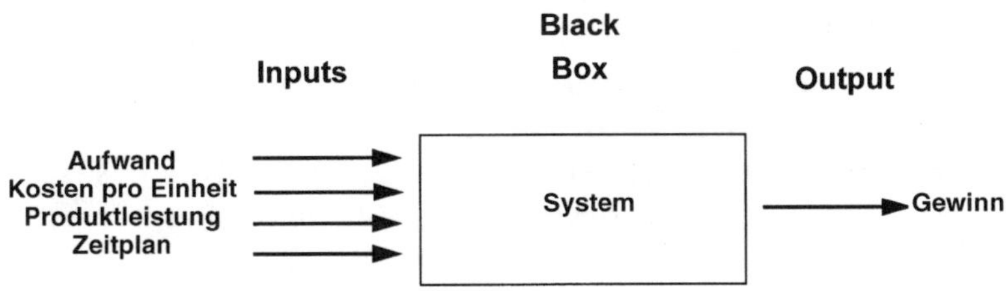

Bild 2.1: Berechnungsmodell auf Systemebene

Das Werkzeug, das wir zur Gewinnmaximierung eines komplexen Systems benutzen, ist ein Berechnungsmodell. Es ist eine von vielen möglichen Arten zur Modellierung eines Systems. Jedes Modell konzentriert sich auf bestimmte Eigenschaften des Systems. Wir interessieren uns für wirtschaftliche Modellierung, weil sich damit ein Aspekt des Systemverhaltens beschreiben läßt, der uns Geschäftsleute besonders interessiert: wie wir Geld verdienen können.

Dabei betrachten wir das System zunächst als Black Box mit verschiedenen Eingangsgrößen und einem Ausgang (Bild 2.1). Unser angestrebtes Ergebnis ist Gewinn. Die Input-Größen sind Variablen, die diesen Output beeinflussen. Der Zweck unseres Berechnungsmodells ist festzustellen, wie die Eingangsvariablen zu verändern sind, um einen größtmöglichen Gewinn zu erzielen. Dazu müssen wir verstehen, wie Veränderungen des Inputs den Output beeinflussen.

Die Technik, die wir hierzu verwenden, nennen wir Sensitivitätsanalyse. Wir ändern jeweils eine Input-Variable und beobachten, wie sich der Output verhält. Bei systematischem Vorgehen erkennen wir Beziehungen zwischen Input und Output, die uns sagen, daß bestimmte Eingangsgrößen für unser Ziel wichtiger sind als andere.

In diesem Kapitel werden drei Arten von Berechnungsmodellen für die Produktentwicklung beschrieben. Das erste ist ein Modell auf der Projektebene. Dieses Modell ist nützlich, um ein bestimmtes Projekt zu managen. Zweitens diskutieren wir Anwendungsmodelle. Diese sind nützlich, um verschiedene Produktmerkmale aus der Sicht des Kunden gegeneinander abzuwägen. Schließlich betrachten wir Berechnungsmodelle auf Prozeßebene. Diese Modelle sind nützlich, um das Problem der Gesamtgestaltung des Prozesses anzugehen.

Projektmodelle

Das zum Managen eines Entwicklungsprozesses am häufigsten verwendete Modell ist ein Projektebenenmodell. Es modelliert den Gewinn eines bestimmten Projekts und untersucht die Abhängigkeit des Gewinns von Schlüsselfaktoren wie Entwicklungsaufwand, Stückkosten, Produktleistung und Zeitplan. Output dieses Modells ist ein Satz von taktischen Entscheidungsregeln, die uns in die Lage versetzen, die einzelnen Parameter gegeneinander abzuwägen.

Das Projektmodell ist eigentlich nur eine schlichte Finanzanalyse. Wie Bild 2.2 zeigt, beginnen wir mit der Erzeugung eines Ausgangsmodells. Diese auf den Lebenszyklus bezogene Gewinn-und-Verlust-Rechnung

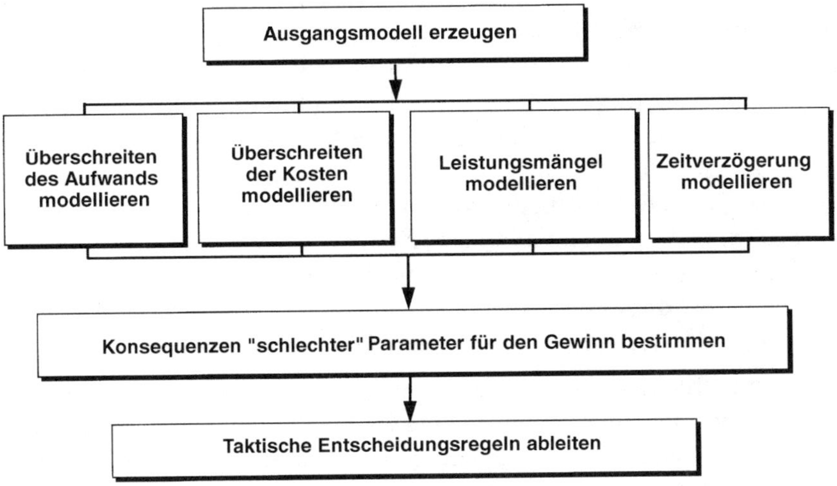

***Bild 2.2:** Ausgangsmodell erzeugen*

zeigt uns, was geschehen wird, wenn alles nach Plan verläuft. Dann ändern wir unabhängig voneinander die Parameter Entwicklungsaufwand, Stückkosten, Produktleistung und Zeitplan. Dies verändert die Lebenszyklus-Gewinne. Wir berechnen die gesamten Veränderungen und überführen sie abschließend in taktische Entscheidungsregeln.

Eine taktische Entscheidungsregel ist ein Werkzeug, das uns dabei hilft, die in jedem Projekt täglich anstehenden Entscheidungen zu treffen. Dieses Werkzeug wird erzeugt, indem man den Output des Modells in eine für ein Team leicht nutzbare Form übersetzt. Dies geschieht dadurch, daß wir die Parameter, die Einfluß auf den Gewinn haben, in Faktoren normalisieren, und zwar jeweils für eine einprozentige Veränderung in Aufwand, Kosten und Produktleistung sowie für eine einmonatige Veränderung im Zeitplan. Damit erhalten wir ein mächtiges Werkzeug, um diese Parameter gegeneinander abzuwägen.

Betrachten wir die Schritte bei der Entwicklung eines solchen Modells genauer. Das Ausgangsmodell ist einfach eine Gewinn-und-Verlust-Darstellung des Projekts über seinen gesamten Lebenszyklus. Man erzeugt sie normalerweise mit einem Tabellenkalkulationsprogramm. Sie fragen sich vielleicht, warum wir nur ein Modell der kumulativen Gewinne zugrunde legen und nicht einen weiterentwickelten Ansatz wie diskontierten Cash-Flow oder Nettobarwert (*Net Present Value*). Wäre das Modell nicht genauer, wenn wir eine ausgeklügeltere Methode der Finanzanalyse verwendeten?

Das wäre es in der Tat, aber es gibt einen vernünftigen praktischen Grund, keine kompliziertere Analyse zu verwenden: Nicht jeder würde sie verstehen. Je komplexer wir ein Modell machen, indem wir jedem Quentchen Genauigkeit nachjagen, desto schlimmer wird der Irrgarten von Berechnungen, dem das Team kein Vertrauen mehr schenkt. Unsere praktische Erfahrung sagt uns, daß für die Genauigkeit des Modells die Qualität der Eingangsdaten viel wichtiger ist als die verwendete Technik der Finanzanalyse. Es ist weit besser, eine einfache Modellierungstechnik zu wählen, die 100 Prozent der Teammitglieder verstehen, als die Hälfte des Teams mit einer elaborierten Technik zu verwirren, die nur fünf Prozent mehr Genauigkeit bringt.

Unser zweiter Schritt besteht darin, die jeweilige Abweichung vom Ausgangsmodell zu erzeugen. Hierzu erstellen wir Tabellen für die Variationen. Es ist meist ratsam, die graphischen Darstellungsfunktionen des Tabellenkalkulationsprogramms zu nutzen, um Informationen zu visualisieren. Man nimmt visuelle Informationen viel besser auf als seitenlange Zahlenkolonnen. Die Variationen erfordern Annahmen darüber, wie die Welt aussehen würde, wenn einer der Eingangsparameter sich ändern würde. Betrachten wir kurz, wie wir die vier erwähnten Parameter modellieren könnten.

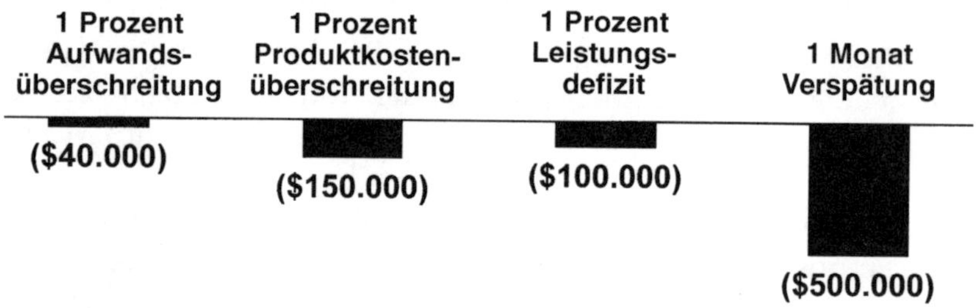

***Bild 2.3:** Einfluß auf den Lebenszyklusgewinn*

Als erstes modellieren wir Veränderungen im Entwicklungsaufwand. Weil die Trennlinie zwischen einmaligem Entwicklungsaufwand und einmaligem Fertigungsaufwand oft unscharf ist, fassen wir diese beiden Faktoren häufig zusammen, wenn wir eine Veränderung im Entwicklungsaufwand analysieren. Für gewöhnlich verbinden wir eine Überschreitung des Entwicklungsaufwands mit einem Anstieg der Instandhaltungskosten später im Produktleben, weil Zunahmen der Produktkomplexität während der Entwicklung zu gestiegenen Wartungskosten führen.

Zweitens betrachten wir Veränderungen in den Stückkosten des Produkts. Diese werden modelliert, indem wir die Kosten pro Einheit ändern. Entscheidend dabei ist, bestimmten Phasen des Produktlebenszyklus bestimmte Stückkosten zuzuordnen. So kann beispielsweise ein Unternehmen, das mit raschen Preissenkungen arbeitet, ein Hochpreisprodukt in den Markt einführen und sehr schnell mit einer Kostensenkung nachziehen.

Nur Einheiten im Gegenwert von sechs Monaten werden zu den höheren Kosten ausgeliefert. Wenn dasselbe Unternehmen erst nach zwei Jahren eine Kostensenkung anbietet, steigern wir die Kosten pro Einheit für den Gegenwert von zwei Jahren. Der Kostensenkungszyklus ist somit ein Schlüsselparameter bei dieser Analyse. Wir müssen auch den Aufwand für die Durchführung der Kostensenkung in unsere Berechnung einbeziehen. Wenn die Kostensenkung von Weiterverkäufern kommt, ist sie umsonst. Wenn sie ausgedehnte eigene Arbeit erfordert, kann sie einen recht hohen Preis haben. Manchmal ist es nützlich, mehr als ein Szenario für die Kostensenkung zu entwerfen, um die Auswirkungen schneller und langsamer Kostensenkungen zu vergleichen. Damit entsteht eine Reihe von Auswirkungen, die man für die Entscheidungsfindung nutzen kann. Das Ergebnis einer solchen Analyse ist in Bild 2.4 dargestellt.

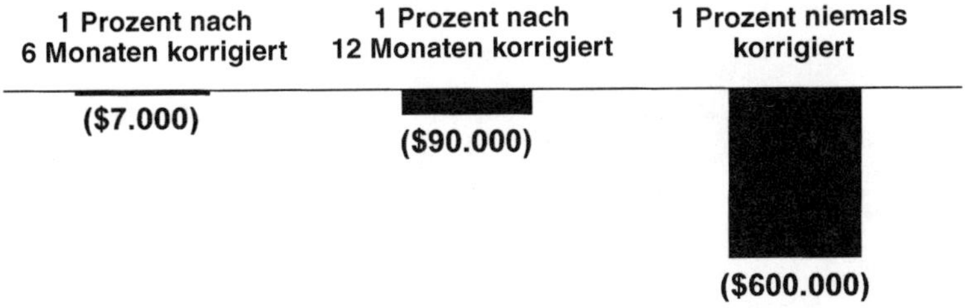

Bild 2.4: *Auswirkung einer Kostenüberschreitung*

Unsere dritte Variation ist eine Veränderung der Produktleistung. Diese kann in zweifacher Weise dargestellt werden: entweder als Sinken der Stückzahlen oder als Sinken des Verkaufspreises. Eine Reduzierung der Stückzahlen ist die gebräuchlichste Form, ein Problem bei der Produktleistung zu modellieren, weil dies auch die häufigste Reaktion auf ein solches Problem ist. Wenn die erwünschte Leistung eines Produkts nicht erbracht wird, akzeptieren die meisten Unternehmen eher einen niedrigeren Marktanteil, als daß sie ihre Preise senken würden. Sie tun dies aus dem einfachen Grund, daß Preissenkungen ihren Gewinnen den meisten Schaden zufügen, weil sie sofort ganz nach unten sinken.

Wenn wir ein solches Leistungsproblem modellieren, müssen wir berücksichtigen, daß der Verlust an der verkauften Stückzahl temporär oder permanent sein kann. Bei einigen Produkten können wir nach der Markteinführung noch etwas "an der Leistungsschraube drehen". In diesen Fällen modellieren wir das Leistungsproblem nur für einen Teil des Produktlebens. Dennoch müssen wir vorsichtig sein, weil die negative Marktwirkung eines frühen Leistungsproblems erstaunlich nachhaltig sein kann. Wenn ein Produkt einmal einen schlechten Ruf hat, bleiben die Kunden oft auch nach Behebung des Defekts aus.

Ein weitaus seltenerer Weg, Leistungsmängel zu modellieren, ist durch fallende Verkaufspreise. Diese Möglichkeit wird dort genutzt, wo der Preis ein zentrales Motiv für Kundenkäufe ist. Wirtschaftswissenschaftler nennen dies einen Markt mit hoher Preiselastizität. Wie erwähnt ist dies ein sehr teures Problem: Wenn zum Beispiel Ihre Gewinnmarge zehn Prozent beträgt, und Sie senken die Preise um zehn Prozent, können Sie Ihre Gewinnmarge auf Null reduzieren. Das bedeutet, daß Sie 100 Prozent ihrer geplanten Profite verloren haben.

Als letztes modellieren wir eine Verzögerung im Zeitplan. Dazu erzeugen wir eine neue Stückzahlenkurve auf der Grundlage der verspäteten Produkteinführung. Entsprechend den Marktgegebenheiten treten dabei am häufigsten die vier in Bild 2.5 dargestellten Szenarios ein.

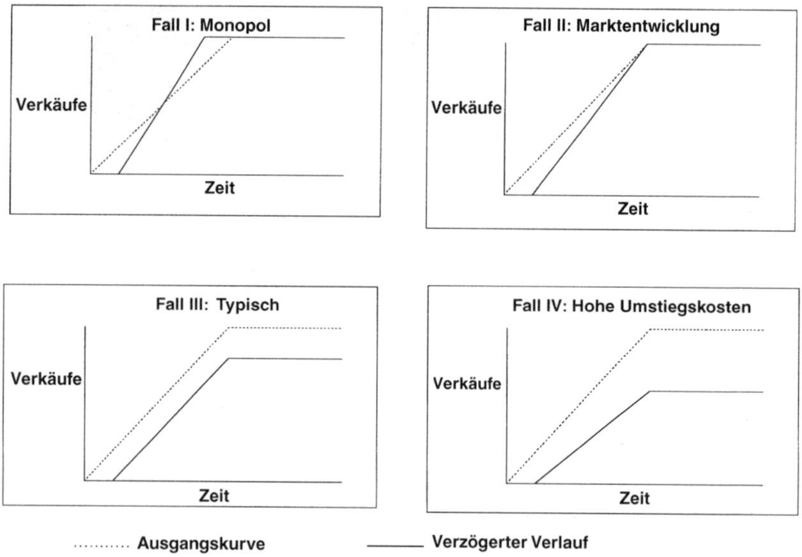

Bild 2.5: Verzögerungsszenarios

Betrachten wir diese Fälle in der Reihenfolge ihrer potentiellen Wirkung: Fall I "Monopol" illustriert einen Markt, in dem eine verzögerte Einführung sehr wenig Effekt hat. Alle Kunden warten auf Ihr Produkt und kaufen es, wenn es verfügbar wird. Solche Monopolstellungen sind extrem selten; seien Sie daher sehr mißtrauisch, wenn Ihnen jemand die Verwendung dieses Szenarios vorschlägt.

Fall II "Marktentwicklung" illustriert einen Markt, in dem Verzögerung etwas kostspieliger ist. In diesem Fall kann der spät in den Markt Eintretende schnellere Verkaufszuwächse erzielen als der früher aktive Marktteilnehmer, weil letzterer "missionarisches" Marketing durchführen muß, um den Markt zu entwickeln. Beispiele hierfür sind erfolgreiche PC-Lieferanten wie MITS und Radio Shack, die erst spät an den Markt gingen, als die Welt bereits vom Nutzen des Personal Computers überzeugt war.

Fall III zeigt die typischste Art und Weise, Verzögerung zu modellieren. In einem solchen Fall ist die Verkaufskurve um einen bestimmten Betrag nach unten verschoben. Dieser Ansatz geht davon aus, daß die Verkäufe im selben Maß ansteigen und im selben Jahr ihren Gipfel erreichen. Die Logik dahinter ist, daß die Wachstumsrate der Verkäufe normalerweise von Faktoren wie Investition in Anzeigen oder Verkaufsaktivitäten durch Vertreter bestimmt wird. Für die meisten Unternehmen gibt es wenig Grund zu der Annahme, daß sich die Verkäufe anders entwickeln, wenn keine Veränderung in Verkauf und Marketing auftreten.

Fall IV "Hohe Umstiegskosten" illustriert einen Markt, in dem der frühe Marktteilnehmer permanent Kunden an sich bindet und somit die später kommenden Wettbewerber daran hindert, ähnlich hohe Wachstumsraten wie er zu erzielen. Dies ist typischerweise dort der Fall, wo der Kunde viele Wiederholkäufe tätigt und wo es für ihn schwer ist, den Lieferanten zu wechseln. Beispielsweise wird ein kundenspezifisches Halbleiterelement zu einem frühen Zeitpunkt paßgenau für den Entwurf des Endbenutzers entwickelt. Wenn man diese Gelegenheit verpaßt, hat man keine Chance mehr, an dieser Stelle des Systems ein Geschäft zu machen. In solchen Märkten mit hohen Umstiegskosten ist es außerordentlich wichtig, früh auf den Markt zu kommen. Dieses Szenario weist gewöhnlich die höchsten Verzögerungskosten auf.

Es ist viel leichter, als man zunächst glaubt, das für ein bestimmtes Produkt geeignete Szenario zu wählen. Man muß nur etwas genauer herausfinden, wie und nach welchen Kriterien der Kunde kauft. Gewöhnlich findet man Hinweise zur Unterstützung eines bestimmten Szenarios, wenn man sich die Verkaufskurven des eigenen Produkts und der Wettbewerbsprodukte ansieht. Wenn jemand Ihnen etwa nahelegt, Sie hätten ein Monopolszenario, sollten Sie Ihre Kunden fragen, ob sie wirklich keine Alternativen haben und ob sie mit ihrer Investition auf Sie warten wollen. Es könnte sein, daß Ihr Kunde sein vorhandenes Budget nicht ins folgende Jahr hinüberziehen kann und daß Sie das Geschäft nicht gegen einen Wettbewerber, sondern gegen andere Verwendungsmöglichkeiten von Kapital verlieren.

Wenn wir die vier Variationen erzeugt haben, vergleichen wir die Gesamtveränderung im Gewinn mit dem Ausgangsszenario und leiten daraus eine taktische Entscheidungsregel ab. Diese Regel erlaubt es uns, die Eingangsgrößen gegeneinander abzuwägen. Zum Beispiel könnten wir mit einer zwei Monate längeren Entwicklungszeit die Kosten eines Produkts um zehn Prozent senken. Wenn die Einhaltung des Zeitplans eine Million Dollar pro Monat wert wäre und sich die Kosten je eingespartem Prozent auf 50.000 Dollar beliefen, würden wir eine halbe Million Dollar an Kosten einsparen, aber zwei Millionen Dollar an Zykluszeit verlieren – kein sehr gutes Geschäft.

Unter einem praktischen Gesichtspunkt hat es vor allem drei Nutzeffekte, wenn ein Team mit solchen Berechnungsmodellen zu arbeiten beginnt. Erstens: Man trifft bessere Entscheidungen, wenn man Zahlen anstatt Intuition benutzt. Wir haben oft die Intuition eines Entwicklerteams getestet, indem wir jedes Mitglied gebeten haben, intuitiv die Kosten einer Verzögerung des Projekts abzuschätzen. Für gewöhnlich differieren die Antworten innerhalb des Teams um den Faktor 100. Man kann sich die Inkonsistenzen in den Entscheidungen vorstellen, wenn die grundlegenden Annahmen über die Bedeutung der Geschwindigkeit so weit auseinandergehen. Wenn wir diese Faktoren in der Form von Entscheidungsregeln quantifizieren, erhalten wir viel bessere Entscheidungen.

Der zweite Nutzen, den wir normalerweise beobachten, ist eine Beschleunigung der Entscheidungsfindung. Entscheidungsregeln zu quantifizieren macht es viel leichter und sicherer, einen Konsens im Team zu erzielen. In einem Fall konnte ein Entwicklungsteam in der Computerindustrie mit Hilfe solcher Entscheidungsregeln eine schwere Entscheidung in einer Woche fällen, die bereits seit zwei Monaten zur Debatte gestanden hatte. Psychologen haben herausgefunden, daß das Fehlen harter Fakten eher das Festhalten von Menschen an ihrem Standpunkt verstärkt, als diese Position zu schwächen.

Der dritte Nutzen eines solchen Modells ist, daß die Entscheidungen des Teams besser von allen gemeinsam vertreten werden. Wenn jeder von denselben Fakten ausgeht und nicht von versteckten Annahmen, die nicht diskutiert wurden, erhalten wir einen stärkeren Konsens.

Wenn eine Entscheidung einmal getroffen ist, steht man dazu und bringt nicht dasselbe Problem wieder und wieder aufs Tapet.

Eine eingehendere Darstellung von Berechnungsmodellen zur Unterstützung von Entwicklungsentscheidungen (und zum besseren Management von Zykluszeiten) einschließlich dem Einsatz von Tabellenkalkulationsprogrammen finden Sie in dem Buch *Developing Products in Half the Time*, das ich zusammen mit Preston Smith verfaßt habe.

Anwendungsmodelle

Die zweite Art von Berechnungsmodell, die im Entwicklungsprozeß verwendet wird, ist ein Modell aus der Anwendungsperspektive. Projektmodelle werden aus der Sicht des Unternehmens erstellt, Anwendungsmodelle aus der Sicht des Kunden. Wenn wir ein Anwendungsmodell entwerfen, versuchen wir den Einfluß bestimmter Produktmerkmale auf die wirtschaftliche Situation des Kunden zu verstehen. Wie wir in Kapitel 9 sehen werden, wo die Produktspezifikation diskutiert wird, kann ein Anwendungsmodell einen wirksamen begrifflichen Rahmen für die Entwicklung des Produkts bilden.

Betrachten wir zum Beispiel ein Unternehmen, das eine Anlage für eine Fertigungslinie entwirft. Die Gesamtkosten dieser Anlage umfassen aus Sicht des Kunden mehr als den Kaufpreis. Die Maschine muß installiert und abgenommen werden. Maschinenbediener sind zu schulen und zu prüfen. Die Anlage nimmt Platz in der Fabrik ein und benötigt elektrischen Strom sowie weitere Verbrauchsmittel. Sie muß periodisch inspiziert, gereinigt, gewartet und repariert werden. Wenn die Maschine versagt, kann sie schlechte Teile produzieren, die entweder verschrottet oder nachbearbeitet werden müssen. Bei einem Maschinenschaden bedeutet jede Stunde Stillstand verlorene Produktionskapazität. Jeder dieser Faktoren läßt sich quantifizieren und abschätzen. Wir bezeichnen sie als anwendungsökonomische Faktoren (AöFs).

Die Erstellung eines Anwendungsmodells umfaßt vier grundlegende Schritte. Zunächst müssen wir die anwendungsökonomischen Faktoren identifizieren, welche grundlegend die Wirtschaftlichkeit der Produktverwendung (*economics of ownership*) bestimmen. Zweitens müssen wir diese Faktoren in Geldwert ausdrücken. Drittens müssen diese Faktoren in ein Wirtschaftlichkeitsmodell des Gesamtunternehmens integriert werden. Und schließlich müssen wir diese Faktoren in Entscheidungsregeln übersetzen, die für das Entwicklerteam hilfreich sein können. Bild 2.6 (nächste Seite) stellt diesen Prozeß dar.

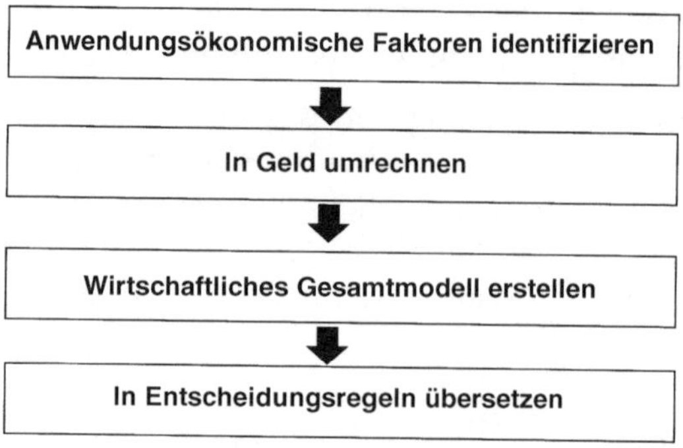

Bild 2.6: *Anwendungsmodelle erstellen*

Der erste Schritt, das Ermitteln der anwendungsökonomischen Faktoren, wird für gewöhnlich intern durchgeführt. Durch Befragung von Mitarbeitern aus Verkauf, Marketing, Anwendungsentwicklung und Vor-Ort-Service erhalten wir einen guten Ausgangspunkt zur Bestimmung der Faktoren, die für unsere Kunden wichtig sind. Dann machen wir einen ersten Versuch, den Geldwert zu quantifizieren. Beispielsweise umfaßt eine Installation Materialkosten und Arbeitskosten. Das Material läßt sich direkt in Geld ausdrücken, während die Arbeitskosten in Stunden Installationszeit und Kosten pro Stunde unterteilt sein können. Zu diesem Zeitpunkt arbeiten wir mit ökonomischen Hypothesen.

Der zweite Schritt ist, tatsächliche monetäre Größen für die AöFs festzulegen. Dazu müssen wir mit dem Kunden sprechen. Dies geschieht am besten in dessen Umgebung, da wir höchstwahrscheinlich zusätzliche Kosten identifizieren werden, wenn wir seine Anlage im Betrieb sehen. Bei diesen Interviews wird klar, daß die wirtschaftliche Situation jedes Kunden verschieden ist und daß jeder Kunde verschiedene Faktoren unterschiedlich bewertet. Einige Kunden sind sich bestimmter Kosten nicht einmal bewußt und ignorieren sie völlig. Andere wissen um die Kosten, messen ihnen aber wenig Bedeutung bei, da andere Abteilungen dafür bezahlen. So kann zum Beispiel der Beschaffer eines Investitionsmittels sich von der Person unterscheiden, die für die Verbrauchsmittel bezahlt. In dem Fall gehen diese Kosten unter Umständen nicht in die Investitionsentscheidung ein.

Der dritte Schritt besteht darin, diese Informationen in einem Tabellenkalkulationsmodell zusammenzufassen. Bild 2.7 zeigt ein Beispiel. Es ist normalerweise wichtig, die AöFs zu unterteilen in invariante Faktoren und in Faktoren, die von Kunde zu Kunde anders sind. Beispielsweise kann die

Inspektionsdauer für eine Maschine für zwei Kunden gleich sein, aber die Arbeitskosten können aufgrund geographischer Unterschiede variieren.

Eine manchmal nützliche Verfeinerung ist eine Gliederung der Gesamtkosten der Produktverwendung (*cost of ownership*) in verschiedene Zeitphasen. So trifft zum Beispiel der eine Kunde seine Entscheidung auf Basis einer fünfjährigen Produktverwendung, während ein anderer die gesamten Produktlebenszykluskosten betrachtet. Wenn wir die Kosten nach Zeitperioden trennen, können wir dieselben Tabellen für diese beiden Kunden verwenden.

Arbeitsblatt „Anwendungsökonomie"				
Faktor	Annahme	Erstes Jahr	Fünf Jahre	Gesamtleben
Installationsstunden	80			
Stundenkosten der Installation	50 $			
Arbeitskosten der Installation	4.000 $	4.000 $	4.000 $	4.000 $
Installationsmaterialien	10.000 $	10.000 $	10.000 $	10.000 $
Aufstellfläche der Anlage	200 Quadratfuß			
Flächenkosten	0,50 $ pro QF pro Monat	1.200 $	6.000 $	24.000 $
Jährlicher Stromverbrauch	10.000 kWh			
Kosten pro kWh	0,05 $	500 $	2.500 $	10.000 $
etc.				

***Bild 2.7:** Arbeitsblatt "Anwendungsökonomie"*

Ergebnis dieses Schritts ist ein wirtschaftliches Gesamtmodell aus Kundenperspektive, wie es beispielhaft in Bild 2.8 gezeigt ist.

Eine solche Übersicht veranschaulicht schnell die zentralen ökonomischen Faktoren einer Anwendung.

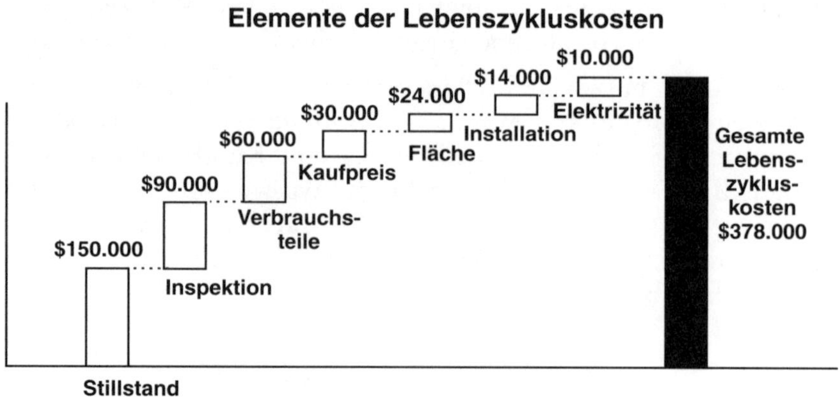

Bild 2.8: *Wirtschaftliches Anwendungsmodell*

Der abschließende Schritt besteht darin, die Ergebnisse dieses Modells in Informationen umzuwandeln, die das Team in seiner alltäglichen Arbeit verwenden kann. In der Praxis bedeutet dies, dem Team Unterstützung bei der Formulierung von Entscheidungsregeln zu geben. Dies läßt sich tun, indem man die Auswirkungen von Veränderungen der einzelnen Parameter auf die gesamte Anwendung berechnet. Zur Darstellung wird eine Form verwendet, die das Produktentwicklungsteam verstehen kann, gewöhnlich die prozentuale Veränderung eines Produktparameters. Diese vergleichenden Entscheidungsregeln (Bild 2.9) erlauben es uns, die Zusammenhänge zwischen den verschiedenen Parametern klar zu quantifizieren.

Der enorme Wert eines Anwendungmodells besteht darin, daß wir uns auf die Produktparameter konzentrieren, die für den Kunden wirklich wichtig sind. Wenn wir beispielsweise die Tatsache quantifizieren, daß der Stromverbrauch 80 Prozent der Lebenszykluskosten eines Produkts ausmacht, wissen wir, wieviel Anstrengungen wir darauf verwenden müssen, den Stromverbrauch zu senken.

Einige wichtige Hinweise sind zu diesen Modellen noch zu machen: Zunächst ist das Anwendungsmodell wahrscheinlich für kaum zwei Kunden gleich, weil die Bedeutung bestimmter Leistungsparameter verschieden ist. Eine Fabrik, die mit hoher Auslastung läuft, verliert bei Stillstand Einnahmen. Eine Fabrik mit niedriger Auslastung muß bei dem gleichen Stillstand keine Einnahmen verlieren.

Zweitens ist zu betonen, daß Kunden nicht unbedingt ihre eigenen wirtschaftlichen Zusammenhänge verstehen und somit ihre Kaufentscheidungen nicht entsprechend treffen. Käufer von Autos können vom Fehlen gesteuerter Einlaßventile stärker als von einem niedrigen Benzinverbrauch beeindruckt sein. Während der eine Faktor für das gesamte Produktleben mit 400 Dollar zu Buche schlagen könnte, wäre der andere mit 2.000 Dollar zu veranschlagen. Sie sollten niemals davon ausgehen, daß Ihre Kunden ihre Anwendungsökonomie kennen oder entsprechend handeln.

Bild 2.9: *Entscheidungsregeln für eine Anwendung*

Dennoch werden Sie Kunden finden, die sich stark von der Anwendungsökonomie leiten lassen, vor allem erfahrene industrielle Beschaffer von Investitionsgütern. Solche Einkäufer werden eher eine Wirtschaftlichkeitsrechnung für ihre millionenschwere Investition durchführen als ein Käufer von Zahnpasta.

Prozeßmodelle

Der letzte Typ der von uns verwendeten Modelle ist das Modell der Prozeßwirtschaftlichkeit. Solche Modelle gehen über das Einzelprojekt hinaus und konzentrieren sich auf das gesamte Unternehmen. Dazu müssen wir die ökonomische Struktur des gesamten Unternehmens kennen. Beispielsweise könnte der Vorstandsvorsitzende wissen wollen, was eine zehnprozentige Senkung der Produktionskosten oder eine Halbierung der Entwicklungszeiten für das Unternehmen wert wären. Um das abzuschätzen, brauchen wir ein Modell der Prozeßwirtschaftlichkeit.

Dieses Modell ist einfach eine Ausdehnung des Projektebenenmodells auf die Unternehmensebene – der Prozeß umfaßt viele Projekte. Das Vorgehen der Modellierung ist in Bild 2.10 dargestellt.

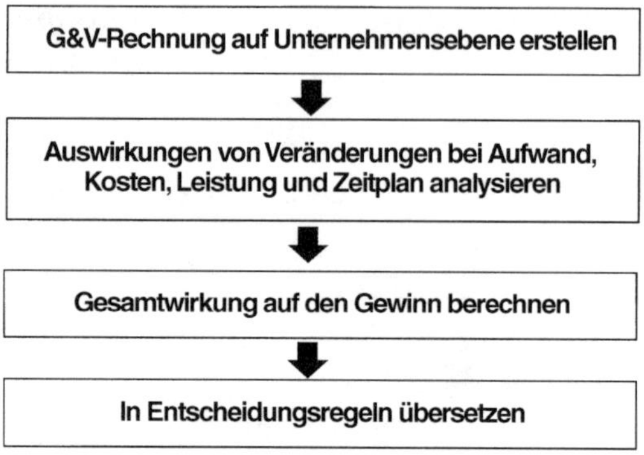

***Bild 2.10:** Prozeßwirtschaftlichkeit modellieren*

Wir führen dieselben Schritte wie zuvor für das Projektebenenmodell durch. Zuerst erzeugen wir mit einer unternehmensweiten Gewinn-und-Verlust-Darstellung ein Ausgangsmodell. Dann berechnen wir die Auswirkungen von Veränderungen bei den Größen Entwicklungsaufwand, Produktkosten, Leistung und Zeitplan auf die Gesamtgewinne. Für Entwicklungsaufwand, Produktkosten und Produktleistung ist dies relativ leicht, aber die Berechnung von Verzögerungen im Zeitplan ist etwas komplexer.

Um Verzögerungskosten auf der Unternehmensebene zu berechnen, gliedern wir einfach das Portfolio in Segmente mit vergleichbaren Verzögerungskosten und erzeugen aggregierte Verzögerungskosten aus diesen Segmenten. Die Anzahl der zu wählenden Segmente hängt von der Vielfalt der Produkte ab. Beispielsweise wird ein Halbleiterunternehmen mit Zehntausenden von Produkten nicht die Verzögerungskosten jedes Produkts ausrechnen. Vielmehr gliedert man die Produkte in Kategorien und berechnet typische Verzögerungskosten für jede Kategorie. Diese Informationen können genutzt werden, um aggregierte Verzögerungskosten für das gesamte Unternehmen zu erzeugen. Ein Beispiel wird in Bild 2.11 (nächste Seite) gegeben.

Arbeitsblatt „Aggregierte Verzögerungskosten“			
Produkt-kategorie	Verzögerungs-kosten	Prozentsatz der Einkünfte	Auf Einkünfte bezogene Verzögerungskosten
A	500.000 $/Monat	30	1,8 Millionen/Jahr
B	250.000 $/Monat	20	0,6 Millionen/Jahr
C	100.000 $/Monat	15	0,18 Millionen/Jahr
D	50.000 $/Monat	35	0,21 Millionen/Jahr
		Summe	2,79 Millionen/Jahr

Bild 2.11: *Aggregierte Verzögerungskosten auf Unternehmensebene*

Abschließend wandeln wir die Ergebnisse unserer Sensitivitätsanalyse in Entscheidungsregeln auf der Unternehmensebene um. Dazu führen wir die bereits beschriebene Normalisierung durch.

Wir benutzen Entscheidungsregeln auf Unternehmensebene wie Entscheidungsregeln auf Projektebene. Sie helfen uns bei Entscheidungen über die Prozeßgestaltung. Betrachten wir zum Beispiel die Einführung der Rapid-Prototyping-Technik in einem Unternehmen. Nehmen wir an, diese Technik wäre für 20 Prozent der Projekte des Unternehmens einzusetzen, die durchschnittlich um vier Wochen verkürzt würden. Wenn die Verzögerungskosten auf Unternehmensebene zehn Millionen Dollar pro Monat betragen, hat diese Technik einen jährlichen Nutzwert von zwei Millionen Dollar. Dieser Nutzen kann mit den Investitionskosten verglichen werden, um die Rentabilität zu errechnen. Bei Kosten von 200.000 Dollar pro Jahr für die neue Technik würde die Amortisationszeit 1,2 Monate betragen. Bild 2.12 zeigt eine solche Analyse.

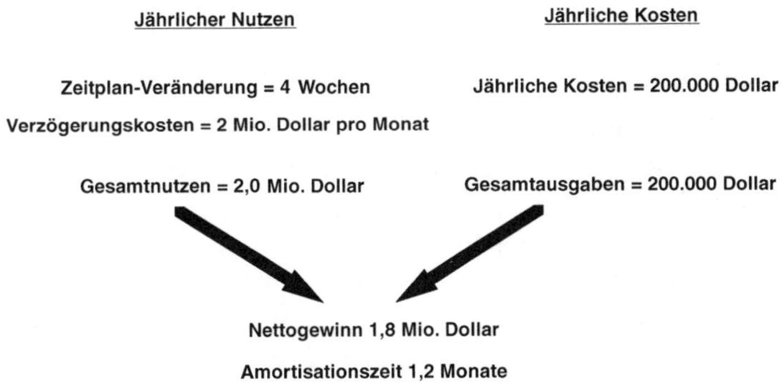

Bild 2.12: *Rapid-Prototyping-Amortisation*

Das Unternehmensebenenmodell ist nützlich für Entscheidungen, die mehr als ein Projekt betreffen. Es ist besonders wichtig, wenn wir die Wirkung von Warteschlangen betrachten, weil die Kosten für Warteschlangen nur veranschlagt werden können, wenn die Kosten einer Verzögerung auf Unternehmensebene bekannt sind.

Taktische vs. strategische Entscheidungen

Diese wirtschaftlichen Modelle sind nichts Neues. Seit es sie gibt, bringen Wirtschaftshochschulen ihren zukünftigen Masters of Business Administration bei, Gewinn-und-Verlust-Darstellungen zu erstellen. Wir sollten aber bedenken, daß diese Modelle von Wirtschaftswissenschaftlern gelehrt werden, die sie primär dazu benutzen, Finanzierungsentscheidungen zu treffen. Für solch eine Entscheidung werden Leistungsmessungen wie Ertrag des investierten Kapitals (*Return on Investment*), interner Zinssatz (*Internal Rate of Return*), Kapitalwertmethode (*Net Present Value Method*) und Zeit- beziehungsweise Wirtschaftswert (*Economic Value Added*) gebraucht. Dies sind wertvolle und nützliche Meßgrößen für die einmal zu treffende Entscheidung, eine Investition zu tätigen oder nicht.

Sich ausschließlich auf diese übergeordneten Finanzierungsentscheidungen zu konzentrieren, birgt aber die Gefahr, nur strategische Entscheidungen für wichtig zu halten. Tatsächlich ist für den Projektmanager eine andere Klasse von Entscheidungen viel wichtiger. Sie umfaßt die zehntausend kleinen taktischen Entscheidungen des Alltags. Für den Linienmanager genügt es einfach nicht zu wissen, daß der Return on Investment von 24,5 Prozent auf 22,6 Prozent gefallen ist. Beide Zahlen können die Weiterarbeit an einem Projekt noch rechtfertigen.

Die in diesem Kapitel beschriebenen Entscheidungsregeln konzentrieren sich auf die taktischen Entscheidungen, die im Alltag zu treffen sind. Eine Entscheidungsregel auf der Projektebene versetzt den Manager in die Lage, die Konsequenzen einer zweiwöchigen Verzögerung seines Projekts abzuschätzen, die ihn die Suche nach einem günstigeren Lieferanten für eines seiner Subsysteme kosten würde. Eine anwendungsbezogene Regel erlaubt es ihm zu entscheiden, ob es mehr Sinn macht, den Stromverbrauch oder die Installationskosten eines Produkts zu senken. Mit einer Entscheidungsregel auf der Prozeßebene kann er den finanziellen Nutzen einer Investition in zusätzliche CAD-Kapazität abschätzen.

Einige praktische Hinweise

Im folgenden werden einige praktische Hinweise zum Gebrauch dieser drei Berechnungsmodelle gegeben. Die erste Voraussetzung für eine erfolgreiche Modellierung ist die Zusammensetzung des Teams, das die Modelle erstellen soll. Die Daten stammen aus verschiedenen Funktionsbereichen des Unternehmens; wir brauchen Kostendaten aus der Fertigung, Daten über Aufwände und Zeiten aus der Entwicklung sowie Verkaufsvolumen und Preisabschätzungen aus dem Marketing. Die abteilungsübergreifende Zusammenarbeit ist auch aus psychologischen Gründen wichtig: Die Modelle haben viel mehr Einfluß, wenn die Menschen, die sie täglich benutzen, an ihrer Erstellung beteiligt waren. Wenn viele Mitarbeiter zu einem Modell beigetragen haben, werden auch viele es benutzen. Das Modell sollte gewissermaßen dem Team gehören, nicht der Finanz- oder Planungsabteilung.

Ein zweiter Schlüssel zum Erfolg ist die Beteiligung der Finanzabteilung. Nicht nur sind die Kaufleute in der quantitativen Analyse am stärksten, sie sind auch unerläßlich, um die Glaubwürdigkeit der Modelle und ihre Konsistenz über verschiedene Projekte hinweg sicherzustellen. Stellen Sie sich vor, was geschehen würde, wenn die Finanzabteilung nicht involviert wäre.

Der Projektmanager legt seine nächste Folie auf und verkündet: "Und die Verzögerungskosten dieses Projekts betragen eine Million Dollar pro Monat, was bedeutet ..."

"Augenblick mal", sagt der Geschäftsführer. "Woher haben Sie diese Zahl?"

"Nun, wir haben ein Finanzmodell für das Produkt entwickelt und daran eine Sensitivitätsanalyse durchgeführt", erwidert der Projektmanager.

"Hmm", meint der Geschäftsführer, indem er sich an den Controller wendet: "Sam, ist diese Zahl glaubwürdig?"

Sam, der Controller, blickt über seine Brillenränder hinweg und legt seine Stirn in tiefe Furchen: "Schwer zu sagen, aber ... die Zahlen wurden vom Marketing entwickelt ... die Leute machen die Verkaufsprognosen ..."

Die Antwort, die wir eigentlich von Sam hören wollten, lautet: "Einer meiner Leute hat bei der Erstellung dieser Zahlen mitgearbeitet. Sie sind eher noch vorsichtig geschätzt."

Ein dritter Schlüssel zum erfolgreichen Modellieren ist das Vermeiden unnötiger Komplexität. Komplexität ist ein irreführender, wenn auch häufiger Ansatz von Modellierungsexperten, die ihre Modelle derart elaboriert gestalten, daß sie allein deren geheime innerste Mechanismen verstehen, was ihnen mehr Macht und Einfluß verleiht. Wir wollen keine mysteriöse Black Box im Besitz von Experten der Finanzabteilung erzeugen, was in zweifacher Hinsicht fehlschlagen würde. Erstens wird ein hoher Prozentsatz des Teams komplexe Modelle mit großer Wahrscheinlichkeit nicht verstehen und sie daher weniger verwenden. Zweitens basieren alle Modelle auf Annahmen, und es ist entscheidend, die Modelle nur in den Bereichen anzuwenden, wo die Annahmen wahrscheinlich zutreffen. Technisch ausgedrückt: Wir müssen die Randbedingungen des Modells respektieren. Wir erhöhen die Chance, daß ein Modell korrekt angewendet wird, wenn es einfach und transparent ist.

In der Praxis werden wir selten komplexe Modelle für diese Art von Analyse benötigen. Komplexität verbessert die Genauigkeit der Berechnungen; die Genauigkeit des Modells hängt fast nie von der Genauigkeit der Berechnungen ab, sondern fast immer von der Genauigkeit der Eingangsdaten. Insbesondere ist kein Eingangsparameter so fehleranfällig wie die Verkaufsprognose. Das Verkaufsvolumen kann in einigen Fällen um den Faktor 10 abweichen. Wenn wir jemals einige Stunden zusätzlich für ein Finanzmodell übrig haben, sollten wir sie mit der Arbeit an den Eingangsdaten verbringen. Damit nutzen wir fast immer unsere Zeit am besten.

Ein vierter Schlüssel zum Erfolg ist die sorgfältige Wahl des geeigneten Formats für unser Modell. Meine Beobachtung nach jahrelanger Arbeit mit solchen Modellen ist, daß ein Modell je eher benutzt wird, desto einfacher es zu verstehen ist. In der Praxis sollte die Form des Modells der Gewinn-und-Verlust-Rechnung des Unternehmens möglichst nahekommen. Der offensichtliche Vorteil ist, daß die Mitglieder einer Organisation etwas verstehen können, das sie bereits benutzen. Auf einer subtileren Ebene ist aber auch vorteilhaft, daß *Incentive*-Programme gewöhnlich auf bestehenden Finanzmessungen basieren, und wir werden weitaus eher die Aufmerksamkeit leitender Manager bekommen, wenn wir ihnen zeigen können, welche Auswirkungen ihr Handeln auf den *Incentive*-Plan hat.

Abschließend – der schnellste Weg, die Genauigkeit eines Modells zu verbessern, ist, es zu verwenden und nicht den Versuch zu machen, das Modell zu perfektionieren, bevor es implementiert wird. Oft wissen wir wenig darüber, welche Eingangsvariablen unser Modell am stärksten beeinflussen, bevor wir nicht ein erstes Modell erstellt haben. Auf der Grundlage des ersten Entwurfs können wir dann die Eingangsparameter mit der größten Auswirkung auf die Antwort bestimmen und uns dann darauf konzentrieren, genauere Informationen in diesen Bereichen zu bekommen. Es ist diese Konzentration auf die Schlüsselfaktoren des Modells, die seine Genauigkeit verbessert. Vermeiden Sie *einen* häufigen Stolperstein: Viele Unternehmen machen nie den ersten Schritt des Weges.

Zusammenfassung

In diesem Kapitel haben wir drei wichtige Werkzeuge für das Management von Entwicklungsprojekten und -prozessen diskutiert. Das erste Werkzeug ist ein Berechnungsmodell auf Projektebene, das es uns erlaubt, Kosten, Aufwand, Leistung und Zeitplan gegeneinander abzuwägen. Indem wir quantifizieren, wie die verschiedenen Eingangsparameter die Gesamtrentabilität beeinflussen, können wir Alltagsentscheidungen fällen, die auf Fakten basieren. Dies führt zu schnelleren und besseren Entscheidungen, die stärker von allen Mitgliedern des Teams getragen werden.

Das zweite vorgestellte Werkzeug ist ein Berechnungsmodell, das die wirtschaftliche Perspektive des Kunden einnimmt. Da die Kundensicht das Kaufverhalten beeinflußt, müssen wir diese Sicht verstehen, um über Produktmerkmale entscheiden zu können. Dieses Modell erlaubt es uns, verschiedene Produktmerkmale aus Sicht des Kunden gegeneinander abzuwägen. Bei Verwendung eines anwendungsökonomischen Modells müssen wir die Tatsache respektieren, daß verschiedene Kunden unterschiedliche wirtschaftliche Bedürfnisse haben und daß einige Kunden gewisse Aspekte ihrer finanziellen Situation ignorieren.

Das dritte Modell unterstützt uns bei Entscheidungen über die Prozeßgestaltung. Wir benutzen das prozeßökonomische Modell für Entscheidungen, die den gesamten Strom von Produkten betreffen, der aus unserem Entwicklungsprozeß fließt. Es wäre schwer für uns, ohne dieses Berechnungsmodell einen guten Entwicklungsprozeß zu gestalten. Beispielsweise werden wir im nächsten Kapitel sehen, daß Warteschlangen im Entwicklungsprozeß nur mit Kenntnissen über die Verzögerungskosten auf Prozeßebene bewertet werden können.

Keines dieser Modelle ist besonders schwer zu erstellen. Sie beruhen auf Daten, die in irgendeiner Form schon vorliegen. Die Praxis hat erwiesen, daß diese Modelle außergewöhnlich nützlich sind, und ich möchte Sie ermutigen, sie so schnell wie möglich zu verwenden. Dann können Sie sich Ihr eigenes Urteil über deren Nutzen bilden.

3 Im Land der Warteschlangen

Mr. Big sitzt in seinem Büro, zieht an seiner Zigarre und denkt über seinen langsamen Entwicklungsprozeß nach. Wie kann er diese Schlafmützen in der Entwicklung dazu bekommen, schneller Produkte zu liefern? Plötzlich hat er eine Idee. Er ruft den Entwicklungsleiter an und sagt ihm: "Unser nächstes Projekt, der SuperUltra, ist für mich persönlich von größter Bedeutung. Wir müssen den Termin halten, sonst verlieren wir das ganze Geschäft mit Megacorp, unserem größten Kunden. Wenn wir nicht rechtzeitig fertig werden, sind Sie Ihren Job los. Jeder, der dieses Projekt verzögert, muß sich vor mir verantworten – in den letzten fünf Minuten, die er noch hier im Unternehmen ist."

Der SuperUltra ist in sechs Monaten fertig, ganze zwölf Monate schneller als jedes vorherige vergleichbare Produkt. In einer geschwollenen Rede gratuliert Mr. Big dem Team: " ...wie eine motivierte Mannschaft alle Hindernisse überwinden kann ..." und "Wir brauchen einfach nur den Willen zu siegen hier in unserem Unternehmen." Seine Zuhörer sind unbeeindruckt. Was war eigentlich geschehen? Hat das Team wirklich auf magische Weise rätselhafte Hindernisse überwunden? Wohl kaum. Vollziehen Sie selbst nach, was tatsächlich ablief, wenn ein Bauteil für den Prototypen am späten Donnerstag nachmittag vom Zulieferer eintraf.

Der Ingenieur, der das Teil bestellt hat, ruft die Wareneingangsprüfung an und fragt, ob es da sei. "Gerade angekommen", sagt man ihm.

"Können Sie es heute prüfen?" fragt der Ingenieur.

"Natürlich nicht, junger Mann. Bei unserem gegenwärtigen Rückstau können wir es Ihnen bis nächsten Mittwoch liefern", erwidert der Inspekteur.

"Aber dieses Projekt ist sehr wichtig", protestiert der Ingenieur.

"Das sagen sie alle", sagt der Mann in der Wareneingangsprüfung.

"Mr. Big will persönlich informiert werden, wenn jemand dieses Projekt verzögert", spielt der Ingenieur seinen letzten Trumpf aus.

"Ich wollte gerade damit anzufangen; um vier Uhr wird es fertig sein", sagt der Prüfer.

Was wirklich mit dem SuperUltra geschah, war, daß er in vielen Warteschlangen an die Spitze springen durfte. Nehmen wir an, ein durchschnittliches Teil braucht in der Wareneingangsprüfung fünf Tage. Was passiert mit einem Teil, das an die Spitze der Warteschlange vorgezogen wird? Es segelt in vier Stunden durch die Warenannahme. Kann dies die Taktzeit beeinflussen? Allerdings – es kann die Taktzeit mehr als alle anderen Maßnahmen beeinflussen, die wir im Entwicklungsprozeß ergreifen können.

Wie wir in diesem Kapitel sehen werden, sind Warteschlangen in unseren Entwicklungsprozessen endemisch. Sie entstehen aus der Natur des Entwicklungsprozesses, die wir in Kapitel 1 diskutiert haben. Wenn wir Variabilität und zunehmende Arbeit kombinieren, bekommen wir Warteschlangen – oft sehr lange. Betrachten wir für einen Augenblick, warum Warteschlangen in der Wareneingangsprüfung mit hoher Wahrscheinlichkeit entstehen.

Der Leiter der Wareneingangsprüfung ist nicht dumm. Er weiß, daß niemand gerne auf seine Teile wartet, und will daher Verzögerungen vermeiden. Also überlegt er logisch, daß er genug Inspekteure braucht, um den Bedarf an Prüfungen zu decken. Um die Kapazität zu planen, muß er wissen, wie viele Inspektionen anfallen und wie viele jeder Prüfer durchführen kann. Er erhält die Tagespläne für alle anstehenden Lieferungen des nächsten Monats und kalkuliert den Arbeitsaufwand. Wenn 300 Stunden Tests anstehen, sieht er seine beiden Inspekteure an und atmet erleichtert auf. Die beiden prüfen normalerweise 310 Stunden im Monat, so daß er eindeutig genug Kapazität hat.

Was aber wird wirklich geschehen? Werden die Warteschlangen im Wareneingang verschwinden? Wir müssen wieder die Details betrachten. An einem Mittwoch nachmittag soll eine Lieferung von Teilen aus der Galvanisieranstalt geprüft werden, und der Inspekteur ist bereit. Morgens ruft jedoch die Galvanisieranstalt an: Es werde vier Stunden länger dauern. Das ist zu dumm, denn die für diesen Morgen geplante Arbeit war früher fertig geworden. Der Inspekteur verbringt den Mittwoch nachmittag damit, seine Instrumente zu kalibrieren und seinen Schreibtisch aufzuräumen. Kurz vor Arbeitsschluß kommen die Teile. "Ich werde sie morgen machen", sagt er.

Am anderen Tag beginnt er die Inspektion. Es dauert etwas länger als erwartet; er ist nicht vor 3 Uhr nachmittags fertig. Nun kann er die am Donnerstag eintreffende Arbeit nicht mehr an diesem Tag beenden. In dieser Woche werden Bauteile zu spät aus dem Wareneingang kommen.

Was verursachte diese Verspätungen? War es ein Mangel an Kapazität? Nein. Der Inspekteur hatte in der fraglichen Zeit 16 Stunden zur Verfügung, von denen er nur 12 Stunden prüfte. Er hatte überschüssige Kapazität. *Die Verzögerungen wurden durch Ungewißheiten in Ankunftszei-*

ten und Bearbeitungsdauer verursacht. Wann immer Eintreffen oder Dauer von Arbeiten unvorhersagbar sind, müssen wir potentiell mit Warteschlangen rechnen.

Da ein Produktentwicklungsprojekt normalerweise eine einmalige Aktivität ist, können erhebliche Ungewißheiten beim Zeitpunkt des Eintreffens und bei der Dauer von Aufgaben entstehen. In Produktentwicklungsprozessen treten mit an Sicherheit grenzender Wahrscheinlichkeit Warteschlangen auf.

Eine Einführung in die Warteschlangentheorie

Zum Glück denken kluge Leute schon seit mindestens 80 Jahren über die Mathematik von Warteschlangen nach. Die Warteschlangentheorie entstand etwa um 1920 herum in den Bell Laboratories, als ein Statistiker namens Agner K. Erlang sich Gedanken über die Leistung von Telefonschaltzentralen machte. Wie groß muß eine Anlage für eine Stadt mit 10.000 Menschen sein? Nicht alle telefonieren zur selben Zeit, und die Dauer der Gespräche variiert. Können wir trotz dieser Schwankungen die Beziehung zwischen Kapazität und Bedienungszeit beschreiben?

Wir können. Und da Warteschlangen mathematisch zu verstehen sind, wird die Warteschlangentheorie mit Erfolg auf so verschiedenartige Bereiche wie Telekommunikationsschalter, Rechner, Fertigungslinien und Lebensmittelgeschäfte angewandt. Ironischerweise wurde die Warteschlagentheorie bisher fast nie für Entwicklungsprozesse benutzt, obwohl sie viel wirksamer als der deterministische Ansatz ist, mit dem die meisten Unternehmen zur Zeit arbeiten. In diesem Kapitel werden wir einige Konzepte der Warteschlangentheorie einführen und ihre Anwendung auf die Produktentwicklung behandeln.

Beginnen wir mit einigen Begriffen. Wie Bild 3.1 zeigt, besteht ein Warteschlangensystem typischerweise aus einer *Warteschlange* und einer *Bedienungsstation*. Betrachten wir die Schlange an einem Bankschalter. Wenn Kunden in die Bank kommen, stellen sie sich an, bis sie an der Reihe sind, gehen zum Schalter und wickeln ihre Geschäfte ab. Die Zeit, die sie in der Warteschlange verbringen, wird *Wartezeit* genannt. Die Zeit, in der sie bedient werden, heißt *Bedienzeit*. Die Gesamtzeit von der Ankunft bis zum Abschluß der Transaktion bezeichnen wir als *Zeit im System*.

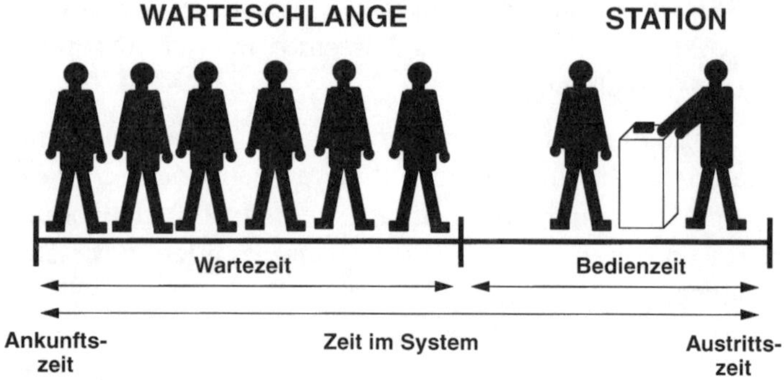

Bild 3.1: *Warteschlangensystem*

Ein anderer Begriff, den wir benutzen, um Warteschlangen zu beschreiben, ist die *Abarbeitungsreihenfolge*. Warteschlangen können auf verschiedene Arten bedient werden, von *first come, first served* bis zu *first come, last served*. Die Wahl der Abarbeitungsreihenfolge verändert das Betriebsverhalten des Warteschlangensystems.

Die Struktur eines Warteschlangensystems wird von der Zahl der Warteschlangen und der Zahl der Stationen bestimmt. Das System kann aus einer Warteschlange und mehreren Stationen oder jeweils einer Schlange für jede Station bestehen. Wir haben alle Erfahrungen mit verschiedenen Formen von Warteschlangensystemen. Die Schalter der Fluggesellschaften beispielsweise arbeiteten früher mit einer Schlange pro Station (s. Bild 3.2). Wenn Sie je solch ein System benutzt haben, ist Ihnen sicher nicht entgangen, wie drastisch langsamer die Abläufe werden, wenn jemand vor Ihnen seinen Flugschein in Pfennigen bezahlt.

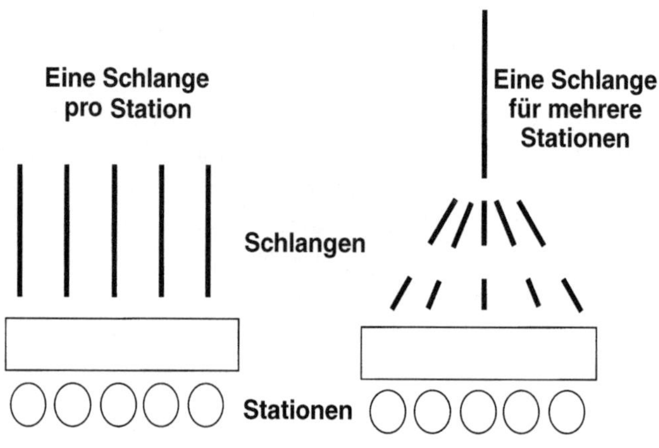

Bild 3.2: *Struktur des Warteschlangensystems*

Die Alternative, eine Schlange mit mehreren Stationen, verhindert, daß das ganze System zum Stillstand kommt, wenn *ein* Sachbearbeiter mit einem Problemfall konfrontiert ist. Diese wichtige Beobachtung der Warteschlangentheorie besagt, daß ein System, in dem eine Schlange verschiedene Stationen bedient, geringere Variabilität in der Bearbeitungszeit aufweist als ein System, in dem jede Station ihre eigene Warteschlange hat.

Zwei Eigenschaften aller Warteschlangensysteme sind in der Produktentwicklung besonders relevant: erstens die Neigung solcher Systeme zur Überlastung bei weniger als 100 Prozent Ausnutzung, und zweitens die nichtlineare Beziehung zwischen Kapazitätsausnutzung und Verzögerungszeit. Beide Eigenschaften lassen sich mathematisch ableiten, aber wir werden sie am Beispiel eines Warteschlangensystems illustrieren, mit dem fast jeder Erfahrung hat.

Das Verhalten des Straßenverkehrs illustriert viele Eigenschaften eines Warteschlangenprozesses. Betrachten wir drei dieser Eigenschaften. Erstens wird die Auswirkung einer Kapazitätsveränderung vom Grad der Ausnutzung des Systems bestimmt. Nehmen wir beispielsweise an, daß auf einer vierspurigen Straße zur Hauptverkehrszeit eine Spur aufgrund eines Unfalls blockiert ist. Die Kapazität ist um 25 Prozent reduziert. Was passiert mit der Taktzeit? Sie kann sich verdoppeln oder verdreifachen. Nun stellen Sie sich vor, was geschehen würde, wenn dieselbe Spur mitten in der Nacht bei leichter Ausnutzung des Systems blockiert wäre. Es gäbe fast keine Änderung der Taktzeit. Schlußfolgerung: Die Wirkung von Änderungen in der Kapazität (und Änderungen in der Nachfrage) hängt vom Grad der Auslastung zum Zeitpunkt der Änderungen ab.

Weiterhin beobachten wir beim Studium des Verkehrs, daß die Taktzeit nicht linear zur Auslastung ist. Wenn die Auslastung von 0 auf 50 Prozent steigt, wachsen die Warteschlangen langsamer an, als wenn die Auslastung von 50 auf 100 Prozent steigt. Das heißt, daß Warteschlangen ein nichtlineares Verhalten aufweisen.

Unsere dritte Beobachtung könnte sein, daß schon bei weniger als hundertprozentiger Ausnutzung eine Überlastung des Systems auftritt. Wir können den Output nicht dadurch verbessern, daß wir mehr in das System hineinzwingen. Auf einer typischen Straße erhalten wir den größtmöglichen Durchsatz, wenn die Autos eine Geschwindigkeit von etwa 65 km/h haben. Wenn wir mehr Autos auf die Straße bringen, geht der Output zurück, bis wir schließlich einen völligen Stillstand des Systems erreichen: Wir können sehr viele Autos auf die Straße bringen, aber sie werden sich nicht mehr bewegen.

Ein solches Verhalten wird auch von der Warteschlangentheorie vorausgesagt. Bild 3.3 zeigt den Verlauf einer klassischen Warteschlangenkurve, der M/M/1/∞-Warteschlange.[1]

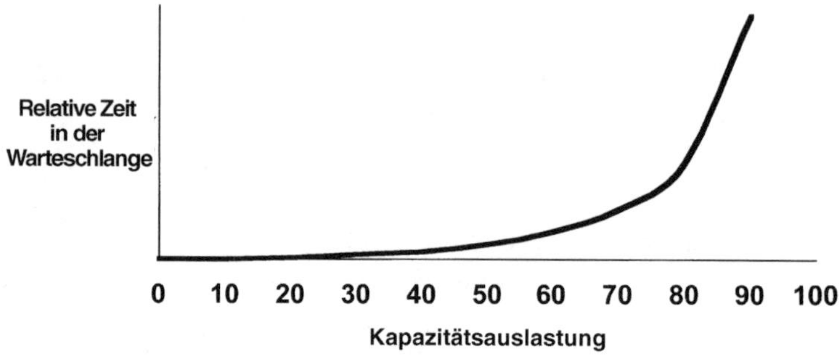

***Bild** 3.3: Länge der Schlange vs. Kapazitätsauslastung*

Die Warteschlangenkurve hat einige interessante Eigenschaften. Die Wartezeit im System ist recht gering, bis wir Auslastungsgrade von etwa 60 bis 70 Prozent erreichen. Zu diesem Zeitpunkt wird die Warteschlange in Richtung voller Auslastung länger und länger. Sie verdoppelt sich zwischen 60 bis 80 Prozent Auslastung. Sie verdoppelt sich weiter von 80 bis 90 Prozent Auslastung und wiederum von 90 bis 95 Prozent Auslastung.

Diese Kurve vermittelt eine entscheidende Einsicht, weil sie dramatisch von unserer deterministischen Weltsicht abweicht. Wenn die Welt deterministisch wäre, wäre keine Überlastung des Systems zu erwarten, bis wir die volle Auslastung erreichen. Wir würden keine Verzögerungen erwarten, solange wir überschüssige Kapazität haben. In der stochastischen Welt der Warteschlangentheorie *erleben wir Verzögerungen sogar dann, wenn wir überschüssige Kapazität im System haben.*

---

[1] Diese technische Notation bezieht sich auf eine Warteschlange mit Markovschen "Auftrags"-Eingängen, Markovscher Aufgabendauer (die Aufgabendauer ist nicht fix, sondern eine zufällige Größe, mathematisch gesprochen eine Zufallsvariable), einer Station und einer potentiell unendlichen Warteschlange.

Die Ökonomie der Warteschlangen

Wir können diese Einsichten in das Verhalten von Warteschlangen mit dem im letzten Kapitel gewonnenen Verständnis für Prozeßökonomie verknüpfen. Was ist die richtige Kapazität für einen Prozeß? Wenn wir zu viel Kapazität haben, können teure Ressourcen brachliegen. Wenn wir zu wenig haben, können teure Projekte Staub ansammeln, während wir auf die erforderlichen Ressourcen warten. Die richtige Kapazität hält die Balance zwischen diesen beiden Kosten.

Wir erreichen diese Balance durch Optimierung der Gesamtprozeßkosten. Diese Kosten bestehen aus der Summe der Kapazitätskosten und der Verzögerungskosten (Bild 3.4). Betrachten wir zum Beispiel einen Prüfprozeß im kritischen Pfad eines Projekts. Die Kosten der überschüssigen Kapazität steigen proportional zur Menge dieser überschüssigen Kapazität. Arbeiten wir mit geringer Überschußkapazität, werden wir von Warteschlangen geplagt, die den Prozeß verzögern. Wir können die Größe dieser Warteschlangen auf verschiedenen Kapazitätsniveaus kalkulieren und dann ihre Kosten mit Entscheidungsregeln für Verzögerungskosten berechnen.

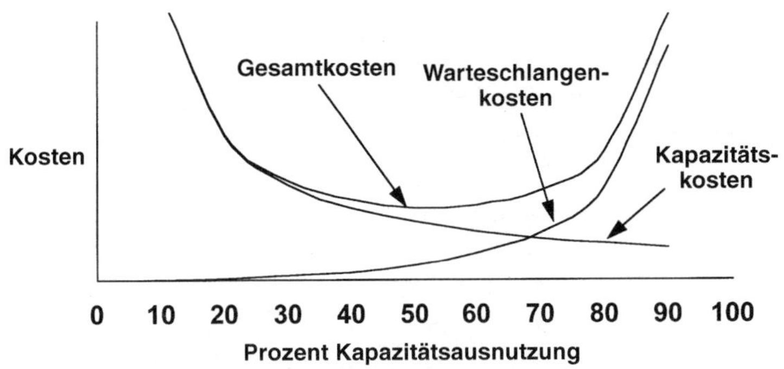

Bild 3.4: *Gesamtprozeßkosten vs. Kapazitätsausnutzung*

Solch eine Analyse führt uns zu dem Schluß, daß wir *immer überschüssige Kapazität brauchen, um die Wirtschaftlichkeit eines Entwicklungsprozesses zu optimieren.* Wir brauchen diese Kapazität, weil die inhärenten Schwankungen der Produktentwicklung garantiert Warteschlangen erzeugen, sobald wir hohe Ausnutzungsgrade bekommen.

Es ist interessant zu bemerken, daß wir im Fertigungsprozeß diese Denkweise ohne Zögern anwenden. Kein vernünftiges Unternehmen würde seine Fertigung zu mehr als 85 bis 90 Prozent auslasten, weil es sonst nie seine Lieferverpflichtungen erfüllen könnte. Da die Entwicklung größere Variabilität als die Fertigung aufweist, würde der gesunde Menschenverstand uns raten, diesen Prozeß entsprechend geringerer auszulasten. In der Praxis lasten wir aber den Entwicklungsprozeß zu mindestens 100 Prozent aus und wundern uns dann, warum wir die Arbeit nicht pünktlich schaffen.

Bevor Sie sich jedoch zu sehr für die Beseitigung von Warteschlangen begeistern, muß ich eine Anmerkung machen: Die einzig teuren Warteschlangen sind die im kritischen Pfad eines Projekts.[1] Diese Schlangen verzögern ein Projekt, und die hieraus entstehenden Kosten können hoch sein, wie wir im letzten Kapitel gesehen haben. Wenn die Warteschlange außerhalb des kritischen Pfads liegt, kann sie ein nützliches Werkzeug sein, um Ressourcen effizient auszulasten. Warteschlangen sind nicht an sich schlecht. Sie sind gut oder schlecht je nach ihrer Position im kritischen Pfad. Das heißt, daß Sie erst wissen können, welche Warteschlangen Sie managen müssen, wenn Sie den kritischen Pfad eines Projekts kennen.

Warteschlangen darstellen

Warteschlangen werden bereits seit einiger Zeit analysiert, und es gibt zu diesem Zweck wirkungsvolle Werkzeuge. Eines dieser Werkzeuge kommt aus der Welt der Produktionstechnik. Es heißt Kumulationsdiagramm oder kumulatives Eingangs-/Ausgangsdiagramm. Dieses einfache graphische Verfahren zur Darstellung von Warteschlangen kann überraschend viele Aussagen vermitteln. Betrachten wir zunächst einen einfachen Prozeß, bei dem Aufträge an der Warteschlange eintreffen und nach dem *First-come-first-served*-Prinzip abgearbeitet werden.

Um ein Kumulationsdiagramm zu erstellen, tragen wir die Summe der Arbeitseingänge in die Warteschlange über der Zeit auf. Wir verzeichnen auch die Auftragsausgänge, also den Zeitpunkt des Beginns der Bearbeitung. Das Diagramm könnte etwa wie in Bild 3.5 dargestellt aussehen.

---

[1] "Kritischer Pfad" ist der technische Ausdruck für die Folge von Aktivitäten, die zum schnellstmöglichen Abschluß eines Projekts führt. Wann immer eine Tätigkeit im kritischen Pfad verzögert wird, wird das Projekt im selben Maße verzögert.

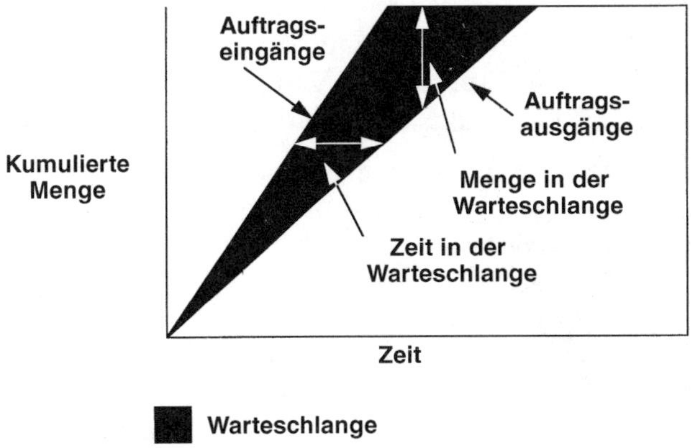

Bild 3.5: Kumulationsdiagramm

Wir können einige interessante Beobachtungen an diesem Diagramm machen. Die Steigungen der Eingänge und Ausgänge sagen uns etwas über die Kapazität des Systems. Die Steigung der Eingangslinie stellt die Kapazität des vorgelagerten Prozesses dar. Die Steigung der Abgangslinie zeigt die Kapazität des nachgelagerten Prozesses, der von der Warteschlange gespeist wird.

Auch über die Warteschlange können wir Nützliches aus diesem Diagramm erfahren. Horizontale Entfernungen in dieser Darstellung zeigen uns, wie lange eine Einheit in der Warteschlange ist. Vertikale Entfernungen sind Mengen. Zu jeder gegebenen Zeit ist die vertikale Dimension ein Maß für die Anzahl der Einheiten in der Warteschlange. Wenn beispielsweise die 80. Einheit eingetroffen ist und die 40. Einheit die Warteschlange verlassen hat, heißt dies, daß zu diesem Zeitpunkt vierzig Einheiten in der Warteschlange sind.

Mit diesem Diagramm läßt sich auch die gesamte Größe der Warteschlange bestimmen. Da diese Größe in Einheiten mal Zeit gemessen wird, entspricht die Warteschlange der schwarzen Fläche im Diagramm. Das kumulative Diagramm visualisiert klar und deutlich, was in einem Warteschlangensystem geschieht und wie unsere Entscheidungen sich auf Warteschlangen auswirken.

Betrachten wir, was mit den Warteschlangen passiert, wenn wir die Losgröße des Prozesses ändern. Vergleichen wir die extremen Fälle eines Loses mit hoher Stückzahl und eines kontinuierlich fließenden Prozesses (s. Bild 3.6). Der Chargenprozeß beginnt erst mit der Arbeit, wenn das gesamte Los zu 100 Prozent eingetroffen ist. Der kontinuierlich fließende

Prozeß beginnt mit der Arbeit an der ersten Einheit, sobald sie da ist. Beachten Sie, daß im Fall des kontinuierlichen Arbeitsflusses die Größe der schwarzen Fläche ein Zehntel der Warteschlangenfläche des Chargenprozesses beträgt. Das heißt, daß wir die Größe der Warteschlange um den Faktor 10 vermindert haben.

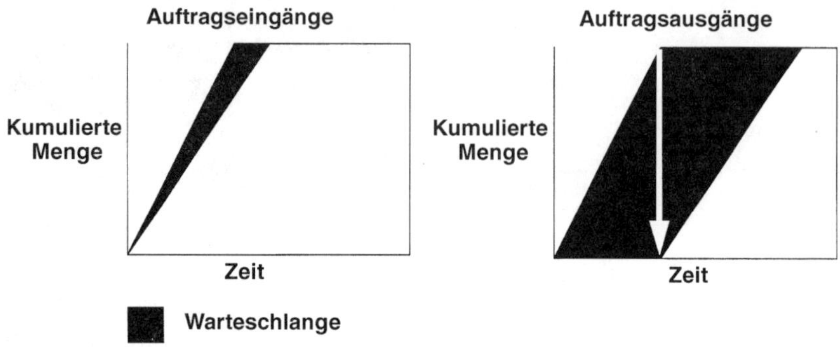

Bild 3.6: Losgröße und Warteschlangen

Das ist eindrucksvoll, denn wir haben die Warteschlange reduziert, ohne an der Kapazität des Prozesses oder an der Nachfrage etwas zu ändern. Die Linien der Auftragseingänge und -ausgänge sind gleich geblieben. Somit hat es keine Veränderungen in der Prozeßkapazität oder der Nachfrage gegeben. Die dramatische Reduzierung der Warteschlange haben wir einfach durch eine Veränderung der Losgröße erzielt.

Dies ist in der Tat genau das, was wir bei *Just-in-Time*-Prozessen in der Fabrik tun. Wir senken die Lagerbestände (das Fertigungsäquivalent zu unseren Warteschlangen) um einen Faktor von 10 oder mehr, ohne irgend etwas an der Kapazität zu verändern. Wir werden später in diesem Kapitel auf dieses Diagramm zurückkommen, um mehr über Warteschlangen zu verstehen.

Implikationen der Warteschlangentheorie

Das Warteschlangenverhalten von Systemen hat einige sehr interessante Implikationen. Wie bereits erwähnt, hängen Warteschlangen von zwei Faktoren ab: dem Niveau der Kapazitätsauslastung und der Variabilität des Systems. Beide Faktoren könnten benutzt werden, um Warteschlangen in einem Prozeß zu reduzieren. Lassen Sie uns dies etwas detaillierter betrachten.

Die Kapazitätsnutzung oder Auslastung des Systems ist eine Funktion der Beziehung zwischen Kapazität und Nachfrage. Eine kleine Veränderung der Auslastung kann zu einer großen Veränderung der Zykluszeit führen. Wenn wir zum Beispiel bei einer 90prozentigen Auslastung dem System fünf Prozent mehr Arbeit hinzufügen, verdoppeln wir die Länge des Entwicklungszyklus. Das heißt, daß wir doppelt so lange brauchen, um unsere Projekte zu beenden – das genaue Gegenteil davon, was uns unsere Managementintuition sagen könnte. Laut dieser Intuition bleibt jeder beschäftigt, wenn ein Überschuß an Arbeit aufgestapelt wird. In Wirklichkeit bedeuten solche hohen Auslastungsniveaus in Entwicklungsprozessen, daß die Katastrophe vorprogrammiert ist.

Variabilität ist der zweite Faktor, der die Größe von Warteschlangen beeinflußt. Diese Variabilität erscheint als Ungewißheit entweder über den Zeitpunkt des Eintreffens von Aufträgen oder über die Dauer der Aufträge. Solche Variabilität kann aus einer Vielzahl von Quellen stammen. Nehmen Sie zum Beispiel den Arbeitsvorrat vor der CAD-Abteilung in einem typischen Unternehmen. Einige Zeichnungen treffen zu unvorhersagbaren Zeiten ein. Das ist "Ankunftsvariabilität". Selbst wenn wir diese Art von Variabilität völlig eliminieren könnten, hätten wir immer noch Warteschlangen, weil die Dauer der Aufgabenbearbeitung unvorhersagbar ist. Aufgrund inhaltlicher Unterschiede und unterschiedlich hoher Produktivität der Konstrukteure dauern einige Zeichnungen länger als andere.

Wenn wir jegliche Variabilität im Entwicklungsprozeß beseitigen könnten, gäbe es keine Warteschlangen mehr, aber die Erfahrung zeigt, daß dies unmöglich ist. Hier könnten wir auf unsere Analogie zur Fabrik zurückkommen: Eine bis zu 95 Prozent ausgelastete Fabrik wird nicht alle Lieferzusagen halten können, obwohl wir in der Fabrik dieselben Aufgaben hunderttausendmal hintereinander ausführen können. Trotz Massen statistischer Daten und jahrelanger Bemühungen um die Senkung von Variabilität sind wir noch nicht in der Lage, diesen verhältnismäßig stabilen Prozeß bis zu 100 Prozent auszulasten. Dies verheißt nichts Gutes für unsere Aussichten, die Variabilität in der Entwicklung auszumerzen, die systembedingt ein schlechter vorhersagbarer Prozeß ist.

Hinzu kommt, daß die völlige Eliminierung von Variabilität ein fruchtloses Unterfangen wäre. Der Mehrwert im Entwicklungsprozeß kommt gerade aus der Variabilität. Ein völlig voraussagbarer Prozeß erzeugt keine Information. Dies wird im nächsten Kapitel dargestellt, nachdem wir einige Konzepte der Informationstheorie diskutiert haben.

Für die meisten Unternehmen liegen die größten Chancen, Warteschlangen zu reduzieren, im Management des Auslastungsniveaus und nicht im Management der Variabilität. Unglücklicherweise müssen wir die Führungskräfte dazu erziehen, *nicht* eine hundertprozentige Auslastung anzustreben. Das ist für die meisten Manager schwer zu begreifen. Sie werden mit Slogans bombardiert, die sie ermahnen, jegliche Verschwendung in ihren Prozessen zu vermeiden. Ungenützte Zeit sieht sicherlich wie Verschwendung aus. Wie können wir den Geschäftsführern erklären, daß "Verschwendung" auch gut sein kann? Sie müssen verstehen, daß diese "Verschwendung" der lebenswichtige Vorsprung ist, der verhindert, daß der Entwicklungsprozeß in eine permanente Stagnation gerät. Es ist falsch anzunehmen, daß überschüssige Kapazität in einem Entwicklungsprozeß verschwenderisch sei. Dennoch widerstrebt es unseren Managementinstinkten.

Unser grundlegender Managementinstinkt führt uns jedesmal irre. Wann immer wir brachliegende Kapazität in der Entwicklung sehen, fangen wir instinktiv weitere Projekte an. Es würde uns nicht einfallen, Werkzeugmaschinen in unserer Fabrik einzuschalten, nur weil sie gerade stillstehen. In der Fertigung begreifen wir die Notwendigkeit überschüssiger Kapazität. In der Entwicklung dagegen jagen wir den steilen Abhang zur Projektüberlastung hinab.

Überlastungen in der Entwicklung sind besonders wahrscheinlich, weil die Entwicklung ein einmal stattfindender Prozeß ist. In einem repetitiven Prozeß wie der Fertigung wissen wir, wieviel weitere Arbeit eine bestimmte Aufgabe noch erfordert. Der einmalige Prozeß läßt uns unter Umständen völlig über den vor uns liegenden Weg im unklaren. Unsere Fähigkeit, eine Aufgabe anzufangen, kann unsere Fähigkeit, sie zu beenden, leicht überschreiten. Die Warteschlangentheorie besagt, daß wir das Einmaleins des Kapazitätsmanagements beherrschen müssen, wenn wir den Produktentwicklungsprozeß gut managen wollen. Eine Überbetonung der Effizienz kann uns davon abhalten, die Warteschlangen zu sehen, die wir durch Überfrachtung unserer Entwicklungsprozesse erzeugen.

Der Umgang mit Warteschlangen

Ebenso wie uns die Warteschlangentheorie Einsichten in das Verhalten des Entwicklungsprozesses vermittelt, kann sie uns Werkzeuge zu seiner Steuerung zur Verfügung stellen. Die vier aus der Warteschlangentheorie abgeleiteten allgemeinen Strategien für den Umgang mit Warteschlangen zeigt Bild 3.7.

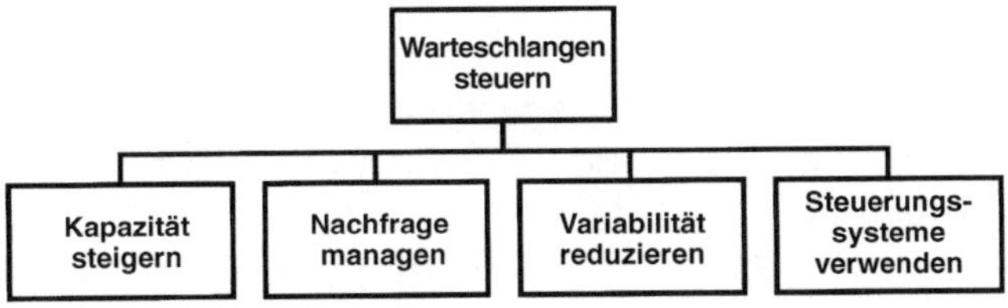

Bild 3.7: Strategien zur Steuerung von Warteschlangen

Wir können zunächst einmal die Kapazität steigern. Viele unserer Möglichkeiten fallen in diese Kategorie. Da es normalerweise Geld kostet, Kapazität zu vergrößern, erfordert dieser Weg ein gutes Marketing. Zum zweiten können wir die Nachfrage managen, ein weiteres reiches Feld von Möglichkeiten. In der Tat kann ein Scheitern beim Nachfragemanagement alle Erfolge einer Kapazitätsvergrößerung zunichte machen. Drittens können wir die Variabilität reduzieren. Wie bereits erwähnt, gibt es in diesem Bereich nur wenige Möglichkeiten. Schließlich können wir uns auf Steuerungssysteme konzentrieren. Dies ist sehr wirkungsvoll und wird in Entwicklungsprozessen viel zu oft ignoriert. Wir werden alle Möglichkeiten der Reihe nach betrachten.

Kapazität vergrößern

Klassischerweise wird ein Warteschlangenproblem angegangen, indem man die Kapazität vergrößert. Wenn die Schlangen am Schalter zu lang werden, machen wir einen weiteren auf. Das ist naheliegend und leicht zu realisieren, kann aber im Unternehmen schwer zu verkaufen sein. Wir zögern, noch einen Schalter zu öffnen, weil wir riskieren, daß der Mitarbeiter später am Tag, wenn die Nachfrage zurückgeht, Leerlauf hat. Das wäre Verschwendung.

Welche anderen Möglichkeiten haben wir, außer auf allen Gebieten des Prozesses mit einem ständigen Überschuß an Personal zu arbeiten? Glücklicherweise gibt es mehrere Optionen. So setzt zum Beispiel ein pharmazeutisches Unternehmen direkt am Ort des Problems "schnelle Eingreiftruppen" mit speziell ausgebildeten, besonders fähigen Mitarbeitern ein. Das ist nützlich, weil schwer vorherzusagen ist, wo genau in der Entwicklung das Problem auftreten wird. Eine andere Lösung ist die Verwendung von Teilzeitkräften und Überstunden. Diese erlauben uns, Nachfragespitzen abzuarbeiten und Kapazität abzubauen, wenn die Arbeitsbelastung sinkt. Bei einem Hersteller von Rechnerperipherie wird ein großer Teil des Prüfvolumens von Teilzeitarbeitern gehandhabt. Ein anderer üblicher Weg ist der Einsatz externer Ressourcen und Partnerunternehmen.

Eine Warnung bei Verwendung externer Ressourcen: Sie werden nicht sofort produktiv. Oft erfordern sie eine Lernperiode, die eine zusätzliche Belastung für das Team bilden kann. Wenn Sie externe Mitarbeiter einsetzen wollen, ist es wichtig, sie ununterbrochen mit Arbeit zu versorgen. Dies stellt sicher, daß der Auftragnehmer immer nach Ihren neuesten Standards arbeitet und seine Ausbringung ohne zusätzliches Training rasch erhöhen kann. Ein häufiger Fehler ist, externe Kräfte nur zu benutzen, um Belastungsspitzen auszugleichen. Dies birgt die Gefahr geringer Kontinuität.

Wir haben bislang über verschiedene Formen der Verstärkung des Personals gesprochen. Die andere allgemeine Methode, Kapazität zu vergrößern, ist die Steigerung der Produktivität pro Person. In meisten Unternehmen kommen Sie mit einer Steigerung der Produktivität wesentlich besser an als mit einer Steigerung der Mitarbeiterzahl. Da dies eine attraktive Art der Kapazitätssteigerung ist, wollen wir fünf zentrale Möglichkeiten behandeln, die Produktivität zu verbessern.

Erstens können wir bessere Werkzeuge beschaffen. Mit einem neuen CAD-System können wir die zur Erstellung einer CAD-Zeichnung erforderliche Zeit halbieren. Die Verbesserung der Ausstattung kostet fast nie so viel wie die Leute, die ersetzt werden. Wir werden die verschiedenen Arten von Werkzeugen ausführlicher in Kapitel 10 diskutieren.

Ein zweiter Ansatz zur Produktivitätssteigerung ist die Verbesserung der technischen Unterstützung. Auf diesem Gebiet verzeichnen Produktentwicklungsorganisationen einen zunehmenden Mangel. Beim Downsizing schreiben Unternehmen auch der Entwicklungsabteilung einen Mitarbeiterabbau vor. Da die Entwicklung ihre teuersten Köpfe, nämlich Ingenieure und Wissenschaftler, behält, bleiben ihr weniger Techniker übrig, als sie eigentlich braucht.

Ein dritter Ansatz ist die Reduzierung von nicht-wertschöpfenden Aktivitäten. Es ist nicht ungewöhnlich, daß Entwicklerteams sehr viel Zeit mit der Erstellung von Fortschrittsberichten und anderen Reports verbringen, die niemand gründlich liest. So beobachtete ich zum Beispiel einmal ein Projekt mit monatlichen Verzögerungskosten von drei Millionen Dollar. Der Leiter des Unternehmens kam einmal im Monat, und das Team mußte seine Arbeit für eine Woche unterbrechen, um sich auf die Besprechung vorzubereiten. Mit anderen Worten: 25 Prozent der vorhandenen Kapazität wurde für Managementbesprechungen benutzt. Jede Maßnahme, die es dem Team erlaubt, sinnvollere Arbeit zu leisten, steigert die Produktivität.

Ein vierter Ansatz, die Produktivität zu verbessern, ist die Investition in Schulungen. Erfahrene Mitarbeit sind produktiver als neue, weil sie die Lernkurve bereits genommen haben. Die Einlernzeiten können wesentlich verkürzt werden, indem erfahrene Mitarbeiter neuen Kollegen systematisch Wissen vermitteln. Im allgemeinen haben alle Organisationen, die hierin effizient sind, besondere Ressourcen zu diesem Zweck aufgebaut. Motorola beispielsweise bietet eine interne Universität für seine weltweite Ausbildung. Und selbst kleine Unternehmen können eine Ausbildung durchführen. So halten zum Beispiel die Konstrukteure in einem kleinen Maschinenbauunternehmen einmal monatlich einen Vortrag über ihre Arbeit. Diese Vorträge sind freiwillig und werden nicht nur von anderen Ingenieuren, sondern auch von Mitarbeitern aus der Fertigung und aus dem Vertrieb besucht.

Schließlich können wir effektive Kapazität hinzugewinnen, wenn wir unsere Mitarbeiter *breiter* schulen. Da kritische Engpässe leicht auf Spezialgebieten auftreten, sollten wir Ersatzleute für diese Mitarbeiter schaffen. Zum Beispiel können Prüfspezialisten in Zeiten hoher Belastung von Technikern aus der Entwicklung unterstützt werden, die für diese Aufgabe zusätzlich ausgebildet wurden. Wenn Sie das für ineffizient halten, weil "angelernte" Kräfte nie genauso effizient sein können wie Spezialisten, haben Sie recht. Es tut aber nichts zur Sache. Wir führen zusätzliche Schulungen nicht durch, um eine effiziente Ressource zu schaffen, sondern um Engpässe zu beheben. Wie Sie sich erinnern, kann bei hoher Auslastung des Systems eine kleine Veränderung der Kapazität zu einer großen Änderung in der Taktzeit führen. Selbst wenn unsere angelernten Prüfer nur halb so produktiv sind wie die Fachleute, wird die Taktzeit dadurch verbessert. In einem Unternehmen war ein Prüfer abgestellt, um zwei Tage für ein Entwicklungsteam Tests durchzuführen. Am zweiten Tag bekam er eine Grippe. Da es keinen Ersatz für ihn gab, konnten die Tests nicht weitergeführt werden, obwohl die Geräte zur Verfügung standen. Das Team mußte ans Ende der Schlange zurück, um auf den nächsten verfügbaren Prüftermin zu warten, der vier Wochen später lag. Ein verpaßter Testtag führte somit zu einer vierwöchigen Verzögerung des Projekts. Das Problem wäre nie entstanden, wenn ein Techniker für die Arbeit im Prüflabor geschult worden wäre. Denn selbst wenn der Techniker nicht so effizient gearbeitet hätte – die eingesparten vier Wochen Verzögerung hätten jede Ineffizienz aufgewogen.

Weiter oben in diesem Kapitel sprachen wir davon, wie wichtig es ist, mehr als eine Bedienungsstation pro Warteschlange zu haben, um Stillstände aufgrund von schwierigen Situationen zu vermeiden. Stillstände treten auch auf, wenn wir in unserem Prozeß keine Ersatzleute für Spezialisten haben. Wenn wir Mitarbeiter trainieren, mehr als eine Sache zu tun, werden wir unsere Warteschlangen zum Schrumpfen bringen, selbst wenn sie die zweite Aufgabe nicht effizient durchführen.

Die Notwendigkeit einer Mehrfachqualifikation hat interessante Auswirkungen auf die Vergütung unseres Personals. In den meisten Unternehmen signalisiert das Entlohnungssystem, daß wir Spezialisten höher einschätzen als Leute, die mehr als eine Sache beherrschen. Ein Unternehmen verleiht Ingenieuren, die mehr als zehn Patente haben, einen speziellen goldenen Werksausweis – ein deutliches Signal, daß extreme Spezialisierung hoch angesehen ist. Im Gegensatz dazu findet man selten Unternehmen, die ihre Mitarbeiter eher für die *Breite* als für die *Tiefe* ihrer Fähigkeiten vergüten. Dabei ist es die Breite, die wir unabdingbar im Umgang mit Warteschlangen in unserem Prozeß brauchen.

Interessanterweise sind Fertigungsmanager auf diesem Gebiet schon viel weiter. In modernen Fabriken werden Arbeiter routinemäßig für mehrere Tätigkeiten qualifiziert und für die Breite ihrer Fähigkeiten be- und entlohnt. Dies verleiht dem Fertigungsprozeß beträchtliche Flexibilität. Leider hat bislang kaum ein Unternehmen diese Lektion auf die Produktentwicklung übertragen.

Nachfrage managen

Die zweite große Gruppe von Techniken, die zur Behandlung von Warteschlangen eingesetzt werden können, setzt an der Nachfrageseite des Kapazitätsmanagements an. Es gibt vier Schlüsselwerkzeuge, um die Nachfrage zu managen.

Zum ersten können wir die Anzahl von Projekten im System steuern. Dies tut man, indem man die Eingangsseite des Produktentwicklungsprozesses überwacht. Wenn wir unsere Prozeßkapazität gut kennen, können wir vermeiden, zu viele Projekte anzufangen. Der Schlüsselindikator für eine Prozeßüberlastung ist das Auftreten von Warteschlangen. Wir sollten diese Warteschlangen überwachen, was wir später in diesem Kapitel besprechen werden.

Ein zweites nützliches Werkzeug des Nachfragemanagements ist es, die Features, also Eigenschaften und Merkmale, unserer Produkte zu kontrollieren. Dazu gehört die Reduzierung der Anzahl von Merkmalen ebenso wie die Vereinfachung einzelner Merkmale. Leider gelingt es den meisten Unternehmen viel besser, die Anzahl ihrer Projekte zu managen als die Anzahl von Features in diesen Projekten. Ein Übermaß an Features ist gefährlicher als ein Übermaß an Produkten, weil mit zunehmender Anzahl von Produktmerkmalen die Komplexität drastisch ansteigt. Projektüberlastung richtet weniger Schaden an, weil die Projekte für gewöhnlich über gemeinsame Subsysteme, gemeinsame Entwicklungsressourcen und dergleichen locker miteinander verbunden sind. Feature-Überlastungen dagegen sind sehr gefährlich, weil Features eng miteinander verknüpft sind. Aufgrund dieser engen Verknüpfung führt eine geringe Steigerung der Anzahl von Features zu einer dramatischen Zunahme der Komplexität. In Kapitel 9 werden wir im Zusammenhang mit der Darstellung des Themas "Produktspezifikation" diskutieren, wie das Wachstum von Features zu kontrollieren ist.

Ein drittes nützliches Werkzeug des Nachfragemanagements sind Sicherheitsventile, die Nachfragedruck aus dem Entwicklungsprozeß nehmen können. Wir müssen in der Lage sein, Anforderungen zu senken, wenn wir an einem Engpaß feststecken. Die Entscheidung, eine Anforderung fallen zu lassen, sollte die Form einer wirtschaftlichen Abwägung haben: Was kostet das Warten, welchen Wert hat die Erfüllung der Anforderung? Die Entscheidung muß schnell getroffen werden. Wenn zum Beispiel ein Merkmal den kritischen Pfad in einem Projekt um zwei Wochen verlängert und der Wert des kritischen Pfades 500.000 Dollar pro Monat ist, betragen die Verzögerungskosten 250.000 Dollar. Wenn dieses Merkmal fünf Prozent mehr Verkaufszahlen erbringt und die Verkaufszahlen mit 300.000 Dollar je Prozent veranschlagt werden, ist das Merkmal 1,5 Millionen Dollar wert. In diesem Fall ist die Warteschlange weniger teuer als das Merkmal, und wir sollten eine Senkung der Anforderung nicht bewilligen. Es sollte klar sein, daß die Entscheidungsregeln aus Kapitel 2 unerläßlich sind, um diese Entscheidungen zu fällen.

Leider ist für manche Menschen die Änderung einer Anforderung Ketzerei. Eine *Anforderung* ist *per definitionem* zu erfüllen. So verlangt beispielsweise die populäre Qualitätsnorm ISO 9000, daß wir im ersten Schritt des Entwurfsprozesses "alle Eingangsgrößen identifizieren". Dies impliziert, daß Anforderungen nicht auf die leichte Schulter zu nehmen sind. In der Tat zielt die ganze Qualitätsbewegung auf die Erfüllung von Anforderungen, nicht auf deren Ignorierung.

Einigen Lesern könnte bei dem Begriff "Resegmentierung des Marktes" wohler sein als beim "Senken von Anforderungen". Wenn zum

Beispiel unsere ursprüngliche Anforderung war, einen Autositz für 100 Prozent des Markts zu entwickeln, könnte es schwierig werden, diesen Sitz für Basketballspieler genauso komfortabel wie für Jockeys zu machen. Durch Änderung der Produktspezifikation könnten wir die mittleren 90 Prozent der Bevölkerung perfekt bedienen. Der Punkt ist, daß eine Änderung der Anforderung keine Abschwächung unserer Qualitätsverpflichtung bedeutet. Wir stehen dazu, ein Produkt abzuliefern, das 100 Prozent seiner Leistungsansprüche erfüllt – wir ändern lediglich diese Ansprüche.

Die dynamische Anpassung von Anforderungen ist ein zunehmender Trend in der Software-Entwicklung. Das "Sicherheitsventil" eines Entwicklungsprozesses ist nicht mehr der Zeitplan, sondern zunehmend die Produktspezifikation. Wir besprechen dieses Konzept ausführlicher in Kapitel 11 im Zusammenhang mit Kennzahlen und der Prozeßsteuerung.

Das vierte Werkzeug, um Nachfrage zu managen, ist die Wiederverwendung früherer Produktentwürfe. Dies kann eine enorme Auswirkung auf den Umfang der Entwicklungsarbeiten haben. Oft lassen sich mit sehr geringen Konsequenzen für die Qualität 80 Prozent des eigentlichen Entwicklungsaufwands einsparen. Betrachten wir ein interessantes Beispiel von Wiederverwendung, das in dem Buch *Skunk Works* von Ben Rich diskutiert wird. Die erste Version des Jagdbombers F-117 wurde entworfen, indem man folgende Bestandteile wiederverwendete: die Flugsteuerungsaktoren und Servomechanismen aus dem F-111, den Flugsteuerungsrechner und den Pilotensitz aus dem F-16, das Trägheitsnavigationssystem aus dem B-52 und die Überkopfanzeige aus dem F-18. Für 30 Millionen Dollar wurden zwei Prototypen gebaut und getestet. Ben Rich, Nachfolger des legendären Kelly Johnson als Leiter der Skunk Works von Lockheed, berichtete, daß ein typischer Hightech-Prototyp dieser Art drei- bis viermal so viel gekostet hätte. Dies bedeutet eine Reduzierung der Arbeitslast um 66 bis 75 Prozent, was offensichtlich eine riesige Auswirkung auf die Warteschlangen hat.

Anstatt eine Vielzahl von Subsystemen neu zu entwerfen, die wenig Auswirkungen auf die Gesamtleistung haben, konzentrierte Lockheed seine Entwicklungsanstrengungen auf die kritischen Faktoren Radar, Aerodynamik und Flugsteuerungssysteme. Indem sie sich auf die 20 Prozent der Entwicklung konzentrierten, die 80 Prozent der Gesamtleistung bestimmen, konnten die Entwickler mit außerordentlich geringen Ressourcen einen schnellen Entwurf erstellen. Wiederverwendung ist ein mächtiges Werkzeug, um die Gesamtanforderungen an die

Entwicklungsressourcen zu reduzieren. Diese Maßnahme erfordert allerdings sorgfältige Strukturierungsentscheidungen, wie wir in Kapitel 8 sehen werden.

Variabilität reduzieren

Ein dritter Weg, Warteschlangen zu reduzieren, ist, die Prozeßvariabilität zu senken. Das ist in repetitiven Prozessen wie der Fertigung ein Standardverfahren. Wie erwähnt, ist eine Reduzierung der Variabilität in nicht-repetitiven Prozessen wie der Produktentwicklung viel schwieriger, aber sie ist möglich.

Wir können das Problem auf verschiedene Arten angehen. Zunächst ist es nützlich, die Abweichungen zu messen, weil wir keine Verbesserung abschätzen können, wenn wir den Ausgangspunkt nicht kennen. So offensichtlich dies ist – es ist erstaunlich, wie viele Entwicklungsabteilungen keine Daten über die Dauer von Aufgaben erheben.

Zweitens können wir die Wiederverwendung von Entwicklungslösungen steigern. Wir erwähnten bereits, wie Wiederverwendung Anforderungen reduziert. Ein zweiter wichtiger Nutzen von Wiederverwendung ist, daß sich dadurch die Variabilität reduziert. Das Schöne an einem wiederverwendeten Subsystem ist, daß wir genau wissen, wann es verfügbar sein wird. Es gibt keine Ungewißheit im Fertigstellungstermin eines bereits vorhandenen Entwurfs.

Ein drittes Werkzeug, die Variabilität zu reduzieren, ist die Standardisierung von Prozessen. Wenn wir die Leute dazu bringen können, Dinge auf gleichbleibende Art und Weise zu tun, gibt es weniger Schwankungen in der Bearbeitungsdauer. Idealerweise finden wir die effizientesten Wege, Aufgaben zu erledigen, und standardisieren sie.

Rechnerunterstützte Werkzeuge bilden ein wirksames Hilfsmittel für diese Standardisierung. Diese Werkzeuge helfen, Variabilität zu senken, weil sie "Kunst" in Wissenschaft verwandeln. Sie integrieren bestimmte Fähigkeiten in das Werkzeug, statt sie beim Entwickler zu belassen. Dies reduziert potentiell die Iterationsschleifen im Entwicklungsprozeß. Betrachten wir beispielsweise die Entwicklung von ASICs. Professor Thomke von der Harvard Business School verglich die Anzahl der Iterationen bei der ASIC-Entwicklung mit denen bei der Entwicklung von FPGAs, einem anderen Typ von integrierten Schaltungen. ASIC-Entwickler arbeiten langsam und bekommen ihr Design beim ersten oder spätestens zweiten Mal hin. FPGA-Entwickler erstellen schnell einen ersten Entwurf und verbessern ihn dann in mehreren Iterationen. Iterationen erzeugen jedoch stets potentiell mehr Schwankungen in den Ergebnissen des Entwurfsprozesses.

Ein letztes Verfahren zur Reduzierung von Schwankungen im Entwurfsprozeß ist die Senkung der Losgrößen. Wir werden diesen Ansatz im nächsten Abschnitt besprechen.

Steuerungssysteme benutzen

Die vierte Möglichkeit, Warteschlangen zu reduzieren, ist der Einsatz von Steuerungssystemen. Dies ist vielleicht der faszinierendste Weg. Die fünf wichtigsten Verfahren auf diesem Gebiet sind: Warteschlangen aus dem kritischen Pfad nehmen, Kapazität planen, Reservierungssysteme benutzen, Losgrößen steuern und Warteschlangen überwachen. Wir werden der Reihe nach über jedes Verfahren reden.

Das erste und attraktivste Werkzeug entfernt die Warteschlange aus dem kritischen Pfad. Wenn dies erreicht ist, verzögert die Warteschlange das Projekt nicht; es entstehen keine Verzögerungskosten. Eine Warteschlange außerhalb des kritischen Pfads ist kostenlos und sogar wertvoll, weil sie uns hilft, Ressourcen auszulasten und effizient zu halten.

Ein zweiter Ansatz ist die Verwendung von Reservierungssystemen. Diese Systeme erlauben uns, in die Warteschlange zu kommen, bevor wir die vorhergehende Aktivität abgeschlossen haben. Mit einer Reservierung können wir vorgelagerte und nachgelagerte Aktivitäten zur Überlappung bringen und damit die Warteschlange aus dem kritischen Pfad nehmen. Betrachten wir hierzu ein Beispiel: Ein Entwicklungsteam muß knappe Ressourcen im Prototypenbau benutzen. Die Warteschlange vor diesen Ressourcen beträgt vier Wochen. Das Team nimmt drei Wochen vor Inanspruchnahme der Ressourcen eine Reservierung vor. Damit schrumpft die Schlange für das Team auf eine Woche; das ist eine 75prozentige Reduktion ohne eine Änderung der Prozeßkapazität.

Ein dritter Ansatz ist die Kapazitätsplanung. Damit läßt sich die Entstehung von sogenannten "voraussagbaren Warteschlangen" verhindern. Voraussagbare Warteschlangen sind selbst zugefügte Wunden, weil sie mit etwas Planung zu vermeiden sind. Beispielsweise erkannte ein Hersteller von Konsumgütern, daß seine Produkte in einem jahreszeitlichen Rhythmus eingeführt wurden und daß jedes Jahr etwa zur gleichen Zeit massive Warteschlangen auftraten. Diese Warteschlangen konnten durch Bereitstellung zusätzlicher Kapazität während dieser Zeiten drastisch reduziert werden.

In Entwicklungsorganisationen neigen wir dazu, die Kapazitätsplanung zu ignorieren, weil die nicht-repetitive Natur der Entwicklungstätigkeit unser Denken beherrscht. Wir nehmen an, daß jedes Projekt verschieden sei und daß die inhärenten Schwankungen eine Planung nutzlos machten. Dies ist eine gefährliche Vereinfachung. Bei sorgfältiger Prüfung werden wir feststellen, daß die Dauer einer Entwicklungsaufgabe durch Vergleich mit ähnlichen Aufgaben grob vorausgesagt werden kann. Einige Unternehmen haben sehr einfache Kriterien entwickelt, zum Beispiel die Anzahl der Baugruppen in einem Entwurf, die ungefähr die erforderliche Arbeitszeit prognostizieren. Selbst krude Messungen der Anforderungen erlauben nützliche Planung, weil voraussagbare Warteschlangen sogar mit unvollkommenen Schätzungen reduziert werden können.

Das gleiche gilt für die Vorhersage der Belastung in bestimmten Bereichen. Manche Leute glauben, es sei nutzlos, sich Größen wie die Anzahl der zu erstellenden Zeichnungen oder die Anzahl der beim Testen zu behebenden Fehler anzusehen. Sie argumentieren, daß jede Zeichnung verschieden lange dauert und daß eine komplexe Zeichnung hundertmal mehr Zeit als eine einfache beansprucht. Eine pauschale Zählung von Zeichnungen sei nutzlos. Wir finden in der Praxis, daß eine einfache Zählung von Zeichnungen außergewöhnlich nützlich ist. Die Tatsache, daß sich Zeichnungen in ihrer Komplexität unterscheiden, ist weniger von Belang, weil die Mischung leichter und schwieriger Zeichnungen über die Projekte hinweg in etwa gleich bleibt. Schwierige Aufgaben wie Layout- und Zusammenbauzeichnungen bilden einen relativ konstanten Prozentsatz des gesamten Arbeitsaufkommens. Analog bilden schwere Software-Fehler einen relativ konstanten Prozentsatz der gesamten Fehlerpopulation. Aggregierte Messungen des Arbeitsaufkommens erweisen sich als sehr wertvoll.

Der aufmerksame Leser hat vermutlich bemerkt, daß Kapazitätsplanung von der Messung von Anforderungen und Kapazitäten in den Prozessen abhängt. Die meisten Unternehmen haben keine solchen Messungen. Wir werden in Kapitel 11 mehr dazu sagen.

Ein vierter Ansatz besteht darin, Losgrößen zu managen. Hier herrscht in den meisten Entwicklungsprozessen eklatantes Mißmanagement. Wie erwähnt, wird die Größe von Warteschlangen direkt von den Stückzahlen beeinflußt. Mit kleinen Prozeßlosgrößen erzielen wir eine dramatische Verkürzung von Warteschlangen, ohne Kapazität oder Nachfrage zu ändern.

Fünftens und letztens können wir Warteschlangen in unserem Prozeß überwachen. Diese wirkungsvolle Kennzahl warnt uns sehr schnell vor potentiellen Taktzeitproblemen. Leider messen die meisten Unternehmen die Größe ihrer Warteschlangen nicht. Wir werden den Wert dieser Maßnahme weiter unten besprechen. Wie man Warteschlangen mißt, wird in Kapitel 11 beschrieben.

Die Position von Warteschlangen

Nicht selten werden in unseren Prozessen große Lose verarbeitet. Wie erwähnt, müssen wir alles Menschenmögliche tun, um dies zu vermeiden, da es Warteschlangen in unserem Prozeß verursachen kann. Des weiteren müssen wir sorgfältig die Positionen der Warteschlangen in unserem Prozeß lokalisieren, weil es sehr gefährlich ist, große Lose mit kleinen Losen im selben Prozeß zu vermischen.

Wir können dies mit einem Beispiel illustrieren, das die meisten Leser kennen. Ein Flug einer internationalen Fluggesellschaft entspricht der Bearbeitung eines großen Loses. Wir können dies nicht leicht ändern, weil alle Passagiere gleichzeitig abfliegen und landen müssen. Der Zollprozeß hat eine kleine Losgröße, weil wir nicht 400 Menschen auf einmal abfertigen können. Wir bedienen jeweils einen oder zwei.

Für die Reihenfolge dieser Warteschlangen gibt es zwei Möglichkeiten: Wir könnten die Passagiere nach der Landung durch den Zoll schicken, was eine Schlange von 400 Menschen erzeugen würde. Eine klügere Alternative ist, die Zollabfertigung vor Besteigen des Flugzeugs durchzuführen. Dies führt zu kürzeren Wartezeiten, weil die Ankunftsrate im zweiten Fall viel niedriger ist als am Ende des Flugs. Vor dem Abflug treffen die Passagiere über etwa eine Stunde verteilt ein. Nach der Landung verlassen sie dagegen das Flugzeug innerhalb von fünf bis zehn Minuten. Indem wir die kleinen Lose vor dem großen bearbeiten, senken wir die gesamte Taktzeit. Wie Bild 3.8 zeigt, führt es im Vergleich zur umgekehrten Reihenfolge ungefähr zu einer Verdopplung der Schlange, wenn wir die kleinen Lose auf das große folgen lassen.

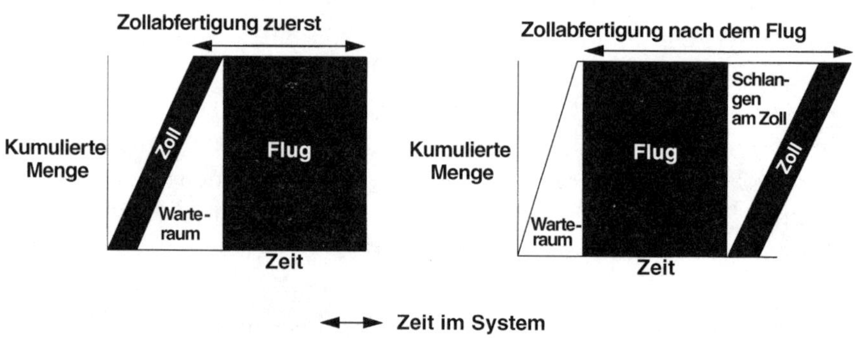

Bild 3.8: Position von Warteschlangen

In diesem Zusammenhang ist der Blick auf einen typischen Entwicklungsprozeß mit Phasenstruktur interessant: Wann immer wir Kontrollpunkte in den Prozeß einfügen, erzeugen wir große Lose. Wir schieben diese großen Lose zwischen Entwicklungsprozesse mit kleinen Stückzahlen. Damit verdoppelt sich fast automatisch die Größe der Warteschlangen. Das heißt, daß wir nicht Prozesse mit großen und kleinen Stückzahlen vermischen dürfen, wenn wir versuchen, die Taktzeit eines Entwicklungsprozesses zu optimieren.

Viele Unternehmen beginnen, dies zumindest unbewußt zu verstehen. So behandelte zum Beispiel ein Projektmanager bei einem Workstation-Hersteller den in Phasen gegliederten Entwicklungsprozeß wie folgt: Als er erkannte, daß die Phasen den Entwicklungsprozeß verlangsamen, bat er den Geschäftsführer um dessen Zustimmung, drei der sieben Phasen zu eliminieren. Er erklärte sich bereit, das Management durch monatliche Berichte informiert zu halten, was seine persönliche Arbeitsbelastung erhöhte. Der Nutzen für die Taktzeit war jedoch enorm. Man sieht, wie der einfache Schritt der Beseitigung von Kontrollpunkten einen Entwicklungsprozeß um Wochen verkürzen kann.

Es ist auch interessant, die typische F&E-Finanzierung und -Planung unter dem Blickwinkel der Losgröße zu betrachten. Gewöhnlich führen wir einmal im Jahr eine strategische Planung durch und erstellen auf dieser Grundlage ein jährliches F&E-Budget. Im Grunde ist das der Transfer eines großen Loses, das sich einmal im Jahr in die Entwicklung ergießt. Da die Entwicklung ein Prozeß mit kleinen Losen ist, haben wir die große Charge vor die kleinen gelegt, genau das Gegenteil davon, was wir tun sollten. Wir werden diese beiden Probleme eingehender in Kapitel 7 behandeln, wenn wir uns mit der Struktur von Entwicklungsprozessen beschäftigen. Wichtig ist, festzuhalten, daß wir die Weitergabe großer Lose in unserem Prozeß vermeiden müssen. Wenn wir sie nicht vermeiden können, müssen wir sie ans Ende unseres Prozesses stellen. Das reduziert die Warteschlangen, die im weiteren Verlauf des Prozesses entstehen.

Littles Gesetz

Weiter oben wurde schon betont, wie wertvoll das Messen von Warteschlangen ist. Es ist in der Tat viel wertvoller, als die meisten Manager erkennen. Um dies zu verstehen, müssen auf eine der bekanntesten Beobachtungen der Warteschlangentheorie eingehen, auf Littles Gesetz. Little erkannte, daß wir die Größe einer Warteschlange auf zwei Arten berechnen können und daß beide Arten einander gleichwertig sind. Wir können dies an einem Kumulationsdiagramm illustrieren (s. Bild 3.9).

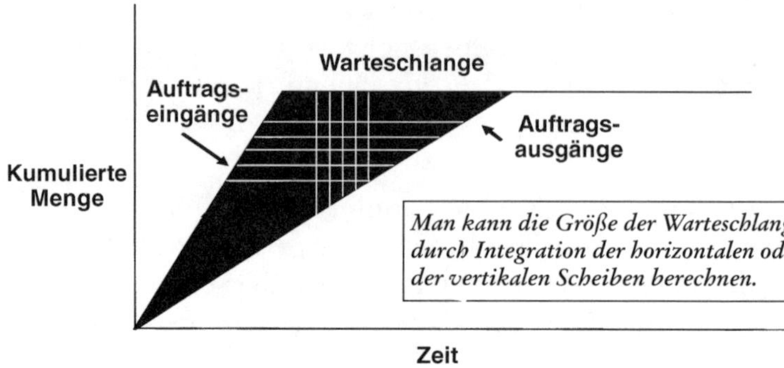

Bild 3.9: Littles Gesetz

Wie wir bereits sahen, stellen die senkrechten Entfernungen in einem Kumulationsdiagramm die Einheiten in einer Warteschlange zu einer bestimmten Zeit dar. Waagerechte Entfernungen repräsentieren die Zeit, die eine Einheit in der Warteschlange verbringt. Die Größe der schwarzen Flächen im Diagramm ist die Größe der Warteschlange. Was Little beobachtete, ist, daß wir die durchschnittliche Größe der Warteschlange berechnen können, indem wir entweder die horizontalen Scheiben, die Taktzeiten darstellen, oder die vertikalen Scheiben, die Warteschlangen sind, integrieren. Beide Rechnungen führen zum gleichen Ergebnis.

Diese Beobachtung erscheint in dem Kumulationsdiagramm als offensichtlich. Sie war es jedoch nicht, bevor Little diesen Zusammenhang aufzeigte. Die Implikationen für den Manager sind ziemlich wichtig: Es gibt zwei Arten, den Gesundheitszustand eines Entwicklungsprozesses zu ermitteln. Eine Methode ist, die Taktzeiten über den Prozeß hinweg zu überwachen. Darauf konzentrieren sich die meisten Unternehmen. Jeder will Taktzeiten reduzieren. Die andere Methode ist, die Warteschlangen zu überwachen. Sehr wenige Unternehmen messen und managen ihre Warteschlangen. Entscheidend ist, daß laut Littles Gesetz beide Ansätze dasselbe Ergebnis bringen: Wir können durch Beobachten der Warteschlangen dasselbe herausfinden wie durch Beobachten der Taktzeiten.

Die Beobachtung der Prozeßwarteschlangen hat jedoch einen sehr wichtigen Vorteil: Wir brauchen nicht zu warten, bis unsere Arbeit mit Verspätung am Ende des Prozesses ankommt. Eine einfache Analogie möge dies verdeutlichen: Nehmen wir an, Sie kommen zu einer Mautstation auf einer Straße. Vor den vier Schaltern sind Warteschlangen. Wir wollen prognostizieren, wie lange wir brauchen, um durch die Mautstation zu kommen. Eine Möglichkeit ist, die Fahrer hinter der Mautstation zu fragen, wie lange sie warten mußten. Das wird uns einen Hinweis auf unsere Wartezeit geben. Eine Alternative dazu ist, die Warteschlangen vor jedem Schalter zu beobachten. Dieses System ist in Bild 3.10 dargestellt.

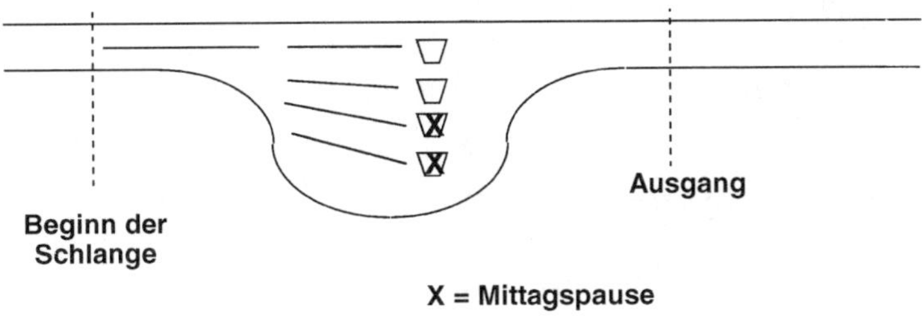

Bild 3.10: Beispiel Mautstation

Was würde aber geschehen, wenn an zwei der vier Schalter gleichzeitig Mittagspause gemacht würde? Wenn wir Taktzeiten überwachten, würden wir bemerken, daß die ersten Fahrer nach Verlassen des Systems von normalen Taktzeiten berichten würden. Die Autos, die in den Schlangen vor den Schaltern 3 und 4 feststecken, würden das System gar nicht erst verlassen, so daß wir ihre Taktzeit nicht kennen würden. Wir könnten lange warten, bis uns unser Taktzeitproblem klar würde.

Was geschieht im Gegensatz dazu, wenn wir die Größe der Warteschlange überwachen? Unsere Warteschlange würde im selben Augenblick länger werden, in dem die Arbeit an den Schaltern eingestellt wird. Die Schlangen an den Schaltern 3 und 4 würden sehr schnell länger werden. Warteschlangen sind somit ein Vorlaufindikator künftiger Taktzeitprobleme. Aus diesem Grund sind sie eine sehr wertvolle Meßgröße im Entwicklungsprozeß. Erstaunlich wenige Unternehmen überwachen ihre Entwicklungswarteschlangen allerdings bewußt. Auf den Wert einer solchen Überwachung werden wir in Kapitel 11 näher eingehen.

Typische Warteschlangen

Betrachten wir einige Beispiele für Warteschlangen in der Produktentwicklung, die wir ab heute überwachen könnten. Üblicherweise finden wir Warteschlangen vor gemeinsam genutzten Ressourcen wie Prüfständen, Prototypenbau und technischen Dienstleistungen.

Wir können fast garantieren, daß in den meisten Unternehmen vor der Produkterprobung Warteschlangen auftreten. Hier liegt ein idealer Ansatzpunkt, denn Prüfwarteschlangen liegen fast immer im kritischen Pfad eines Projekts. Prüfaufgaben erfüllen die Grundbedingungen für das Entstehen von Warteschlangen: Schwankungen und hohe Kapazitätsauslastung. Die Prüfdauer ist schwer zu prognostizieren, und die Prüfprozesse sind normalerweise voll ausgelastet. Überdies tritt der Nutzen einer Reduktion von Prüfwarteschlangen unmittelbar zutage, weil das Prüfen nahe am Ende des Entwicklungsprozesses liegt.

Ein anderer attraktiver Ort, um Warteschlangen aufzuspüren, ist vor jeder teuren Anlage. Beispielsweise ist das CAD-System oft für eine durchschnittliche Auslastung angelegt. Wenn die Arbeit nicht genau wie geplant eintrifft, können wir garantiert mit Warteschlangen in diesem Bereich rechnen. Manche Manager sind stolz, daß sie fünf CAD-Arbeitsplätze gekauft haben und alle ausgelastet sind. Dies stellt fast sicher, daß Konstruktionsarbeiten im Eingangskorb liegen und darauf warten, daß ein CAD-Arbeitsplatz frei wird. Wie wir in Kapitel 10 sehen werden, wird dieses Werkzeug wirtschaftlich suboptimal eingesetzt, wenn alle Arbeitsplätze ausgelastet sind.

Warteschlangen finden wir auch beim Software-Debugging. In der Tat ist dies eins der wenigen Gebiete, wo Unternehmen Warteschlangen überwachen, wenn es ihnen auch oft gar nicht bewußt ist. Sie erheben die Fehlerraten und erstellen Statistiken wie die in Bild 3.11 gezeigte.

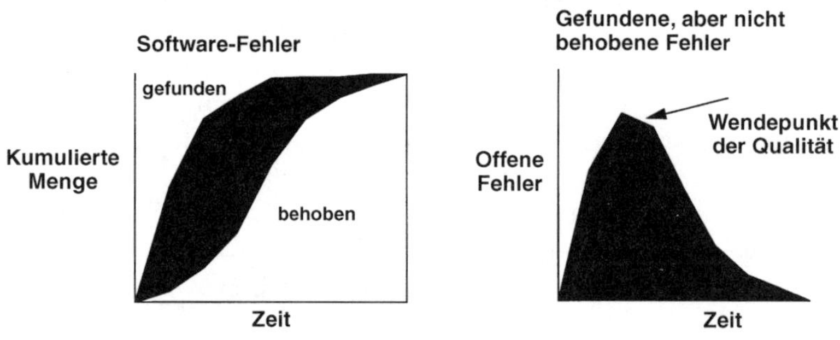

Bild 3.11: Aufdeckung und Behebung von Software-Fehlern

In der linken Bildhälfte stellt die obere Kurve die Entdeckung von Fehlern beim Software-Test dar. Die untere Kurve zeigt die Ausbesserung dieser Fehler (*Bugs*). Sie werden bemerken, daß die Darstellung genau wie ein Kumulationsdiagramm aussieht. Dies ist kein Zufall, weil es sich genau darum handelt. Wenn wir die Anzahl von Fehlern überwachen, die gefunden, aber noch nicht behoben sind, haben wir einen klaren Indikator für den gegenwärtigen Gesundheitszustand unserer Software. Wenn wir das Gleichgewicht zwischen der Fehleraufdeckungsrate und der Fehlerbehebungsrate überwachen, erhalten wir einen Indikator dafür, ob unsere Ressourcen zwischen Software-Test und Debugging richtig verteilt sind. Mit fortschreitender Verwendung dieser Kennzahl in weiteren Projekten können wir damit auch zukünftige Fehlerniveaus vorhersagen.

Für diese Kennzahl gilt, was wir oben bereits über den Wert der Überwachung von Warteschlangen auch bei variierenden Größen der Elemente in der Schlange gesagt haben. Manche Menschen glauben, daß es nur Sinn hätte, die Schlange von Bugs zu überwachen, wenn wir genau messen könnten, wie gravierend jeder einzelne Bug ist. Die Relevanz von Software-Fehlern könne um Größenordnungen differieren; daher seien sie nicht miteinander vergleichbar. In der Praxis hat sich dagegen erwiesen, daß es sehr nützlich ist, einfach die Gesamtzahl der Bugs zu überwachen. Es zeigt sich, daß die Mischung schwerer und leichter Software-Fehler von Produkt zu Produkt ungefähr gleich bleibt. Wir müssen die Arbeitsbelastung nicht kennen, die jeder einzelne Fehler verursacht, um dennoch mit der aggregierten Zahl von Fehlern ein nützliches Maß zu erhalten.

Ein anderer typischer Ort von Warteschlangen ist der Prototypenbau. Gewöhnlich warten Teams auf ihre Prototypen, sowohl aus internen als auch aus externen Quellen. Indem wir die Größe dieser Warteschlangen messen, wissen wir, wann diese Quellen überlastet werden. Dies kann uns veranlassen, eine andere Quelle hinzuzufügen oder Überstunden anzuordnen. Ein Hersteller medizinischer Produkte, der diese Warteschlangen nicht überwachte, häufte einen beträchtlichen Rückstau in seinem Prototypenbau an. Als endlich Überstunden in diesem Bereich angeordnet wurden, war die Warteschlange schon Wochen lang, und es waren sowohl der Rückstau als auch neue Aufträge zu bearbeiten. Wenn die Warteschlange überwacht worden wäre, hätte man das Problem viel früher gefunden.

Zusammenfassung

In diesem Kapitel haben wir über die Konzepte der Warteschlangentheorie und Ihre Anwendung auf den Entwicklungsprozeß gesprochen. Wir haben gesehen, daß in vielen Prozessen die Kosten für die Wartezeit in Schlangen teurer sind als der Prozeß selbst. Wir haben

Möglichkeiten des Umgangs mit Warteschlangen diskutiert, die in vier Kategorien fallen: Erstens können wir Kapazität erhöhen, zweitens Nachfrage managen, drittens Schwankungen reduzieren und viertens Steuerungssysteme verwenden.

Wir sahen, wie wichtig die Steuerung der Losgrößen im Entwicklungsprozeß ist und wie wichtig es ist, große Chargen an das Ende des Prozesses zu legen. Wir haben auch gelernt, inwiefern die Überwachung von Warteschlangen eine sehr wertvolle Kennzahl für die Gesundheit unseres Entwicklungsprozesses sein kann.

Abschließend diskutierten wir einige Bereiche des Entwicklungsprozesses, in denen typischerweise Warteschlangen auftreten. Hierzu gehören die Produkterprobung, der Prototypenbau, die rechnerunterstützte Konstruktion und das Software-Debugging. Wir werden die Ideen dieses Kapitels in Teil 3 dieses Buchs weiterverwenden.

Zunächst müssen wir ein anderes Schlüsselgebiet gründlich betrachten, das unseren Entwicklungsprozeß entscheidend beeinflußt. Es ist die Art, wie wir in diesem Prozeß Informationen erzeugen. Um dies genauer untersuchen zu können, müssen wir einige technische Begriffe aus dem Gebiet der Informationstheorie benutzen.

4 Alles dreht sich um Information

In Kapitel 1 stellten wir fest, daß der einzige Zweck des Produktentwicklungsprozesses ist, wirtschaftlich nützliche Information zu erzeugen. In Kapitel 2 sprachen wir von der Wirtschaftlichkeit. Wenden wir uns nun der Information zu.

Der optimale Entwicklungsprozeß muß kostengünstig wertvolle Informationen erzeugen. Wie in Bild 4.1 dargestellt, können wir das Problem in zwei Unterprobleme gliedern. Erstens müssen wir bestimmen, wie wir effizient Informationen erzeugen. Zweitens müssen wir die Informationen erzeugen, die für uns den größten Wert haben. Wenn wir beides beherrschen, können wir hochwertige Informationen billig erzeugen. In diesem Kapitel werden wir beide Themen und ihre Implikationen für das Management des Entwicklungsprozesses diskutieren.

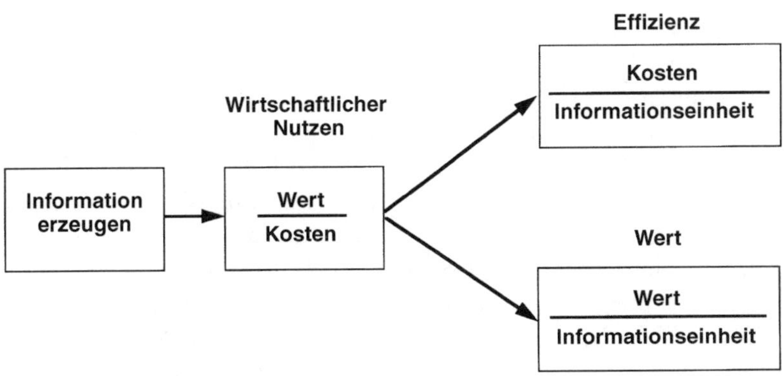

Bild 4.1: Information erzeugen

Informationstheorie

Die frühen Arbeiten zur Informationstheorie wurden in den Bell Laboratories durchgeführt, ebenso wie die ersten Arbeiten zur Warteschlangentheorie. Die Anwendung der Informationstheorie auf die Gestaltung von Entwicklungsprozessen ist nur eine unbedeutende Anwendung einiger sehr fortgeschrittener Konzepte.

Das Studium der Informationstheorie begann, als Ingenieure eine formale Methode suchten, um die Menge von Information zu messen, die in Kommunikationsnetzen übertragen wurde. Dahinter stand die Absicht, verschiedene Möglichkeiten der Kommunikation zu vergleichen, um die kostengünstigste zu finden. Die Kosten zu berechnen war leicht; schwerer war es, die Effizienz zu messen. Schließlich entwickelte man eine konsistente, nützliche Formel, um Information zu messen. Die in Bild 4.2 dargestellte Gleichung besagt, daß der Informationsgehalt eines Ereignisses dem Logarithmus zur Basis 2 der umgekehrten Wahrscheinlichkeit dieses Ereignisses entspricht. Im Klartext heißt das: Ereignisse, die weniger wahrscheinlich sind, enthalten mehr Informationen. Die Gleichung besagt auch, daß der Zuwachs an Informationen nicht linear, sondern logarithmisch ist, also weniger als linear.

$$I = \log_2 \frac{1}{P_e}$$

I = Information in Bits

P_e = Wahrscheinlichkeit eines Ereignisses

Bild 4.2: *Definition von "Information"*

Die Gleichung entspricht unserer Intuition. Je wahrscheinlicher ein Ereignis ist, um so weniger Information enthält die Entdeckung, daß das Ereignis eingetreten ist. Wenn Sie eine Nachricht empfangen, die Sie erwartet haben, enthält sie sehr wenig Information. Weiterhin besagt die Gleichung, daß die zur Kommunikation eines Sachverhalts erforderliche Information nicht linear proportional zur Wahrscheinlichkeit des Ereignisses ist. So braucht man ein Bit, um eine binäre Wahl zu kommunizieren. Mit zwei Bits Information kann man vier Möglichkeiten kommunizieren, mit drei Bits acht, mit vier Bits sechzehn Möglichkeiten. Somit wächst der Informationsgehalt einer Botschaft mit dem Anstieg von einem auf vier Bits nicht um das Vierfache, sondern um das Sechzehnfache.

Eine offensichtliche Implikation dieser Gleichung ist, daß Risiko und Information direkt zusammenhängen. Wenn eine Reduktion des Risikos auftritt, wurde Information erzeugt. Umgekehrt muß die Erzeugung von Information mit einer Änderung der Wahrscheinlichkeit oder des Risikos einhergehen. Nehmen wir an, wir wollen einen neuen Werkstoff einsetzen, der mit einer Wahrscheinlichkeit von 50 zu 50 funktionieren wird. Wir führen Tests durch, die Informationen erzeugen, weil wir die Wahrscheinlichkeit in eine Gewißheit umwandeln wollen. Unsere Erwartung der Versagenswahrscheinlich hat sich geändert. Dieser Wandel unserer Erwartung beruht auf den Informationen, die wir aus den Tests gewonnen haben.

Wie wir später in diesem Kapitel sehen werden, folgt daraus, daß eine kleine Veränderung in der Wahrscheinlichkeit oder dem Risiko eine kleine Veränderung an Informationen erzeugt. Wenn es sehr wahrscheinlich ist, daß der neue Werkstoff funktionieren wird, dann enthält der Erfolg sehr wenig Informationen, wohingegen das Versagen viel Informationen enthält. Entsprechend enthält bei unwahrscheinlichem Funktionieren des Werkstoffs der Erfolg viel Informationen und das Versagen wenig. Dies hat wichtige Konsequenzen für unsere Einschätzung von Erfolg und Mißerfolg im Entwicklungsprozeß.

Effiziente Informationserzeugung

Zuerst müssen wir betrachten, wie Information effizient zu erzeugen ist. Dazu müssen wir ein Maximum an Information mit einem Minimum an Kosten generieren.

Wir können unsere Entwicklungsaktivitäten unter dem Aspekt der vier wirtschaftlichen Faktoren aus Kapitel 2 betrachten. Im allgemeinen bestehen die Kosten einer Entwicklungsaktivität aus den Kosten für die eigentliche Aktivität und den Verzögerungskosten. Nehmen Sie etwa einen Prüfvorgang im Entwicklungsprozeß, dessen Durchführung 10.000 Dollar kostet. Der Test erfordert zwei Wochen im kritischen Pfad eines Projekts, dessen Verzögerungskosten 300.000 Dollar pro Monat betragen. 94 Prozent der Gesamtkosten gehen auf das Konto der Verzögerung.

Wenn wir die Effizienz des Prüfprozesses verbessern wollen, können wir das entweder durch Senken der Prüfkosten oder durch Steigern des Outputs tun. Die Kosten lassen sich senken, indem wir Zeit und Aufwand für die Prüfung minimieren. Wir werden entsprechende Techniken in Kapitel 12 behandeln. In diesem Kapitel diskutieren wir, wie der Output des Prüfprozesses maximiert werden kann.

Information maximieren: die magischen 50 Prozent

Betrachten wir das Problem, den Output des Prüfprozesses zu maximieren, aus dem Blickwinkel der Informationstheorie. Wenn wir ein Produkt prüfen, erhalten wir "Nachrichten" über den Erfolg oder das

Versagen des Tests. Jede dieser Nachrichten enthält meßbare Informationen, die, wie gesagt, in einer mathematischen Beziehung zur Wahrscheinlichkeit des Empfangs dieser Nachricht stehen. Wenn der Erfolg wahrscheinlich ist, enthält die Erfolgsnachricht wenig Informationen, wenn der Erfolg unwahrscheinlich ist, enthält die Erfolgsnachricht viel Informationen.

Wir können die Gesamtinformation, die der Test liefert, als Summe der Nachrichten "Erfolg" oder "Versagen" betrachten, die beide eine bestimmte Wahrscheinlichkeit haben. Wenn wir den Informationsgehalt einer Nachricht entsprechend seiner Wahrscheinlichkeit gewichten, können wir die Gesamtinformation eines Tests wie in Bild 4.3 dargestellt berechnen.

$$\text{Information} = \log_2 (1/P_{\text{EREIGNIS}})$$

$$I_{\text{TEST}} = P_{\text{VERSAGEN}} (I_{\text{VERSAGEN}}) + P_{\text{ERFOLG}}(I_{\text{ERFOLG}})$$

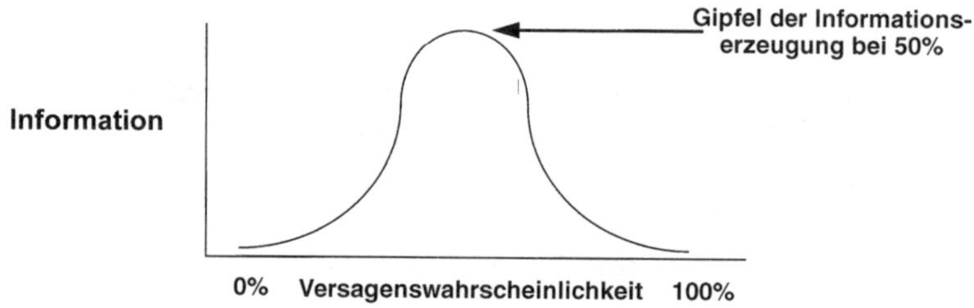

Bild 4.3: *Information im Prüfprozeß*

Diese Kurve hat einige sehr interessante Implikationen. Sie zeigt, daß der Informationsgehalt eines Tests am größten ist, wenn die Versagenswahrscheinlichkeit 50 Prozent beträgt, und daß er an zwei Stellen gegen Null geht, und zwar bei sehr hoher und bei sehr niedriger Erfolgswahrscheinlichkeit. Daraus folgt: *Wir können nicht die Informationserzeugung maximieren, indem wir die Erfolgsrate des Test maximieren.* Wir maximieren den Informationsgehalt des Tests indem wir uns einer 50prozentigen Fehlerrate annähern. *Unsere Prüfprozesse erfordern eine adäquate Versagensrate, um ausreichend Informationen zu erzeugen.*

Das Prinzip, Tests so zu strukturieren, daß Erfolg und Mißerfolg gleich wahrscheinlich sind, wird jeden Tag von Menschen angewandt, die nie von Informationstheorie gehört haben. Clevere Elektroniktechniker testen ein defektes System typischerweise, indem sie in der Mitte anfangen, dann die fehlerhafte Hälfte finden und anschließend diese Hälfte weiter unterteilen, bis das Problem gefunden ist. Damit arbeitet man wesentlich schneller als mit einer sequentiellen Suche vom Anfang bis zum Ende. In einem System mit zweiunddreißig Subsystemen ist ein cleverer Techniker dreimal so produktiv wie ein durchschnittlicher, einfach indem er diesen Ansatz benutzt.

Dieses Prinzip wird auch bei Software im sogenannten binären Suchalgorithmus für Suchdateien angewandt. Dabei werden zwei Hälften der Datei sondiert, die mit gleich hoher Wahrscheinlichkeit die gesuchte Information enthalten. Diese Suchstrategie reduziert dramatisch die für die Durchsuchung der Datei erforderliche Zeit. In einer Datei mit einer Million Eintragungen kann man die gesuchte Information mit etwa zwanzig Zugriffen statt mit durchschnittlich 500.000 finden.

Diese Zahl von 50 Prozent hat interessante Implikationen dafür, wie wir unsere Prüfprozesse gestalten müssen. Zum Beispiel erzeugen Prüfprozesse auf der Einstiegsebene meist zu wenige Fehler. Dies ist ineffizient, weil wir viel prüfen müssen, um wenige Fehler zu finden. Eine Möglichkeit, die Effizienz zu verbessern, ist der Stichproben-Ansatz der statistischen Prozeßkontrolle (SPC). Die Informationstheorie weist aber einen anderen Weg. Wir können mehr Informationen erzeugen, indem wir eine höhere Fehlerrate erzielen. Mit Tests auf einer höheren Ebene der Systemintegration steigern wir die Fehlerrate. In der Praxis heißt das, daß wir unsere Prüfstrategie bei zunehmender Produktqualität von der Prüfung einzelner Bauteile hin zur Prüfung auf Systemebene verschieben sollten.

Diese Optimierung des Informationsausstoßes in Richtung der fünfzigprozentigen Fehlerrate ist eine Überraschung für alle Anhänger des Prinzips "Mach's gleich richtig!" Im Entwicklungsprozeß auf extrem hohe Erfolgsraten abzuzielen bedeutet, daß die vom gesamten Prozeß erzeugte Informationsmenge gesenkt wird. Wir brauchen eine hinreichend hohe Fehlerrate, um in unserem Entwicklungsprozeß effizient zu sein.

Information ist unterschiedlich wertvoll

Sobald wir wissen, *wie* wir effizient sein können, müssen wir das Problem angehen, möglichst *wertvolle* Informationen zu erzeugen. Die primären Determinanten des Werts einer Information sind ihre wirtschaftliche Bedeutung, die davon abhängt, wann die Information im Entwicklungsprozeß eintrifft, und ihr potentieller Einfluß auf den Profit. Betrachten wir beide Faktoren getrennt voneinander.

Timing: Je früher desto besser

Wie wir in Kapitel 1 gesehen haben, ist die frühe Aufdeckung von Fehlern im Entwicklungsprozeß sehr wichtig. Frühe Entscheidungen bilden die Grundlage, auf der die gesamte weitere Struktur des Entwurfs steht. Wenn frühe Entscheidungen fehlerhaft sind, muß möglicherweise die gesamte Struktur geändert werden. Die Änderungskosten steigen dramatisch an, je weiter wir im Entwicklungsprozeß sind. Somit sind im Entwicklungsprozeß früh eintreffende Informationen viel wertvoller als spät eintreffende.

Die Schlüsselkonsequenz für das Management ist, daß unser Anliegen sowohl die Effizienz als auch das Timing der Informationserzeugung sein muß. Die beiden Faktoren stehen oft im Konflikt miteinander. Der Druck, die Prüfkosten zu begrenzen, läßt uns oft einige wenige große Tests durchführen, aber solche Tests verzögern die Verfügbarkeit von Informationen. Gibt es einen besseren Kompromiß zwischen der Effizienz des Prüfprozesses und dem Wert früher Informationen?

Die Losgröße beeinflußt das Timing

Das zentrale Element eines solchen Kompromisses ist die Losgröße im Prüfprozeß. Eine konventionelle Sicht des Problems legt nahe, die Anzahl der Prüfzyklen im Entwicklungsprozeß zu senken, da jeder Test feste Kosten hat. Je weniger Prüfzyklen, desto seltener müssen wir diese Fixkosten bezahlen. Diese Sicht bringt uns dazu, große Lose zu bilden, um sowohl den Aufwand als auch die Zeit für den Prüfprozeß zu minimieren.

In Wirklichkeit ist das Problem der Größe unserer Prüflose komplexer. Es gibt andere Kosten, die wir beim Prüfen in großen Chargen ignoriert haben, nämlich die Kosten der späten Verfügbarkeit der Testergebnisse. Wir müssen einen Weg finden, um die Wirtschaftlichkeit der großen Chargen gegen den Wert einer früheren Verfügbarkeit der Testergebnisse abzuwägen.

Definieren wir dazu die Losgröße unseres Prüfprozesses als die Menge von Entwicklungsarbeit, die wir vor dem Beginn des Prüfens fertiggestellt haben. Das größte Los entstünde, wenn wir erst nach Fertigstellung des gesamten Entwurfs mit dem Prüfen beginnen würden. Dies minimiert die Anzahl der Tests, aber wir entdecken unsere Fehler sehr spät im Prozeß, wenn die Reaktion darauf teuer ist. Prüfen wir dagegen einen teilweise abgeschlossenen Entwurf, erhalten wir die Information früher. Unser Problem ist, die Kosten zusätzlicher Prüfzyklen gegen die Kosten teurer Änderungen spät im Entwurfszyklus abzuwägen.

Die Lösung für dieses Problem ist bekannt, es handelt nur sich um ein "verkleidetes" Problem der wirtschaftlichen Bestellmenge (*economic order quantity -EOQ*). Die Fixkosten pro Test entsprechen den Fixkosten pro Auftrag im EOQ-Modell. Die “gespeicherten Kosten” des Prüfprozesses, das heißt die Kosten von späten Änderungen im Entwicklungsprozeß, entsprechen den Lagerungskosten im EOQ-Modell. Die Rentabilität unseres Prüfprozesses ist dann am größten, wenn die Summe dieser beiden Kosten am niedrigsten ist, das heißt, wenn wir in der optimalen Losgröße prüfen (s. Bild 4.4).

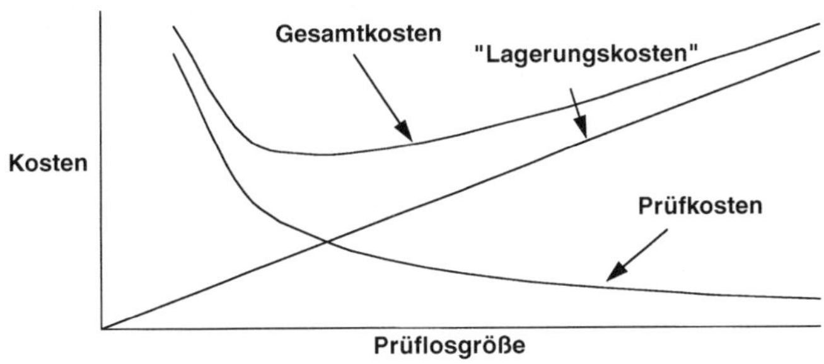

Bild 4.4: *Optimale Prüflosgröße*

Wir können den Vorteil kleinerer Losgrößen im Prüfprozeß illustrieren, indem wir uns vorstellen, daß der Entwicklungsprozeß mit einer bestimmten Rate potentielle Fehler erzeugt. Wenn wir früh prüfen, erfahren wir von diesen Fehlern, wenn wir noch mit niedrigen Kosten darauf reagieren können. Je später wir unsere Tests durchführen, um so teurer wird die Reaktion auf diese Fehler. Bild 4.5 zeigt, wie die Population potentieller Fehler sich mit verschiedenen Losgrößenstrategien verändert.

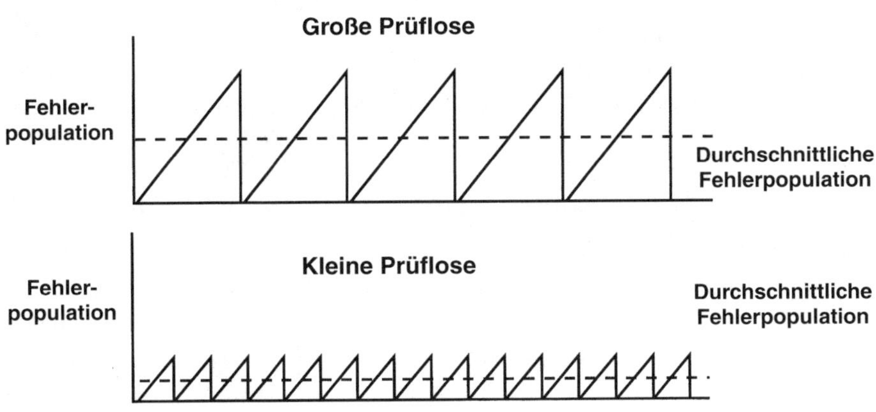

Bild 4.5: *Fehlerpopulation und Losgröße*

Die Strategie kleiner Lose hat zwei eindrucksvolle Vorteile: Erstens trifft die Information früher ein. Zweitens wird unsere gesamte Fehlerpopulation nie sehr groß, weil sie in besser handhabbaren, kleinen Blöcken eintrifft.

Ein Beispiel für eine solche Strategie bietet die Entwicklung des Prüfprozesses bei Microsoft, die Cusumano und Selby in ihrem Buch *Microsoft Secrets* beschrieben haben. Übergreifende Prüfungen am Ende des Prozesses sind durch sehr kurze "Zusammenbau"-Testzyklen ersetzt worden. Microsoft hat beträchtliche Vorteile darin entdeckt, die Gesamtfehlerpopulation des Produkts zu kontrollieren. Wenn die durchschnittliche Fehlerpopulation klein und begrenzt ist, läßt sich der Fertigstellungstermin des Produkts viel besser vorhersagen. Es ist auch viel leichter, diese Fehler zu beheben, weil die Zeit zwischen Software-Erstellung und Fehlerbehebung kurz ist.

Iterationen erzeugen frühe Informationen

Diese Erkenntnisse über die Losgröße beeinflussen auch unsere Einschätzung von Iterationen in Prüfprozessen. Eine konventionelle Sichtweise von Prüfzyklen hält Iterationen für verschwendete Entwicklungsressourcen. Jede Iteration kostet Zeit und verursacht Aufwand. Zusätzliche Iterationen verursachen zusätzliche Kosten, zusätzliche Kosten sind schlecht, Iterationen sollten reduziert werden, um die Effizienz zu steigern.

Da wir jetzt die Ökonomie der Prüflosgröße verstehen, können wir auch beim Problem der Iterationen etwas klarer sehen. Iterationen im Entwicklungsprozeß haben den Zweck, Fehler zu beheben und schließlich einen guten Entwurf zu erhalten. Über den Weg zu einem guten Entwurf gibt es zwei Denkrichtungen. Die eine besagt, daß wir als Entwickler eine Senkung unserer Fehlerrate anstreben sollten. Wenn wir den Entwurf mit dem Ziel analysieren, die Anzahl der Fehler zu minimieren, werden wir beim ersten Versuch einen besseren Entwurf erstellen. Ein solcher Ansatz wird die Iterationsschleifen verlängern, aber sicherstellen, daß jede Iteration von größtmöglicher Qualität ist. Die Vertreter dieser Denkrichtung segeln gewöhnlich unter der Flagge der Qualität.

Die andere Denkrichtung rät, Dinge einfach zu tun, zu probieren, ob und wie sie funktionieren, und sie dann zu verbessern. Dieser Richtung geht die moralische Überlegenheit der anderen Gruppe ab, sie basiert aber auf der praktischen Beobachtung von erfolgreichen Vorbildern in der wirklichen Welt. Diese Richtung argumentiert, daß frühe Prototypen unweigerlich zum Erfolg führen. Sie behauptet weiterhin, daß man kaum zu viele Prototypen erstellen oder zu früh mit deren Entwicklung beginnen kann.

Es könnte eine gemeinsame Logik hinter diesen auf der Oberfläche unterschiedlich scheinenden Ansätzen liegen. Die Endqualität eines vielstufigen Entwicklungsprozesses ist das Ergebnis der kumulativen Wirkung jeder Prüfiteration. Jede Iteration startet auf der Grundlage der Qualität des vorherigen Schritts. Wie Bild 4.6 zeigt, können wir in einem bestimmten Zeitraum die Gesamtqualität wesentlich verbessern, wenn wir die zulässige Fehlerrate pro Prüfung verdoppeln und dafür die Zykluszeit pro Prüfschritt halbieren. Tatsächlich erreichen wir in nur drei Schritten, die sechs Wochen erfordern, eine Fehlerrate von 1.000 ppm (*parts per million*). Mit der höheren Qualität erreichen wir dagegen nur 2.500 ppm in acht Wochen. Dies scheint zu schön, um wahr zu sein. Das Vorgehen nach dem Motto "Versuch und Irrtum" ist schneller und qualitativ hochwertiger.

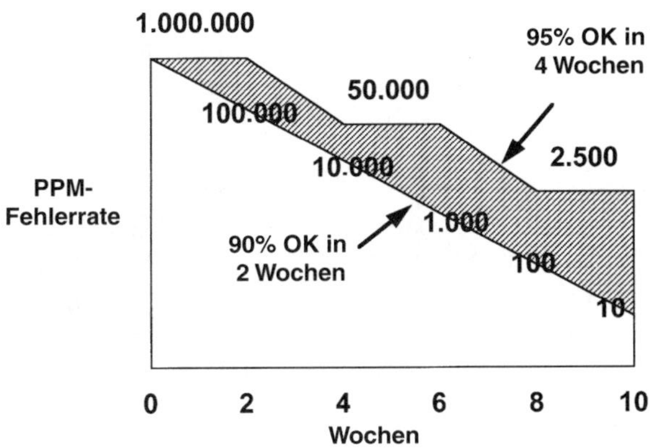

Bild 4.6: *Fehlerrate vs. Iterationen*

Bei genauerer Betrachtung erkennen wir aber, daß die Prüfkosten bei diesen beiden Ansätzen divergieren. Sie könnten doppelt so hoch sein, wenn wir vier Iterationen statt nur zwei durchführen. Wenn also Prüfkosten bei unserer Wirtschaftlichkeitsbetrachtung im Vordergrund stehen, sollten wir uns auf die Qualität pro Iteration konzentrieren. Wir wollen uns nicht zusätzliche, teure Versuche aufladen, wenn deren Kosten hoch sind. Wenn dagegen die Prüfkosten niedriger sind, erreichen wir durch mehrfache Iterationen schneller eine höhere Qualität.

Die Studien zur IC-Entwicklung, die Professor Stefan Thomke in Harvard durchgeführt und 1995 in seiner Doktorarbeit veröffentlicht hat, bestätigen diese Ergebnisse. Wenn, wie bei der ASIC-Entwicklung, die Iterationskosten hoch sind, zielen die Unternehmen auf hohe Qualität pro Schritt ab und erreichen im Durchschnitt die niedrige Zahl von 1,5 Iterationen. Wenn dagegen, wie bei den FPGAs, die Iterationskosten sowohl monetär als auch zeitlich niedrig sind, tendieren die Unternehmen deutlich zu einem vielschrittigen Ansatz und führen im Durchschnitt 13,9 Iterationen durch. ICs vergleichbarer Komplexität dauerten bei den FPGA-Entwicklern durchschnittlich 8,45 Mannmonate, bei den ASIC-Entwicklern dagegen 19,24 Mannmonate.

Vielleicht sind die Unterschiede zwischen den beiden Denkrichtungen geringer als es scheint. Beide Ansätze versuchen die Gesamtwirtschaftlichkeit zu optimieren, sie reagieren lediglich auf verschiedene wirtschaftliche Schlüsselfaktoren. Wenn die Iterationskosten hoch sind, sollten wir gute Ergebnisse beim ersten Mal anstreben, wenn sie niedrig sind, sollten wir uns darauf konzentrieren, wie schnell wir durch eine Iterationsschleife gehen können. Beide Wege führen zu einer besseren Wirtschaftlichkeit, aber sie unterscheiden sich in ihrer Nützlichkeit für bestimmte Arten von Unternehmen. Vor allem wenn die Verzögerungskosten hoch sind, kann der Taktzeitvorteil vielfacher Iterationen wichtiger werden als die zusätzlichen Prüfkosten.

Wir haben also einige nützliche Werkzeuge entdeckt, um den Wert von Informationen zu maximieren. Zunächst müssen wir unsere Prüfstrategien früh planen. Wir sollten die Losgröße in unserem Prüfprozeß sorgfältig beobachten, weil sie zu einer späten Informationserzeugung führen kann. Schließlich müssen wir das Problem der Iterationsschleifen im Entwicklungsprozeß mit größter Sorgfalt behandeln. Häufige, billige Iterationen können viel wertvoller sein, als allgemein angenommen wird.

Potentielle Relevanz für die Gewinne

Betrachten wir nun die andere Determinante des Werts von Informationen, den potentiellen Einfluß auf den Profit. Diesen können wir abschätzen, indem wir uns fragen, welchen Preis wir höchstens für eine Information bezahlen würden.

Betrachten wir eine Situation, in der wir zwischen zwei Werkstoffen wählen: ein neues Material A, das für unser Produkt geeignet sein könnte, und das Material B, das teurer, aber in seinem Verhalten gut erforscht ist. Die Variante A könnte uns über den gesamten Auslieferungs-Lebenszyklus des Produkts zehn Millionen Dollar einsparen. Welchen Geldbetrag sollten wir für eine Erprobung dieses Materials ausgeben?

Dies ist ein einfaches Problem der Entscheidungsanalyse, das sich mit dem in Bild 4.7 dargestellten Entscheidungsbaum abbilden läßt. Wir wählen entweder Technologie B und sparen nichts, oder wir testen Technologie A und sparen zehn Millionen Dollar, wenn sie funktioniert. Der Wert der im Test enthaltenen Information ist gleich der an der Wahrscheinlichkeit gewichteten Einsparung minus den Kosten für den Test.

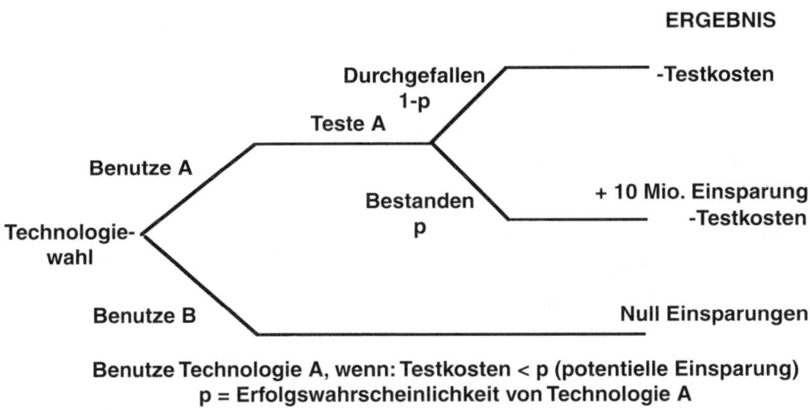

Bild 4.7: *Entscheidungsbaum*

Die Testkosten messen wir in Form der Zeit und der für den Test benötigten Ressourcen. Wie wir in Kapitel 2 gezeigt haben, kann Zeit direkt in Geld umgewandelt werden. Den Gewinn messen wir als Einfluß auf den kumulierten Gesamtgewinn.

Betrachten wir ein praktisches Beispiel. Wenn die Ergebnisse eines Tests uns die Senkung der Gesamtkosten des Produkts um eine Million Dollar ermöglichen, wird der Gewinn um eine Million Dollar steigen. Die Kosten für diese Information können einen Monat im kritischen Pfad und 200.000 Dollar betragen. Wenn Zeit im kritischen Pfad 200.000 Dollar pro Monat wert ist, dann würde dieser Test 400.000 Dollar kosten. Wenn wir eine 50prozentige Erfolgschance haben, dann hat die Durchführung des Tests einen Wert von 100.000 Dollar (erwarteter Gewinn minus Testkosten).

Wichtig hieran ist, daß der wirtschaftliche Wert von Information substantiell von der Art der Information abhängt. Um den Wert zu maximieren, müssen wir über eine frühe Informationserzeugung hinausgehen; wir müssen hochwertige Information früh erzeugen. Das bedeutet, daß wir sorgfältig entscheiden sollten, in welcher Reihenfolge wir Informationen über mögliche Fehler erzeugen. Wir sollten uns zuerst nicht nur auf besonders riskante Bereiche konzentrieren, sondern besonders auf Bereiche mit der höchsten wirtschaftlichen Bedeutung.

Wenn wir die beiden Konzepte der effizienten Informationserzeugung und der Konzentration auf die größte Gewinnrelevanz verbinden, können wir den wirtschaftlichen Wert von Informationserzeugungsprozessen in der Produktentwicklung optimieren.

Mach's gleich richtig?

Betrachten wir nun das Konzept des "Mach's gleich richtig" unter dem Aspekt unserer Kenntnisse der Informationstheorie. Wie wir in diesem Kapitel bereits gesehen haben, ist die Rate der Informationserzeugung umso niedriger, je näher unsere Erfolgsrate beim ersten Test an die 100 Prozent reicht. Das heißt, daß wir jegliche Informationserzeugung aus unserem Entwicklungsprozeß beseitigen, wenn wir wirklich beim ersten Mal alles richtig machen.

Der Fehler bei der Ansicht, daß hohe Erfolgsraten im ersten Test den Entwicklungsprozeß optimieren würden, liegt darin, die Informationserzeugung durch Versagensfälle zu unterschätzen. Die Tendenz, Mängel als Feinde zu betrachten, ist relativ neu. Doch Fehler wurden nicht immer als negativ angesehen. Nehmen wir beispielsweise die Aussage von Robert Stephenson, einem der großen Ingenieure der frühen industriellen Revolution. Wie Henry Petroski in seinem Buch *Design Paradigms* betont, war Stephenson ein entschiedener Verfechter der gründlichen Behandlung von Fehlern in der technischen Literatur. Er schrieb im Jahre 1956: "Ein getreulicher Bericht über diese Unfälle und die Mittel, mit welchen man den Folgen begegnete, war wirklich wertvoller als die Beschreibung der erfolgreichsten Arbeiten."

Warum betrachten es so viele große Ingenieure als so wichtig, Fehler festzuhalten? Ich glaube, weil sie intuitiv den außerordentlichen Informationsgehalt von Fehlern erfassen.

Bevor wir zu sehr über Fehler in Begeisterung geraten, müssen wir zwei Arten unterscheiden: Fehler, die Information erzeugen, und solche, die dies nicht tun. Wenn der Entwurf mißlingt, weil wir etwas *Neues* probiert haben, das nicht funktioniert, erzeugen wir sinnvolle Information. Wenn der Entwurf mißlingt, weil wir versehentlich etwas vergessen haben, was wir bereits wissen, wird keine Information erzeugt. Wenn wir "wiederentdecken", daß wir zwei Kabel verbinden müssen, damit Strom fließt, haben wir keine Information im Entwicklungsprozeß erzeugt.

Wenn wir Fehler im Entwicklungsprozeß ausmerzen wollen, müssen wir uns auf solche Fehler konzentrieren, die keine Information erzeugen, weil sie Zeit und Ressourcen verschwenden, ohne Nutzen zu bringen.

Dagegen müssen wir sehr genau darauf achten, wie wir die zweite Art von Fehlern behandeln, nämlich die, welche Information erzeugen. Kluge Unternehmen achten auf ihre Fehler so gut wie auf ihre Erfolge, weil beide Informationen enthalten. So beobachtete ein Unternehmen der Geräteindustrie, daß einer seiner wichtigsten Wettbewerber eine große Zahl von Geräten zurückrufen mußte. Der Wettbewerber hatte eine neue Technologie verwendet, die sich als unzuverlässig erwies. Die Rückrufaktion kostete Hunderte von Millionen Dollar. Das Unternehmen wußte, daß die neue Technologie nicht funktionierte, weil es Jahre zuvor bereits damit experimentiert hatte. Die Ergebnisse dieser Experimente waren als Betriebsgeheimnis behandelt worden, weil man glaubte, daß das Wissen über Fehler genauso wichtig ist wie das Wissen über gelungene Entwicklungslösungen.

Fehler kommunizieren

Betrachten wir nun eine wichtige Konsequenz für das Management aus diesen Beobachtungen. Wir müssen sehr vorsichtig mit Mitteilungen über Fehler in unserem Entwicklungsprozeß umgehen. Das ist nicht leicht, weil wir aus einem starken menschlichen Vorurteil heraus Erfolge mehr als Fehler schätzen. In den meisten Organisationen sind Fehler stigmatisiert, und niemand möchte mit ihnen in Verbindung gebracht werden.

Leider produziert dies einige gefährliche Nebeneffekte. Da unwahrscheinliche Fehler einen hohen Informationsgehalt haben, ist es wichtig, die Organisation schnell und umfassend über diese Fehler zu informieren. In dem Maße, wie wir diesen Informationsfluß hemmen, zwingen wir Mitarbeiter, bereits gemachte Fehler zu wiederholen, und das erzeugt keine nützliche Information.

Kognitionswissenschaftler haben herausgefunden, daß der Schlüssel zu hohen Leistungen auf vielen Gebieten eher Expertenwissen als Intelligenz ist. Es dauert ungefähr zehn Jahre, um in einer Wissensdomäne die Expertenebene zu erreichen. Die Informationstheorie weist darauf hin, daß Ereignisse mit geringer Wahrscheinlichkeit die meiste Information enthalten und somit die Grundlage für Domänenwissen bilden. Expertenwissen entsteht aus der Erfahrung von Ereignissen mit geringer Wahrscheinlichkeit und der Erinnerung daran. Die wichtigsten Ereignisse sind Fehler mit geringer Wahrscheinlichkeit, denn die Erfolge werden wir nicht so leicht vergessen. Da diese Fehler mit geringer Wahrscheinlichkeit selten auftreten, dauert es lange, Wissen über sie zu erwerben. Das bedeutet, daß einer unserer wichtigsten Mechanismen, um schnell Expertenwissen aufzubauen, die schnelle und weitreichende Verbreitung von Information über Fehler ist.

Schutz vor Fehlern

Eine weitere nützliche Strategie des Fehlermanagements ist der Einbau von Schutzmaßnahmen gegen ungewöhnliche Fehler im Entwicklungsprozeß. Dazu dienen typischerweise Checklisten, die sicherstellen, daß eine Lektion nur einmal gelernt werden muß. Wohlstrukturierte Verifikationsschritte helfen unseren Mitarbeitern, bewußt auf ungewöhnliche Fehlerarten zu achten. In einem Software-Haus wurde ein Entwicklerteam vor Bugs gewarnt, die auf Grundlage der Analyse eines ähnlichen Programms in ihrem Code zu erwarten waren. Die Fehlerrate in diesem Projekt war halb so hoch wie in vergleichbaren Projekten.

Eine Variante dieser Verifikation ist der Design Review, der von Experten durchgeführt wird, die nicht zum Team gehören. Dies ist besonders wertvoll, weil externe Fachleute von den Vorurteilen aus Eigeninteresse frei sind, denen das Team leicht zum Opfer fällt. Ein Außenstehender kann gewisse Informationen genauer verarbeiten als ein Mitglied des Teams.

Aufgabenreihenfolgen bilden

Mit dieser neuen Sichtweise von Information geht ein veränderter Blick auf die Aufgabenreihenfolge im Entwicklungsprozeß einher. Wenn unser Ziel ist, Informationen von hohem Nutzen zu erzeugen, müssen wir uns fragen, welche Entwicklungsaktivitäten solche Informationen generieren. Es sollte klar sein, daß die Entwicklungsaktivitäten mit dem höchsten Risiko die meisten Informationen erzeugen und daß diese Informationen am wertvollsten sind, wenn sie den größten Einfluß auf die Gewinne haben.

Zum Beispiel wissen wir, daß Entwicklungsaktivitäten neue Informationen proportional zu dem in ihnen enthaltenen Risiko erzeugen. Nehmen wir an, wir wollten einen alternativen Entwurf ausprobieren, analog zu der Verwendung eines neuen Werkstoffs für das Produkt. In dem Maße, wie die Alternative mit hoher Wahrscheinlichkeit erfolgreich sein wird, wird die Gesamtinformation, die das Ausprobieren dieser Alternative enthält, gering sein. Was würde jedoch geschehen, wenn die Erfolgschance 50 Prozent betrüge? Zu welchem Zeitpunkt des Entwicklungsprozesses sollten wir diese Option in Erwägung ziehen?

Die Informationstheorie besagt, daß der Informationsgehalt eines solchen Versuchs hoch ist. Der Versuch sollte darüber hinaus früh gemacht werden, denn wie wir in Kapitel 1 gesehen haben, ist früh im Entwicklungsprozeß erzeugte Information von beträchtlichem Wert. Somit erzeugen wir die größtmögliche Informationsmenge zum günstigsten Zeitpunkt, wenn wir das Risiko früh eingehen.

Dies wirft ein neues Licht auf die uralte Debatte darüber, ob die Entwicklung "top down" oder "bottom up" erfolgen sollte. Die meisten Wissenschaftler befürworten die Top-down-Entwicklung, indem sie auf die Fallen verweisen, in die man beim Bottom-up-Entwicklungsprozeß gehen kann. Erfahrene Entwickler hingegen argumentieren, daß eine strikte Trennung der Welt in "top-down" und "bottom-up" sinnlos sei. Vielmehr schalte man an logischen Punkten zwischen den Alternativen hin und her. So beginnt etwa der Entwurf eines elektronischen Schaltkreises mit einem Top-down-Ansatz, die Auswahl der Bauteile erfolgt aber bottom up.

Die Informationstheorie unterstützt diese Perspektive. Sie besagt, daß wir immer den Schritt als ersten gehen sollten, der die größte Informationsmenge erzeugt. So haben wir zum Beispiel früh im Entwicklungsprozeß noch keine Ahnung davon, wo das größte Risiko liegt. In diesem Fall sollten wir top down entwickeln. Im Verlauf dieses Top-down-Prozesses wird uns dann klar, daß im wesentlichen ein einziges Subsystem die Leistung des gesamten Systems bestimmt. Zum Beispiel ist in einem Testgerät wie einem Voltmeter gewöhnlich der Eingangsschaltkreis das kritische Subsystem. Sobald wir das am stärksten risikobehaftete Subsystem identifiziert haben, sollten wir uns darauf konzentrieren, dessen Risiko zu reduzieren, oder anders ausgedrückt, hierüber Informationen zu erzeugen. Wir könnten beispielsweise einen Prototypen des Schaltkreises bauen, um festzustellen, ob unser Konzept funktioniert, und dann zur Top-down-Entwicklung zurückkehren, um den nächsten Bereich mit hohem Risiko zu identifizieren. Der

Punkt ist, daß weder Top-down- noch Bottom-up-Vorgehen den Entwicklungsprozeß treiben, sondern vielmehr der Weg der größten Informationserzeugung, mit anderen Worten: der Weg, der das Risiko am schnellsten senkt. Dieser Weg verläuft manchmal von oben nach unten und manchmal von unten nach oben.

Überwachung

Unsere Kenntnisse der Informationstheorie beeinflussen auch unsere Art und Weise, ein Projekt zu überwachen. Wir sind zu dem Schluß gekommen, daß das wichtigste Ziel des Entwicklungsprozesses ist, Informationen zu erzeugen. Wir wissen auch, daß die Ereignisse, die das Risiko am stärksten beeinflussen, die meisten Informationen erzeugen. Wenn wir also den Erfolg des Entwicklungsprozesses überwachen wollen, sollten wir die Ereignisse beobachten, die das Risiko des Projekts signifikant verändern. Je größer die Veränderung im Risiko, desto höher der Informationsgehalt. Wie können wir solche Ereignisse identifizieren?

Eien verbreitete Methode ist die Durchführung von Risikoabschätzungen zu Beginn eines Projekts, die wir in Kapitel 12 diskutieren werden. Dieser Abschätzung sollten entsprechende Maßnahmen folgen. Da hochriskante Ereignisse viel Informationen enthalten, sollten sie früh im Entwicklungsprozeß eintreten. Deshalb bearbeiten wir diese Fälle zuerst, setzen unsere besten Mitarbeiter daran und überwachen sie genau. Solche Ereignisse sind ideale Meilensteine für unsere Steuerungs- und Überwachungssysteme.

Zusammenfassung

Die Informationstheorie kann unsere Einsichten beim Management des Entwicklungsprozesses verbessern. Wir haben erkannt, daß der Entwicklungsprozeß primär mit der effizienten Erzeugung wertvoller Informationen befaßt ist und daß diese Informationen nur effizient erzeugt werden können, wenn die Fehlerrate hoch genug ist.

Die Notwendigkeit einer hohen Fehlerrate steht im direkten Gegensatz zu vielen populären Managementkonzepten, wie zu dem, es beim ersten Mal richtig zu machen. Anstatt zu versuchen, Fehler aus dem Prozeß zu entfernen, müssen wir sie breit kommunizieren, weil sie große Mengen wertvoller Informationen enthalten.

Es ist stets wichtig, zwei Arten von Fehlern zu unterscheiden: solche, die nützliche Informationen erzeugen, also neue Fehler, und andere, die Informationen erzeugen, über die wir bereits verfügen, also alte Fehler.

Wir haben einige Konsequenzen für das Management aus dieser Sichtweise der Informationserzeugung abgeleitet. Beispielsweise wird die Reihenfolge der Arbeiten in der Entwicklung stärker von der Notwendigkeit, Risiko zu reduzieren und somit Informationen zu erzeugen, bestimmt, als von Top-down- oder Bottom-up-Ansätzen. Schließlich sollte unsere Projektüberwachung sich daran ausrichten, wo wahrscheinlich die meiste Information erzeugt werden wird, also an den Ereignissen mit dem höchsten Risiko. Im nächsten Kapitel werden wir das letzte Denkwerkzeug diskutieren – System- und Rückkopplungstheorie.

5 Man nehme etwas Feedback

Im Jahre 1927 entwickelte ein Wissenschaftler namens Harold S. Black in den Bell Laboratories den ersten Verstärker, der negative Rückkopplung benutzte. Dies war ein bedeutender Durchbruch, weil im Ergebnis massive Verbesserungen in Stabilität und Frequenzgang sowie eine reduzierte Empfindlichkeit gegen Rauschen und Schwankungen der Bauteilqualität erzielt wurden.

In diesem Kapitel werden wir das Verhalten von Systemen behandeln, das sich vom Verhalten einzelner Bestandteile unterscheidet. Wir werden uns auf den speziellen Fall der Rückkopplung konzentrieren, weil ein rückgekoppeltes System erstrebenswerte Eigenschaften für den Produktentwicklungsprozeß aufweist. Beginnen wir mit der Beschreibung dessen, was wir unter einem System verstehen.

Systemtheorie

Ein System ist eine Gruppe verbundener Bestandteile. Der Wert eines Systems überschreitet den Wert seiner Bestandteile. Wenn man beispielsweise zwei Wasserstoffatome mit einem Sauerstoffatom verbindet, erhält man Wasser. Wasser ist ein System. Durch Erzeugung dieses Systems entstehen Eigenschaften, die die einzelnen Bestandteile nicht hatten. Bei Zimmertemperatur sind Wasserstoff und Sauerstoff Gase, Wasser dagegen ist flüssig. Wenn die neuen Eigenschaften erstrebenswert sind, erzeugen sie einen neuen Wert. Was verursacht die Veränderung im Wert? Die Beziehungen zwischen den Elementen des Systems, in diesem Fall die Verbindungen zwischen den Atomen.

Weil das System Eigenschaften hat, die sich von denen der Bestandteile unterscheiden, können wir das Verhalten des Systems nicht einfach aus dem Verhalten der Bestandteile vorhersagen. Dies ist ein wichtiges allgemeines Prinzip für Produktentwickler: Wir können das Verhalten auf Systemebene nur durch Tests auf Systemebene überprüfen, nicht aber durch Tests der einzelnen Bauteile.

Der Wert eines Systems liegt in den Schnittstellen, nicht in den einzelnen Elementen. Diese Schnittstellen bestimmen auch die Komplexität des Systems, weil die Zahl von Schnittstellen und Interaktionen zwischen Elementen exponentiell mit der Zahl der Bestandteile des Systems wächst. Das heißt, daß die Komplexität der Schnittstellen viel schneller ansteigt als die Komplexität der Bauteile, die linear mit ihrer Anzahl wächst. Tatsächlich hat ein Wissenschaftler einmal bemerkt, daß in einem System mit 150 Komponenten mehr Interaktionen möglich sind als sich Atome im Universum befinden.

Die Konsequenz aus dieser Komplexität ist, daß wir unsere Zeit und Aufmerksamkeit auf Schnittstellen und nicht auf Komponenten richten müssen. Dies haben Systemarchitekten seit langem erkannt, und jedes Unternehmen, das den Schritt von der Bauteil- zur Systementwicklung macht, entdeckt es immer wieder neu.

Der aufmerksame Leser wird erkennen, daß Systemeigenschaften im Produktentwicklungsprozeß in vielen Formen auftreten. Einsichten in das Verhalten von Systemen sind an vielen Stellen nützlich. Zum Beispiel sind die Produkte, die wir entwickeln, Systeme. Die Teams, in denen wir entwickeln, sind Systeme. Auch der Entwicklungsprozeß ist ein System. Da Systeme so häufig sind, lohnt es sich, sie etwas genauer zu verstehen.

Wann immer ein System entworfen wird, machen wir eine bestimmte Folge von Schritten. Wie Eberhardt Rechtin in seinem Buch *Systems Architecting* ausführt, versucht man im Prozeß der Systemgestaltung zuerst, ähnliche Funktionen zusammenzufassen, um sie dann zu gliedern und anschließend die Schnittstellen zwischen den Bestandteilen zu bearbeiten. Wie wir gesehen haben, sind diese Schnittstellen sowohl die primäre Quelle des Werts eines Systems als auch die primäre Quelle von Komplexität.

Eine grundlegende Eigenschaft eines Systems ist der Grad der Verknüpfung zwischen seinen Elementen. Wir können ohne Kopplungen kein hochwertiges System erzeugen; andererseits wächst mit zunehmenden Kopplungen die Komplexität. Ein üblicher Weg, die Komplexität eines Systems unter Kontrolle zu bekommen, ist, es so zu untergliedern, daß die Kommunikation zwischen Komponenten reduziert wird.

Betrachten wir ein Beispiel auf der Produktebene. Ein elektronisches Erzeugnis kann mit einem gemeinsamen Bus oder einer Platine entworfen werden, in die viele Komponenten eingesteckt werden können. Eine Alternative wäre eine Verkabelung jedes Bauteils mit jedem anderen im System. Ein System mit fünf Komponenten würde zehn Kabel erfordern. Bei zehn Komponenten würden 45, bei fünfzehn bereits 120 Kabel notwendig. Die Platine bekommt mehr und mehr Attraktivität, weil sie die Komplexität der Entwurfsaufgabe reduziert.

Auf der Teamebene ließe sich der Fall konstruieren, daß die Arbeit unabhängig von den Fähigkeiten oder Fertigkeiten an alle verteilt wird. Wenn jeder an allem arbeitet, muß ununterbrochen kommuniziert werden; das Team verbringt die meiste Zeit in Meetings. Wie wir in Kapitel 6 sehen werden, ist dies ein gemeinsames Merkmal von Organisationen mit mangelnder Rollenfestlegung. Die Mitarbeiter wissen nicht, wer autorisiert ist, eine Entscheidung zu treffen, also versammeln sie sich ständig und fällen die meisten Entscheidungen in Meetings.

Wenn wir einen intensiven Kommunikationsbedarf feststellen, ist dies typischerweise ein Zeichen für ein schlecht gegliedertes System. Wir können das Problem entweder durch Verbesserung der Kommunikation oder durch Verbesserung der Systemgliederung angehen. In der Praxis zeigt sich, daß kein Kommunikationswerkzeug so wirksam ist wie die richtige Gliederung eines Systems.

Es gibt einen anderen wichtigen Punkt, wenn wir versuchen, praxistaugliche Systeme zu implementieren: Die optimale Endstruktur eines Systems muß nicht unbedingt optimal für den Aufbau dieses Systems sein. Beispielsweise kann man viele interessante Brücken konstruieren, die aber nicht zu bauen sind, weil die Struktur während des Bauprozesses ihre aufrechte Position behalten muß. Desgleichen kann ein komplexes System oft schneller gebaut werden, wenn man stabile Stufen auf dem Weg zum Endziel einrichtet. Dies hat der Nobelpreisträger Herbert Simon in seinem Buch *The Sciences of the Artificial* als "stabile Zwischenformen" bezeichnet.

Dieser Punkt ist sowohl beim Aufbau von Teams als auch bei der Entwicklung von Systemen relevant. Ein Produktentwicklungsteam sollte auch dann funktionieren können, wenn nicht alle Mitarbeiter da sind. Wenn wir eine Organisation erzeugen, die so sensibel ist, daß sie nur bei vollständiger Anwesenheit aller ihrer Mitglieder funktionsfähig ist, werden wir ständig Unterbrechungen unserer Arbeit erleben. Das gleiche gilt für Produkte. Normalerweise ist es beispielsweise klug, Module zu entwerfen, die über genügend Intelligenz verfügen, um sich selbst zu testen, und nicht das gesamte Testen erst auf der Systemebene durchzuführen. Der Systemtest könnte lange, unvorhersagbare Aktivitäten im kritischen Pfad des Projekts erzeugen. Wir werden diese architektonischen Fragen detaillierter in Kapitel 8 besprechen. Lassen Sie uns jetzt von Systemen im allgemeinen zu dem Spezialfall der rückgekoppelten Systeme übergehen.

Systeme mit Feedback

Betrachten wir zwei Typen von Systemen zur Überwachung der Raumtemperatur. Ingenieure treffen eine grundlegende Unterscheidung zwischen diesen beiden Systemen und bezeichnen das eine als offenen, das andere als geschlossenen Regelkreis. “Geschlossener Regelkreis” ist ein anderer Begriff für ein System mit Rückkopplung. Betrachten wir an einem Beispiel, wie wir jedes dieser Systeme zur Steuerung der Raumtemperatur verwenden können. Bild 5.1 zeigt einen offenen Regelkreis. Ein solcher Regelkreis zum Heizen eines Zimmers könnte aus einer Heizung und einem Zeitgeber bestehen. Der Zeitgeber läßt die Heizung für eine bestimmte Zahl von Minuten pro Stunde laufen. Er verfügt über Einstellungen für verschiedene Zimmertemperaturen. So könnten wir die Heizung für zehn Minuten pro Stunde einstellen, wenn wir eine Zimmertemperatur von 24 °C haben wollen, und für fünf Minuten, wenn die Temperatur 19 °C betragen soll. Wir würden den Knopf auf die gewünschte Temperatur drehen, und die Heizung würde den vorbestimmten Zyklus abarbeiten.

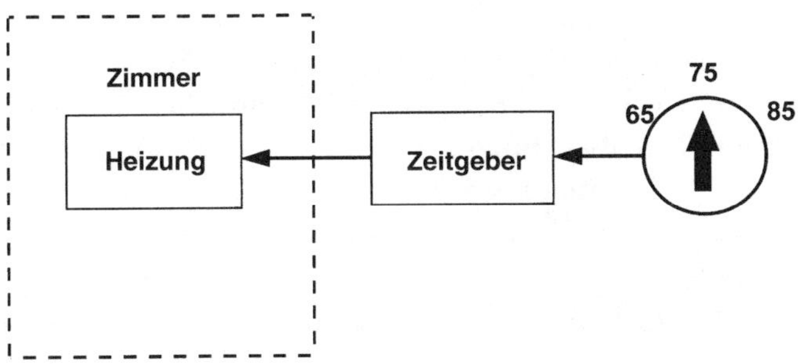

Bild 5.1: Offener Regelkreis

Wir würden bald entdecken, daß bei dieser Steuerung unser Zimmer an kalten Tagen zu kalt und an heißen Tagen zu warm wäre, weil das System nicht auf Veränderungen in der Umgebung antworten kann. Und was würde geschehen, wenn der Drehknopf am Zeitgeber sich lockern würde? Wir hätten wenig Freude an unserer Temperatursteuerung.

Wir erkennen zwei wichtige negative Eigenschaften offener Regelkreise. Erstens reagieren sie nicht sehr genau auf Veränderungen in der Umwelt. Zweitens hängen sie von der Stabilität ihrer Komponenten ab. Wenn sich eine einzelne Komponente verändert, verändert sich die gesamte Leistung.

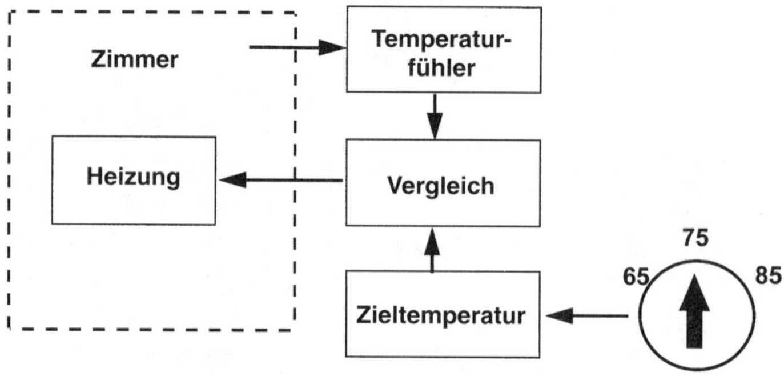

Bild 5.2: Geschlossener Regelkreis

Betrachten wir nun einen geschlossenen Regelkreis (s. Bild 5.2). Dieses System verwendet ein Thermostat, das die Temperatur mißt und die Heizung in Gang setzt, sobald die Raumtemperatur unter die Zieltemperatur fällt. Das System hat ein Ziel: Es erzeugt ein Steuerungssignal, das die Heizung an- und abschaltet.

Ein geschlossener Regelkreis hat im Vergleich zum offenen einige positive Eigenschaften. An einem sehr kalten Tag würde die Heizung länger laufen, um die Raumtemperatur auf 24 °C zu halten. An einem warmen Tag würde die Heizung eventuell überhaupt nicht laufen. Das System würde die verschiedenen notwendigen Heizdauern automatisch regeln. Darüber hinaus würde es auch funktionieren können, wenn einige Komponenten fehlerhaft wären. Was geschähe, wenn eine der Gasdüsen in der Heizung verstopfen und weniger Wärme produzieren würde? Die Raumtemperatur würde immer noch 24 °C betragen – das System würde die Heizung einfach länger laufen lassen.

Geschlossene Regelkreise haben also zwei wichtige Eigenschaften: Sie können Änderungen im Umfeld gut ertragen, und sie können auch dann eine gute Leistung erbringen, wenn einige Elemente nicht optimal funktionieren. Diese Eigenschaften werden sich für uns als äußerst wichtig erweisen.

Wie Sie bemerkt haben, hat die Darstellung des geschlossenen Regelkreises mehr Kästchen als die des offenen Systems. Dies ist ein drittes wichtiges Merkmal des geschlossenen Regelkreises. Er hat immer mehr Bestandteile, weil er Ausgangsgrößen erfassen und ein Steuerungssignal erzeugen muß.

Welchen Typ von System sollten wir für die Produktentwicklung verwenden? In der Welt der Produktentwicklung verändert sich unsere Umgebung ständig. Darüber hinaus können die Elemente des Systems ziemlich variabel sein. Die Mitglieder unseres Teams können neu sein oder während eines Projekts wechseln. Dies legt die Wahl eines geschlossenen Regelkreises nahe. Betrachten wir derartige Systeme noch etwas näher.

Eigenschaften von rückgekoppelten Systemen

Wenn wir Rückkopplung in ein System einführen, erhalten wir gewisse dynamische Eigenschaften, die einen Unterschied zu Systemen ohne Rückkopplung bilden. Systeme mit Rückkopplung erschweren die Fehlersuche und neigen zur Instabilität. Im Gegenzug erhalten wir größere Systemgenauigkeit und eine Reduzierung von Variabilität.

Schwierigkeiten bei der Fehlersuche

Rückkopplung erschwert die Fehlersuche, weil die Ausgangsgrößen des Systems wieder als Eingangsgrößen in das System zurückfließen. Dies unterbricht die lineare Abfolge von Ursache und Wirkung des offenen Regelkreises. Wenn in einem offenen Regelkreis eine Ausgangsgröße falsch ist, können wir uns durch das System zurückarbeiten, bis wir das Problem finden. Die Heizung könnte zu wenig Hitze erzeugen oder der Zeitgeber nicht lange genug laufen. Im zweiten Fall könnten wir die Einstellungen und den Zeitgeber selbst überprüfen. Der Prozeß der Fehlersuche ist ziemlich einfach.

Im geschlossenen Regelkreis ist es sehr schwer, die Wurzel des Übels zu finden. Weil das System Probleme automatisch kompensiert, "maskiert" es sie oft. Beispielsweise könnten wir in dem thermostatgesteuerten System beobachten, daß die Raumtemperatur zu niedrig ist. Die Ursache könnte sein, daß der Sollwert falsch eingestellt ist, daß die Ist-Temperatur falsch gemeldet wird oder daß der Vergleichsprozeß fehlerhaft ist. Somit ist die Fehlersuche komplexer.

Tatsächlich können bestimmte Probleme in rückgekoppelten Systemen die Fehlerursache völlig verschleiern und den Eindruck erwecken, man hätte ein korrekt funktionierendes System. So würde, wenn die Ausgangsgröße der Heizung zu gering wäre, im geschlossenen Regelkreis die richtige Temperatur so lange aufrechterhalten, bis es so kalt wird, daß auch das ständige Laufen der Heizung nicht mehr genug Hitze produziert. Man würde ausgerechnet am kältesten Tag des Jahres entdecken, daß man ein Problem mit der Heizung hat. Denn gerade die Robustheit des geschlossenen Regelkreises arbeitet gegen uns, wenn wir einen Fehler in einem solchen System beheben wollen.

Instabilität und Chaos

Eine weitere interessante Marotte von Systemen mit geschlossenen Regelkreisen ist, daß sie instabil werden können. Als Elektronikingenieure begannen, Verstärker mit Rückkopplung zu bauen, entdeckten sie, daß solche Systeme instabil werden und sich in Oszillatoren verwandeln konnten. Mit zunehmenden theoretischen Erkenntnissen wurde ihnen klar, daß subtile Interaktionen von Rauschen, Verstärkung und Frequenzgang auf bestimmten Ebenen der Rückkopplung Instabilität erzeugten.

Nun, viele Jahre später, wird dieses beobachtete Phänomen als ein Beispiel der Chaostheorie verwendet. Die Nichtlinearität des Systems verursacht ein chaotisches Verhalten, und die Frequenz, bei der es natürlicherweise oszilliert, ist ein "fremder Attraktor". Interessanterweise treten Nichtlinearitäten, die zu chaotischem Verhalten führen, überall im Entwicklungsprozeß auf. Vielleicht erinnern Sie sich an die Warteschlangenkurve, die wir in Kapitel 3 gezeigt haben. Sie ist nichtlinear – wann immer wir unseren Entwicklungsprozeß hoch auslasten, werden wir chaotisches Verhalten bekommen (eine seit Jahren von Entwicklern beobachtete Tatsache).

Betrachten wir ein einfaches Beispiel für das mit Instabilität einhergehende Schwingungsverhalten. Stellen wir uns vor, wir versuchten, die Raumtemperatur zu regulieren, aber unser Thermostat nähme nur einen Meßwert pro Stunde auf. Wenn die Eingangsgröße zu Beginn der Stunde niedrig ist, läuft die Heizung bis zur nächsten Meßwerterfassung. Wenn sie hoch ist, bleibt die Heizung für eine Stunde ausgeschaltet. Die Raumtemperatur schwankt ständig zwischen zu heiß und zu kalt. Das System ist aufgrund von Zeitverzögerungen in der Rückkopplung instabil geworden.

Genauigkeit und Rückkopplung

Ein weiterer wichtiger Unterschied zwischen offenen und geschlossenen Regelkreisen liegt darin, wie sie Genauigkeit erzielen. In einem offenen Regelkreis versuchen wir, den Prozeß so genau wie möglich zu machen. Wir müssen dies tun, weil es keine Rückkopplung gibt. Im geschlossenen Regelkreis konzentrieren wir uns auf diese Rückkopplung.

Diese Unterscheidung hat weitreichende Implikationen, weil sie diktiert, wo wir als Manager unsere Zeit verbringen. Wenn wir mit einem offenen Regelkreis zu tun haben, muß jeder genau tun, was er gesagt bekommt, weil dies der einzige Weg ist, die angestrebten Ziele zu erreichen. In einem geschlossenen Regelkreis ist die Rückkopplungsschleife das Wichtigste. Die Qualität unserer Ausgangsgrößen hängt von der Qualität der Rückkopplungsschleife ab.

Betrachten Sie zwei Vorgehensweisen, um ein Schiff von Los Angeles nach Tokio zu steuern. Eine Möglichkeit wäre, ein System mit offener Schleife zu verwenden. Wir könnten genau den erforderlichen Kurs berechnen, das Schiff perfekt darauf ausrichten und in See stechen. Erfolgreich kann dieses Vorgehen nur sein, wenn das Schiff genau in die eingestellte Richtung fährt. Leider ist dies unpraktisch, da wir einen Kurs nicht auf ein Tausendstelgrad genau einstellen und halten können.

Die praktischere Lösung wäre, einen Kurs anzulegen und ein GPS (*Global Positioning System*) zu kaufen. Das GPS sagt uns, wo wir uns in Bezug auf den geplanten Kurs befinden. Wenn wir vom geplanten Kurs abweichen, steuern wir gegen. Dies ist ein geschlossenes Regelsystem. Die Rückkopplung zu unserer aktuellen Position bewirkt eine Verhaltensänderung, die uns näher ans Ziel führt.

Beachten Sie, wo bei beiden Lösungen die zentrale Steuerungsposition liegt. Wenn das Rückkopplungssystem, das uns sagt, ob wir auf Kurs liegen, genau ist, erreichen wir unser Ziel. Wenn das GPS versagt, werden wir scheitern. Wenn es funktioniert, gleicht die Rückkopplung Umweltveränderungen aus. Wenn Wind oder Gezeiten uns vom Kurs abbringen, können wir dank der Rückkopplung diese Abweichungen ausgleichen und unser Ziel erreichen. Die Rückkopplung kompensiert sogar Veränderungen in der Leistung des Systems. Das Schiff könnte hin und her vom Kurs abweichen, und wir würden dennoch das Ziel erreichen. Der Schlüssel zur Systemleistung liegt in der Rückkopplungsschleife. Der offene Regelkreis setzt dagegen ein perfekt funktionierendes System voraus. Das Schiff muß genau den Kurs halten, um sein Ziel zu erreichen.

Diese allgemeinen Beobachtungen enthalten eine weitere Konsequenz: Wir erkennen oft, daß der Schlüssel zur Steuerung der Rückkopplungsschleife an einer einzigen Stelle – etwa beim GPS – liegt. Es ist gewöhnlich viel leichter, die Genauigkeit eines Elements als die Genauigkeit des gesamten Systems sicherzustellen. Zum Beispiel hinge der Kurs des Schiffs von der Geschwindigkeit der Maschinen und von der Stellung des Ruders ab. Die Geschwindigkeit der Maschinen könnte von der Meerestemperatur, der Viskosität des Treibstoffs, der Einstellung der Drosselklappe usw. beeinflußt sein. Wir verstricken uns in ein sehr komplexes Problem, wenn wir versuchen, den gesamten Prozeß zu steuern, wie wir es in offenen Regelkreisen tun, anstatt wie in geschlossenen Regelkreisen nur die Rückkopplungsschleife zu kontrollieren.

Manager, die gewohnt sind, mit offenen Regelkreisen zu arbeiten, müssen also ihre Arbeitsweise ändern, wenn sie zu geschlossenen Regelkreisen übergehen. Wenn Sie beispielsweise eine Leiterplatte gemäß dem Prinzip des offenen Regelkreises entwickeln ließen, würden Sie versuchen, alles festzulegen, was der Entwickler falsch oder richtig machen kann. Sie würden ihm sehr detaillierte Instruktionen und Richtlinien geben, um sicherzustellen, daß er sein Ziel erreicht. Wenn Sie denselben Entwickler nach dem Ansatz des geschlossenen Regelkreises managen, würden Sie ihn bitten, mit dem Entwurf anzufangen und sich dann wieder mit Ihnen zu treffen. Auf Grundlage des bislang Erreichten würden Sie weitere Anweisungen geben.

Variabilität in Systemen

Ein anderes Merkmal von Systemen, das wir verstehen müssen, ist die seltsame Art, wie Variabilität in ihnen entsteht. Sie folgt nicht unserer Grundschulmathematik. Diese Mathematik, die skalare Arithmetik, gilt für eindimensionale Bereiche wie zum Beispiel das Zählen von Geld. Sobald wir es mit mehrdimensionalen Gegenständen zu tun bekommen, benutzen wir eine andere Mathematik, die Vektoralgebra. Ein Vektor ist einfach eine Darstellungsform für etwas, das mehr als eine Dimension hat. Beispielsweise wird Geschwindigkeit vektoriell dargestellt, weil sie sowohl eine Größe als auch eine Richtung (mit drei Dimensionen) hat.

Wir benutzen die Vektoralgebra, um Schwankungen in einem System zu messen. Wir tun dies, weil die Schwankung einer Aktivität nicht dieselbe Ausrichtung hat wie die Schwankung einer anderen Aktivität. Also können wir nicht die normalerweise hinreichende skalare Arithmetik benutzen.

Zwei Eigenschaften dieser Algebra sind für uns wichtig. Erstens: Wenn wir ungleich gerichtete Vektoren addieren, wächst die resultierende Summe langsamer als eine skalare Summe. Das bedeutet: Wenn wir variable Aktivitäten kombinieren, wird die Summe weniger variabel als die einzelnen Aktivitäten. Haben wir beispielsweise variable Aktivitäten, die jede einen Monat dauern, so ist die prozentuale Variabilität der Summe dieser Aktivitäten niedriger als die prozentuale Variabilität jeder einzelnen Aktivität. Wie Bild 5.3 zeigt, können wir die Gesamtvariabilität eines Projekts reduzieren, indem wir variable Dinge kombinieren. Das ist ein recht netter Kunstgriff. Wir kombinieren eine Menge Dinge, die schwer vorauszusagen sind, und bekommen etwas, das leichter vorhersagbar ist.

Dies hat wichtige Konsequenzen für das Management. Es bedeutet, daß wir die Gesamtdauer oder die gesamten Kosten eines Projekts mit größerer Genauigkeit als die Einzelaktivitäten vorhersagen können. Dies zeigt uns einen Weg, wie wir die Dauer und die gesamten Kosten eines Projekts gut abschätzen können. Indem wir Aufgaben auf einer niedrigen Detaillierungsebene abschätzen und diese Abschätzungen kombinieren, können wir ein Ergebnis erhalten, das genauer ist als jede der Einzelabschätzungen.

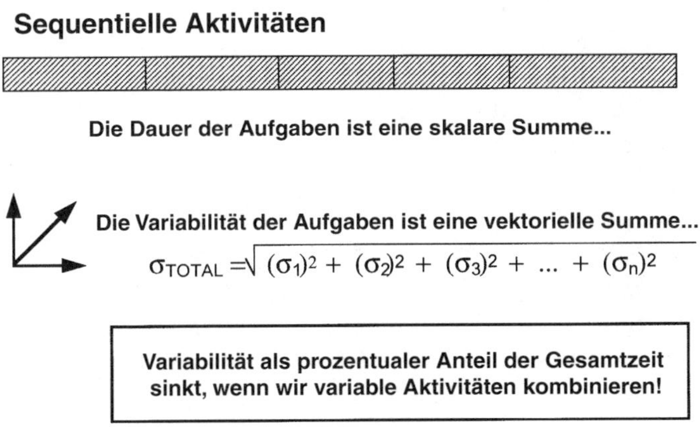

Bild 5.3: *Systemvariabilität reduzieren*

Die zweite Tatsache, die wir erkennen müssen, ist die Konvergenz von Gesamtsystem und variabelster Komponente: Wenn eine Aktivität eine hohe Variabilität hat, wird sich die Variabilität des Gesamtprojekts derjenigen dieser Aktivität annähern. Der einzige Weg, dieses Problem zu lösen, ist, die Variabilität vom System zu entkoppeln. Wir folgen diesem Prinzip, wenn wir die Technologieentwicklung getrennt von der Produktentwicklung durchführen. Dies entkoppelt eine variable Aktivität von der leichter vorhersagbaren Aktivität "Produktentwicklung". Wenn wir dies nicht tun, wird die Variabilität des Gesamtprojekts so hoch wie die der Technologieentwicklung selbst. Diese Variabilität kann Kosten, Zeitplan oder Leistung betreffen. Wir werden diesen Gegenstand in Kapitel 7 detaillierter besprechen.

Schließlich sollten wir im Auge behalten, daß das nichtlineare Verhalten von Warteschlangensystemen Variabilität im System verstärkt. Jeder, der schon einmal ein Flugzeug verpaßt hat, weiß, daß ein fünfminütiger Unterschied in der Ankunftszeit am Schalter einen sechsstündigen Unterschied in der Ankunftszeit am Zielort bedeuten kann. Anders gesagt: Die Variabilität in der Ankunftszeit ist verstärkt worden. Wir geraten in einen Teufelskreis, wenn wir unsere Entwicklungsprozesse überlasten. Überlast verursacht Warteschlangen, Warteschlangen, die ja nicht linear sind, steigern die Schwankungsbreite unseres Prozesses, Schwankungen lassen die Warteschlangen wiederum länger werden. Wenn Sie Ihren Entwicklungsprozeß prognostizierbarer machen wollen, sollten Sie Warteschlangen im System bekämpfen.

Komplexere Steuerungssysteme

Steuerungssysteme können noch komplexer gestaltet werden. Beispielsweise können wir eine Unterscheidung zwischen verschiedenen Arten von geschlossenen Regelkreisen treffen. Einige rückgekoppelte Systeme sind darauf ausgelegt, den Status quo zu erhalten, andere sind inhärent adaptiv. Dies wird manchmal auch als Ein- oder Zweischleifensystem bezeichnet. Ein Einschleifensystem hat ein lokales Steuerungsziel. Ein zweischleifiges System hat ein lokales Ziel, das vom System abgewandelt werden kann, um ein höhergeordnetes Ziel zu erreichen. Diese Systeme sind in Bild 5.4 dargestellt.

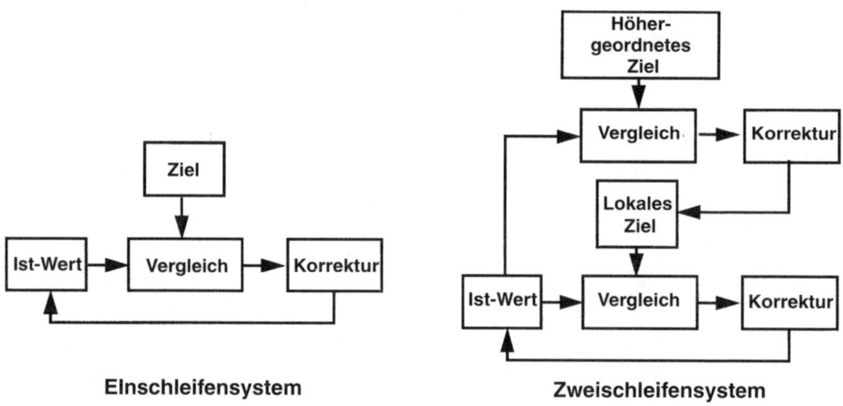

Bild 5.4: *Ein- und zweischleifige Regelkreise*

Betrachten wir wieder unser Thermostatsystem. Wenn wir nur die Hitze an- und ausschalten, um die Raumtemperatur zu erhalten, ist dies ein einschleifiges System. Wenn die Zieltemperatur aufgrund anderer Faktoren geändert wird, handelt es sich um ein zweischleifiges System. Beispielsweise könnte das System so konzipiert sein, daß es für eine bestimmte Art von tropischer Pflanze das entsprechende Klima liefert. Es könnte die tägliche Sonnenscheindauer berücksichtigen und sein Temperatursteuerungsprogramm daran anpassen. Dies würde eine genauere Nachbildung natürlicher Wachstumsbedingungen ermöglichen als ein einschleifiges System.

Diese Terminologie wird in der Managementliteratur von Chris Argyris und Donald Schön verwendet, die in ihrem Buch *Organizational Learning II* einschleifige und zweischleifige Lernstrukturen in Organisationen diskutieren. Zweischleifige Systeme sind trotz ihrer höheren Komplexität von größtem Interesse für uns.

Zusammenfassung

In diesem Kapitel haben wir einiges darüber gelernt, was Ingenieure über rückgekoppelte Systeme wissen. Dabei haben wir die Vor- und Nachteile offener und geschlossener Regelkreise diskutiert.

Wir haben die Bedeutung und die einzigartigen Eigenschaften geschlossener Regelkreise erläutert. In solchen Systemen kann die Fehlerbehebung schwierig sein. Sie neigen zu Instabilität und chaotischem Verhalten. Ihre Genauigkeit hängt von der Qualität ihrer Rückkopplungsschleife ab, offene Regelkreise dagegen beziehen ihre Genauigkeit aus den Komponenten des Ausgangssystems.

Wir haben erklärt, warum Manager wahrscheinlich Schwierigkeiten mit rückgekoppelten Systemen bekommen werden, wenn sie an offene Regelkreise gewöhnt sind. Der Erfolg eines geschlossenen Regelkreises hängt von der Qualität der Rückkopplungsschleife ab, nicht von der Genauigkeit der Systembestandteile.

Abschließend diskutierten wir zweistufige geschlossene Regelkreise. Anwendungen der in diesem Kapitel behandelten Prinzipien werden wir in Kapitel 7 kennenlernen, wo wir die Struktur des Entwicklungsprozesses behandeln.

Wir sind am Ende von Teil II dieses Buchs angelangt. Wir haben vier wichtige Werkzeuge zur Analyse und zum Verständnis des Entwicklungsprozesses diskutiert. Ausgerüstet mit den Konzepten der Berechnungsmodelle, der Warteschlangentheorie, der Informationstheorie und der Systemtheorie können wir uns jetzt der Gestaltung des Entwicklungsprozesses zuwenden. Ohne diese Werkzeuge könnten wir dazu verdammt sein, blind die "vorbildlichen" Vorgehensweisen anderer Untenehmen zu imitieren. *Mit* diesen Werkzeugen können wir Entscheidungen bewußt fällen, um die *für uns* wichtigen Faktoren zu optimieren.

In Teil III werden wir die praktische Aufgabe der Gestaltung eines Entwicklungsprozesses angehen. In Kapitel 6 betrachten wir das Problem, wie die Entwicklung organisiert sein sollte. Kapitel 7 konfrontiert das Problem der Prozeßgestaltung. In Kapitel 8 diskutieren wir die Produktarchitektur. Dieser Punkt ist für die meisten Manager unsichtbar, aber er kann eine beträchtliche Bedeutung für das Ergebnis eines Entwicklungsprojekts haben.

Im Anschluß daran werden wir mit der Diskussion zentraler Prozeßbausteine beginnen. Kapitel 9 ist einem entscheidenden Subprozeß gewidmet, der Erstellung der Produktspezifikation. Kapitel 10 behandelt die Rolle der Technologie im Entwicklungsprozeß. Wir werden dann über die Schlüsselprobleme in der Praxis sprechen. In Kapitel 11 werden die Prozeßkontrolle und die Bedeutung von Kennzahlen, in Kapitel 12 das Management von Ungewißheit und Risiko behandelt. Abschließend werden wir in Kapitel 13 diskutieren, wie Sie Veränderungen in Entwicklungsprozessen herbeiführen können.

TEIL 3

HANDLUNGSWERKZEUGE

6 Die richtige Organisation

Der Aufbau eines Unternehmens ist eng mit dem Aufbau seines Entwicklungsprozesses verbunden. Theoretisch könnten wir die Organisationsform als Antwort auf die Prozeßstruktur auffassen. In der Praxis ist es sinnvoller, die Organisation als einen Kontext für die Entwicklungsanstrengungen zu behandeln. Aus diesem Grund werfen wir vor der Behandlung der Prozeßgestaltung einen Blick auf die Organisation. Die Organisation ist das Schlüsselelement des Kontexts, in dem wir unseren Prozeß gestalten.

Wie wir im letzten Kapitel gesehen haben, ist eine Organisation ein System. Daher können wir erwarten, daß viele der Beobachtungen, die wir an Systemen gemacht haben, auf Organisationen zutreffen. Beginnen wir also, indem wir uns Systemeigenschaften ansehen, die bei der Gestaltung einer Organisation zutage treten.

Die Organisation als System

Wie jedes System besteht eine Organisation aus Teilen und deren Beziehungen zueinander, und diese Beziehungen oder Schnittstellen bestimmten den Wert einer Organisation. Ohne sie könnten die Anstrengungen einer Gruppe von Menschen niemals die Summe ihrer individuellen Fähigkeiten überschreiten. Wir erzeugen Beziehungen zwischen den Elementen einer Organisation, weil wir glauben, daß wir damit einen Wert schaffen, der den einzelnen Teilen fehlt. Wenn wir diesen Wert erzeugen, haben wir eine nützliche Organisation geschaffen. Wenn nicht, haben wir bei der Gestaltung der Organisation versagt.

Der primäre Wert einer Organisation liegt in den Schnittstellen zwischen den Elementen, nicht in den Elementen selbst. Es ist populär geworden, Kernkompetenzen wie kostengünstige Fertigung oder erfolgreiches Marketing als wichtigste Erfolgsfaktoren einer Organisation zu betrachten. Diese Denkweise begeht aber den Fehler, nur die offenbaren Komponenten des Systems, nicht aber die eher immateriellen Schnittstellen zu sehen. Wenn wir dagegen die Lektionen der Systemtheorie gelernt haben, suchen wir den Wert einer Organisation in den Schnittstellen, nicht in den Elementen.

Den Schnittstellen, und nicht den funktionalen Blöcken, sollten folglich auch unsere Anstrengungen gelten, die Leistung der Organisation zu verbessern. Beim Entwerfen von Organigrammen tritt dies ganz klar zutage: Die Linien, die wir festlegen, und die Flächen, die wir weiß lassen, haben enormen Einfluß auf die Organisation.

Die Systemtheorie besagt weiterhin, daß die Rückkopplung zwischen den Elementen einer Organisation einen starken Einfluß auf die Eigenschaften der Organisation hat. Grundsätzlich kann diese Rückkopplung intern oder extern stärker sein. Bei intensiver interner Kopplung erzeugen wir eine Organisation, die gegen Veränderungen der Umwelt robust ist. Sie hält ihre geplante Richtung trotz äußerer Veränderungen ein. Anders gesagt, sie versäumt es, sich an Umweltänderungen anzupassen. Viele Organisationen mit ausgeprägter Unternehmenskultur weisen diese starke interne Kopplung auf, die Anpassungen verhindern kann. So scheint zum Beispiel IBM sehr langsam auf die Tendenz zu dezentralisierten Datenverarbeitungsstrukturen wie Client-Server-Architekturen reagiert zu haben. Seine starke innere Kultur machte das Unternehmen weniger sensibel für den dramatischen Wandel, der in den achtziger Jahren in der Informationsverarbeitung stattfand.

Stärkere externe Kopplung führt dagegen zu höherer Reaktionsfähigkeit auf die Umwelt. Im Extremfall kann dies zu einem so reaktiven Verhalten führen, daß das Unternehmen von jeder Schwankung im Markt hin und her geworfen wird. Solche Organisationen lassen oft langfristige Zielorientierung vermissen. Nur wenn externe und interne Kopplung ausbalanciert sind, reagiert ein Unternehmen gut auf Veränderungen in seiner Umwelt.

Organisationsformen bewerten

Wie wir in Kapitel 2 gesehen haben, läßt sich ein Entwicklungsprojekt modellieren, um die Bedeutung der Schlüsselfaktoren Aufwand, Kosten, Leistung und Verzögerung zu bestimmen. Die relative Bedeutung jedes Parameters variiert von Projekt zu Projekt. Verschiedene Organisationsformen sind auf verschiedene wirtschaftliche Parameter hin optimiert. Betrachten wir einige klassische Organisationsformen im Hinblick auf die Wirtschaftlichkeit der Entwicklungsprozesse.

Effizienz: die funktionale Organisation

Die am weitesten verbreitete Organisationsform in der Produktentwicklung ist die funktionale Organisation. Gegliedert nach Funktionen arbeiten Konstrukteure in der Entwicklung, Kaufleute in der kaufmännischen Abteilung und so weiter. Obwohl diese Organisation mit der Tendenz zum *Reengineering* unter Druck geraten ist, bleibt sie für gewisse Situationen eine gute Wahl (s. Bild 6.1).

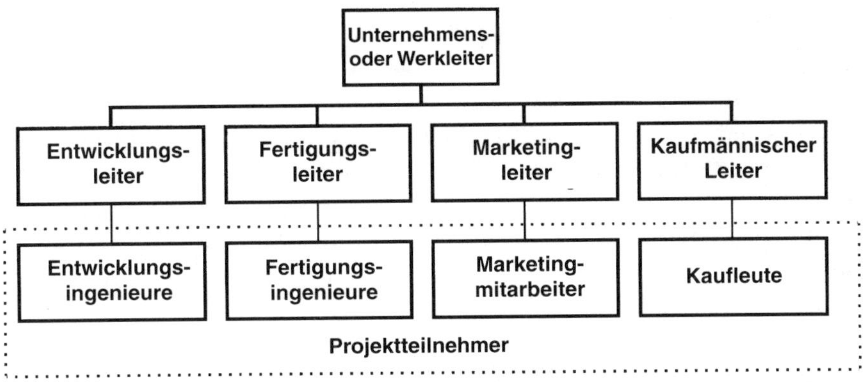

Bild 6.1: Funktionale Organisation

Warum gruppieren wir Mitarbeiter nach beruflichen Disziplinen? Warum schaffen wir eine Entwicklungsabteilung? Wenn wir die Entwicklungsaufgaben in einer Abteilung konzentrieren, können wir Spezialisten einstellen und sie als Gruppe managen. Diese Spezialisten können besser miteinander kommunizieren. Eine solche Gruppe wird mehr Output erzielen als die gleiche Zahl über das Unternehmen verstreuter Mitarbeiter.

Die funktionale Organisation nutzt den Mengenvorteil, das heißt, sie wendet das Prinzip der *economies of scale* innerhalb einer Funktion an – in bestimmten Situationen der optimale Ansatz. Betrachten wir zum Beispiel ein Unternehmen der Telekommunikationsindustrie, dessen Produkte Hochgeschwindigkeitsschaltkreise enthalten. Nur ein Experte kann diese Schaltkreise entwerfen. Mit einem zentralen Experten kann das Unternehmen vermeiden, diese Fertigkeit für verschiedene Projekte mehrfach beschaffen zu müssen. Somit verbraucht es weniger Geld pro Entwurf.

Der wesentliche Nutzen funktionaler Organisationen ist es, daß sie Entwurfsoptionen effizient erzeugen, auswählen und testen. Das Ergebnis ist ein besserer Output pro Investition als bei jeder anderen Organisationsform – die Lösung der Wahl, wenn das wirtschaftliche Ziel größtmögliche Effizienz ist.

Leider ist diese Effizienz nicht umsonst zu haben. Sie beeinflußt die anderen wirtschaftlichen Ziele, die wir in Kapitel 2 definiert haben. Die funktionale Organisation ist hinsichtlich der Geschwindigkeit suboptimal, weil jeder zentralisierte Experte in einem Entwicklungsprojekt ein bißchen mehr Verzögerung bedeutet. Des weiteren erhalten wir nicht immer die kostengünstigsten Entwürfe, denn dies erfordert einen intensiven Austausch zwischen den Entwicklungsingenieuren und den Experten für Kosten, die in der Fertigung arbeiten. Ebenso wird die funktionale Organisation wahrscheinlich nicht zu den günstigsten Verkaufspreisen oder dem größten Marktanteil führen, weil diese Ziele intensive Kommunikation mit dem Marketing beziehungsweise mit dem Kunden erfordern. Im Prinzip opfert die schwache funktionsübergreifende Kommunikation dieser Organisationsform unsere anderen wirtschaftlichen Ziele.

Geschwindigkeit: das autonome Team

Bei Unzufriedenheit mit der funktionalen Organisation versucht man es normalerweise mit einer anderen Form, die in ihrer extremen Ausprägung als “autonomes Team” bezeichnet wird. Dahinter liegt die Logik, daß bei einem Scheitern der funktionalen Organisation mit ihren vertikalen Blöcken vielleicht das Gegenteil funktioniert. Indem sie die Verbindungen zwischen dem Projekt und den Funktionen kappen und eine “horizontale” Organisation schaffen, stellen autonome Teams die funktionsübergreifenden Ressourcen ganz und gar unter die Kontrolle eines Teamführers. Dieser Führer ist voll für das Projekt verantwortlich. Beachten Sie das kleine Wörtchen “voll”! In wirklich autonomen Teams hat der Teamführer die alleinige Budgetverantwortung. Er bewertet auch die Leistung aller Mitglieder des Teams. (Die meisten Unternehmen, die behaupten, mit autonomen Teams zu arbeiten, setzen in Wirklichkeit eine Mischform ein, worauf wir später eingehen werden.)

Das autonome Team ist auf Geschwindigkeit hin optimiert. Es erzielt diese Geschwindigkeit auf zwei Arten. Erstens treten selten Verzögerungen bei der Entscheidungsfindung auf, weil die Entscheidungen auf

Teamebene gefällt werden. Zweitens arbeiten die Mitglieder eines autonomen Teams viel eher auch außerhalb ihres eigentlichen Spezialgebiets. Dies ist ein unauffälliger Aspekt, aber er hat eine erhebliche Auswirkung auf die Entwicklungszeit. Wie wir in Kapitel 3 gesehen haben, gehören zu den großen Feinden der Zykluszeit die Warteschlangen, die aufgrund der inhärenten Schwankungen im Entwicklungsprozeß unvermeidlich entstehen. Wenn sich im kritischen Pfad eines Projekts eine Schlange bildet, kann eine kleine Veränderung der Kapazität eine große Veränderung der Zykluszeit verursachen. In autonomen Teams entspringt diese kleine Veränderung der Kapazität der Bereitschaft der Teammitglieder, außerhalb ihres Spezialgebiets zu arbeiten. Dies geschieht automatisch in einem fest zusammenhängenden Team, weil die Ziele des Teams für alle Mitarbeiter sehr wichtig werden (s. Bild 6.2).

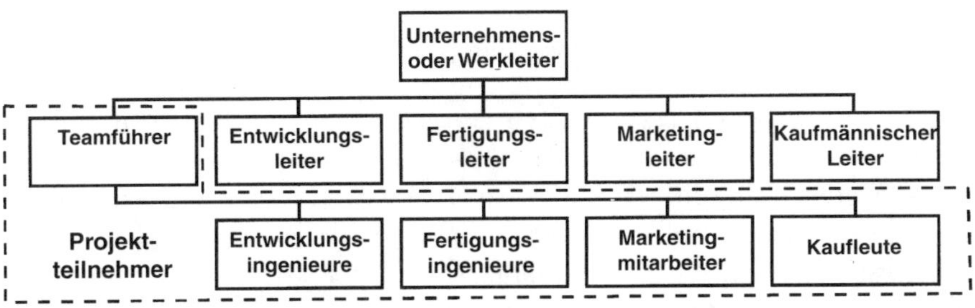

Bild 6.2: *Organisationsform "Autonomes Team"*

Bei einem Hersteller unterhaltungselektronischer Geräte beobachtete ich einmal, daß Angestellte aus der Buchhaltung an der Fertigungslinie Prototypen montierten. Es zeigte sich, daß die Prototypen für eine Messe in der folgenden Woche gebraucht wurden. Die Kosten dafür, Buchhaltern Schraubenzieher in die Hand zu drücken, waren weitaus niedriger als die Kosten, die ein Versäumen der Messe bedeutet hätte.

Diese Fähigkeit autonomer Teams, bei Engpässen sofort Ressourcen zuzuordnen, ist extrem wichtig, weil sie zur Minimierung von Warteschlangen im Entwicklungsprozeß führt. Da Engpässe in einem Projekt schnell und unvorhersagbar entstehen können, ist die Flexibilität der Teammitglieder, außerhalb ihres Spezialgebiets zu arbeiten, ein wichtiges Werkzeug im Umgang mit solchen Engpässen. Es ist nicht ungewöhnlich, daß ein autonomes Team um den Faktor zwei schneller ist als ein ähnliches funktional gegliedertes Team.

Dieser Geschwindigkeitsvorteil hat jedoch seinen Preis. Das Grundproblem bei autonomen Teams ist, daß sie tatsächlich glauben, was ihnen über Autonomie erzählt wurde. Dies führt zu einer Vielzahl von Schwierigkeiten. Zum ersten ist es schwer, Kompatibilität zwischen Projekten zu erzielen. Die Wartungsabteilung betrachtet den Entwurf eines solchen Teams und sagt: "Wir haben bereits 7.000 Arten von Schrauben in diesem Unternehmen – warum verwendet Ihr weitere zehn neue Typen?" Das Team entgegnet: "Halt mal, wir sind autonom! Wir haben die besten Verbindungen für diese konstruktive Aufgabe gewählt. Uns ist egal, was andere machen." Es ist sehr schwer, ein autonomes Team dazu zu bekommen, sein Projekt aus der Unternehmensperspektive zu sehen. Das Team ist viel eher geneigt, sein Problem ausschließlich auf der Ebene seines Projekts zu lösen als das globale Problem auf Unternehmensebene. Projektübergreifende Kompatibilität wird mit zunehmender Autonomie der Teams daher ein signifikantes Problem.

Das zweite Problem bei einem autonomen Team ist Ineffizienz. Wenn wir ein autonomes Team schaffen, unterbrechen wir die Verbindungen zum Rest der Organisation. Dies kann den Zugang zu Erfahrung und Wissen einschränken – mit negativen Auswirkungen auf die Kosten und die Leistung von Produkten sowie die Effizienz des Entwicklungsprozesses. Anstatt das vorhandene Wissen der Organisation anzuzapfen, neigt das Team dazu, das Rad neu zu erfinden; und das "neuerfundene Rad" muß nicht immer besser sein als das bislang verwendete.

Das dritte Problem autonomer Teams ist der mangelhafte Aufbau von Expertenwissen in spezialisierten Gebieten. Die Zentren technischer Exzellenz, die in funktionalen Organisationen so häufig sind, verschwinden. Technische Brillanz werden wir in autonomen Teams mit viel geringerer Wahrscheinlichkeit antreffen. Beispielsweise führen autonome Teams oft selbst Produkttests oder Marktforschungen durch. Diese Arbeit wird wahrscheinlich weniger effektiv sein als die einer professionellen Marktforschungsgruppe, weil das Team sich keine entsprechende Expertise leisten kann. Das Team hat in seinem Projekt kein Budget für die Automatisierung von Produkttests, und es ist nicht geneigt, ein Risiko einzugehen. Somit verbraucht der Produkttest zehnmal mehr Zeit und Geld, als eigentlich nötig wäre. Autonome Teams schwächen die funktionale Expertise.

Diese drei Probleme können die Wirtschaftlichkeit des Entwicklungsprozesses beeinträchtigen. Autonome Teams sind zwar schnell, aber nicht effizient. Ein Hersteller von Computerperipherie versuchte, solche Teams einzurichten, und stellte fest, daß die Kosten in die Höhe schossen, ohne daß sich die Zahl der bearbeiteten Projekte veränderte. Autonome Teams optimieren selten die Kosten pro Einheit, weil sie den Entwurf auf die Bedürfnisse ihres individuellen Projekts hin optimieren, statt nach projektübergreifenden Standardisierungsmöglichkeiten zu suchen. Ein Hersteller von Präsentationssystemen entdeckte, daß jedes Team eine den Bedürfnissen seines Projekts entsprechende Stromversorgung wählte. Dies erzeugte eine übermäßige Vielfalt in der Fertigung und schloß jegliche Möglichkeit aus, Mengenvorteile beim Einkauf zu erzielen. Die Unfähigkeit, Expertenwissen aufzubauen, kann sich auch auf Verkaufspreis und Marktanteil auswirken. Da wir nicht auf jedes Projekt unsere besten Marketingfähigkeiten anwenden können, stellen wir oft fest, daß wir dieselben Fehler wieder und wieder machen. Wenn ein Team endlich verstanden hat, was der Kunde will, ist es sehr schwer, dieses Wissen einem anderen Team einzuimpfen, ohne eine “Immunreaktion” auszulösen.

Somit erzielen autonome Teams zwar eine hohe Entwicklungsgeschwindigkeit, wir opfern aber unsere anderen wirtschaftlichen Ziele. Wenn die Geschwindigkeit wirklich entscheidend ist, ist dies eine gute Wahl. Wenn andere Ziele wichtig werden, sollten wir nach einer besseren Antwort suchen. Unternehmen, die mit autonomen Teams experimentieren, zahlen ihr Lehrgeld und kommen zu dem Schluß, daß sie deutliche Nachteile haben. Daher versuchen sie, die Vorteile der funktionalen Organisationsform mit denen der autonomen Teams in hybriden Organisationen zu verbinden.

Leistung und Kosten: hybride Organisationen

Die dritte Struktur, die in Bild 6.3 dargestellte hybride Organisation, liegt irgendwo zwischen der funktionalen Organisation und den autonomen Teams. Solche Organisationen, in denen es mehr als eine Führungsinstanz gibt, werden manchmal als Matrixorganisationen bezeichnet. Ich versuche diesen Begriff zu vermeiden, weil er vorbelastet ist. Statt dessen soll der Begriff “hybride Organisation” betonen, daß die Bezeichnung weniger wichtig ist als die Funktionsweise der Organisation.

Gemeinhin verwenden wir hybride Organisationsformen aus zwei Gründen. Erstens helfen sie uns, einige der Nachteile zu vermeiden, die den funktionalen und den autonomen Organisationsformen innewohnen. Zweitens optimieren sie typischerweise unsere beiden anderen wichtigen Ziele, nämlich Produktleistung und Produktkosten.

Untersuchen wir, wie eine hybride Organisation niedrige Produktkosten erzielt. Um die Produktkosten zu minimieren, müssen wir, wie erwähnt, enge Verbindungen herstellen zwischen den Leuten, die die Entwicklungsentscheidungen treffen, und den Fachleuten, die für die Kostenkonsequenzen dieser Entscheidungen verantwortlich sind, nämlich der Fertigungsabteilung. Jede DFM-Analyse (*DFM = Design for Manufacturing*) erweist, daß das größte Kostensenkungspotential in der Entwurfsphase und nicht in der Herstellungsphase des Produkts liegt. Um das kostengünstigste Produkt zu entwickeln, müssen wir das Expertenwissen der Fertigungsfachleute ganz zu Anfang eines Entwurfs, in den ersten zehn Prozent des Entwicklungsprozesses, zum Einsatz bringen.

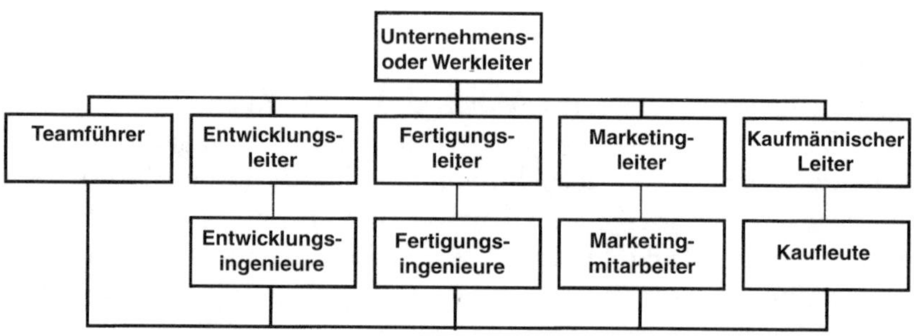

Bild 6.3: *Hybride Organisation*

Eine hybride Organisation optimiert auch das Produktverhalten. Wir müssen zwei Wege zur Verbesserung der Leistung eines Produkts unterscheiden: das Hinzufügen neuer Funktionalität und die Leistungssteigerung durch Verbessern vorhandener Funktionen. Im ersten Fall brauchen wir eine sehr enge Verbindung mit dem Markt, da der Kunde der Experte dafür ist, welche neue Funktionalität dem Produkt den meisten zusätzlichen Wert verleiht. Im zweiten Fall ist ein sehr enger Kontakt zu unseren technischen Experten wichtig, damit wir die Performance bis an die Grenzen der neuesten verfügbaren Technik verbessern können. In beiden Fällen ist eines gleich: Wir müssen externe Leute wirksam in die Teamaktivitäten einbinden. In beiden Fällen ist das hybride Team eine effektive Lösung.

Die hybride Organisation scheint der beste Weg zu sein, die Vorteile der funktionalen und autonomen Organisationen zu verbinden und gleichzeitig deren Extreme zu vermeiden. Richtig angewandt, können wir diese Form zur Feinabstimmung der von uns gewünschten Organisation benutzen.

Um eine hybride Organisation zu implementieren, müssen wir weit über das einfache Zeichnen eines Organigramms hinausgehen. Wir müssen sorgfältig die jeweiligen Vollmachten auf der funktionalen und auf der teambezogenen Achse der Organisation definieren.

Verantwortlichkeiten zuweisen

Das nützlichste Werkzeug, das wir zu diesem Zweck kennen, ist, für alle Entscheidungsbereiche im einzelnen systematisch festzulegen, wo die Vollmachten jedes Beteiligten liegen sollen. Bild 6.4 gibt eine beispielhafte Liste solcher Entscheidungsbereiche.

Wenn Sie selbst ohne Hilfe eines Unternehmensberaters eine solche Liste erstellen, sollten Sie sich auf konkrete Entscheidungen konzentrieren und nicht auf abstrakte Konzepte wie *Empowerment* und "starke" oder "schwache" Teams. Ein Team hat weitaus mehr davon zu wissen, welche Produktmerkmale es in eigener Verantwortung verändern kann, als davon, sich "empowered" fühlen zu dürfen.

Um Vollmachten erteilen zu können, muß man Grenzen ziehen. An einer Grenze endet die Vollmacht des Teams, jenseits der Grenze muß das Team Zustimmung von außen einholen. Eine Grenze ist die formale Art und Weise, Vollmacht in einer Organisation aufzuteilen. Grenzen können auf viele Arten definiert sein. Budgets beispielsweise sind eine typische "Demarkationslinie". Ein Team, das innerhalb seines Budgets bleibt, ob dies Werkzeuge, Kapital, Personal oder sonstigen Aufwand betrifft, kann autonome Entscheidungen fällen. Sobald diese Grenze überschritten wird, muß das Team Zustimmung von außen einholen. Die Delegation von Vollmachten ist eine andere Art, eine Grenze zu ziehen. So kann zum Beispiel ein Team die Vollmacht haben, für bis zu 5.000 Dollar Software ohne externe Genehmigung zu kaufen. Listen mit genehmigten Optionen sind ein weiteres Werkzeug. Das Team kann eine Liste mit genehmigten Teilen, Verkäufern oder Standardtests an die Hand bekommen. Bild 6.5 faßt die Demarkationslinien für bestimmte Entscheidungen zusammen.

Zentrale Entscheidungsbereiche

❑ Produktmerkmale festlegen	❑ Bonuszahlungen festlegen	❑ Fertigungsstätte wählen
❑ Produktmerkmale modifizieren	❑ Reisegenehmigungen erteilen	❑ Erforderliches Qualitätsniveau für Markteinführung festlegen
❑ Projektbudget erstellen	❑ Projekt abbrechen	❑ Für Fertigungs-varianten bezahlen
❑ Projektbudget modifizieren	❑ Entwicklungsstandort wählen	❑ Produktprozesse wählen
❑ Zeitplan erstellen	❑ Layout des Arbeitsbereichs gestalten	❑ Entwicklungs-werkzeuge wählen
❑ Zeitplan modifizieren	❑ Zentrale Partner-unternehmen wählen	❑ Entwicklungs-methoden wählen
❑ Personalplan erstellen	❑ Partnerunternehmen managen	❑ Entwicklungsmethoden modifizieren
❑ Personalplan modifizieren	❑ Zentrale Technologie-partner wählen	❑ Prüfprozesse festlegen
❑ Teammitglieder auswählen	❑ Technologiepartner managen	❑ Prüfkriterien festlegen
❑ Teammitglieder einstellen	❑ Externe Zulieferer wählen	❑ Wiederverwendungsziele setzen
❑ Teammitglieder entlassen	❑ Externe Zulieferer managen	❑ Berichtanforderungen festlegen
❑ Mitarbeiterleistung bewerten	❑ Verkäufer wählen	❑ Ausbringungsziele der Fertigung setzen
❑ Mitarbeitervergütung festlegen	❑ Verkäuferverträge managen	❑ Dokumentations-standards festlegen

Bild 6.4: *Zentrale Entscheidungsbereiche*

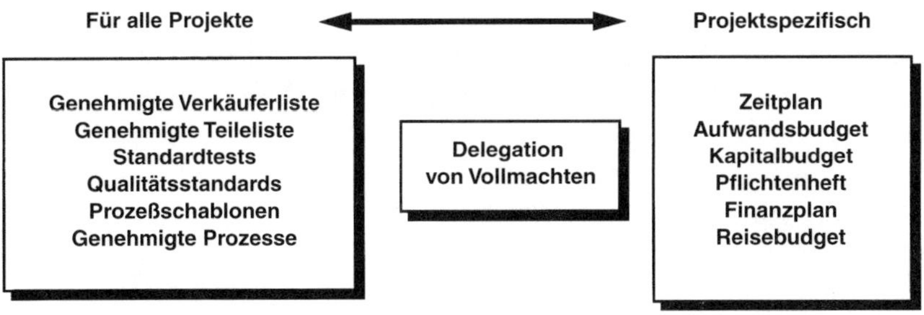

Bild 6.5: *Demarkationslinien*

Es ist außerordentlich wichtig, diese Grenzen früh im Projekt zu definieren und sie gut zu kommunizieren, damit das Team eine klare Vorstellung davon hat, was es tun kann und was nicht. Es gibt zwei Arten, die Grenzen in einer Organisation zu kommunizieren. Leider ist "Versuch und Irrtum" der häufigste Weg. Manche bezeichnen dies auch als "Entdeckung der unsichtbaren Elektrozäune". Halten Sie sich kurz den großen Unterschied zwischen erfahrenen und unerfahrenen Teamführern in Ihrem Unternehmen vor Augen. Der erfahrene Führer weiß, wo die unsichtbaren Elektrozäune sind. Er weiß, daß die Organisation ihn zwar bevollmächtigt hat, über alle Produktmerkmale zu entscheiden, daß ihm dies aber nicht erlaubt, die Farben des Unternehmens zu ändern. Der unerfahrene Führer muß die ungeschriebenen Gesetze durch Versuch und Irrtum entdecken.

Dieses Vorgehen bringt zwei praktische Probleme mit sich. Erstens ist es in technischer Hinsicht schlicht zu langsam. Bestimmte Regeln werden zu spät im Prozeß bekannt, was Zeit und Ressourcen verschwendet. Die Entwickler entwerfen das Produkt für die Herstellung im kalifornischen Werk des Unternehmens. Der Fertigungsleiter war von einer Produktion in der puertoricanischen Fabrik ausgegangen. Jetzt haben wir ein frustriertes Team und einen möglicherweise kostspieligen Neuentwurf. Versteckte Erwartungen können leicht die Leistung und die Moral des Teams unterminieren.

Das zweite Problem ist ein menschliches. Stromschläge an unsichtbaren Elektrozäunen ermutigen das Team nicht, initiativ und entscheidungsfreudig zu handeln. Die Methode von Versuch und Irrtum erzeugt den Eindruck, daß das Unternehmen voller Fallen sei. Teams reagieren hierauf, indem sie ihre Entscheidungen gewissermaßen einem Vorversuch beim Management unterziehen, was die Entscheidungsfindung verlangsamt.

Die bessere Methode, Grenzen zu ziehen, besteht darin, für das gesamte Team die Entscheidungsvollmachten klar festzulegen. Das geschieht, indem man ein Verzeichnis der einzelnen Entscheidungen anfertigt und dies mit den Abteilungsmanagern und dem Team diskutiert. Ein zweistündiges Treffen früh im Projekt kann erheblich zur Klärung des geplanten Projektablaufs beitragen.

Kommunikation

Fast jedes Unternehmen möchte die Kommunikation in seinen Entwicklungsteams verbessern. Zu oft glaubt man, dies bedeute, mehr und schnellere Informationsflüsse im Unternehmen zu erzeugen. Aber die Kommunikation verbessert sich keineswegs durch mehr Meetings, mehr Dokumentation oder mehr Versenden von mehr Mitteilungen an mehr Leute. Ironischerweise liegt der Unterschied zwischen Unternehmen, die für sich eine gute Kommunikation in Anspruch nehmen, und solchen mit schlechter Kommunikation nie an der Menge der ausgetauschten Information. Unternehmen mit schlechter Kommunikation können unter Informationen begraben sein. Der Schlüsselfaktor guter Kommunikation ist die Menge von Informationen, die für gute Entscheidungen gebraucht werden.

Was die meisten Unternehmen nicht beachten, ist, daß der erste Schritt bei der Behandlung von Kommunikationsproblemen immer sein sollte, den Bedarf an Kommunikation zu reduzieren, statt den Informationsfluß zu vergrößern. Kommunikationsbedarf kann auf drei Arten reduziert werden: durch klar abgegrenzte Strukturen, durch klar definierte Verantwortlichkeiten und durch engagierte Mitarbeiter. Betrachten wir diese Faktoren im einzelnen.

Die Architektur hat einen großen Einfluß auf die Kommunikation, weil sie bestimmt, welche Informationen zur Durchführung einer bestimmten Entwicklungsaufgabe gebraucht werden. Was geschieht, wenn wir uns entscheiden, zur Verbindung der Subsysteme A und B eines größeren Gesamtsystems eine Standardschnittstelle zu verwenden? Da die Schnittstelle bereits definiert ist, arbeiten die Teams auf beiden Seiten dieser Schnittstelle mit einem stabilen Ziel. Sie haben sehr wenig Bedarf an Kommunikation miteinander. Wenn wir uns dagegen entscheiden, eine neue Schnittstelle zu verwenden, haben wir ein bewegliches Ziel: Die Gestaltung der Schnittstelle erfordert viel Kommunikation zwischen den beiden Teams. Je weniger Schnittstellen wir in der

Architektur erzeugen und je standardisierter und stabiler diese Schnittstellen sind, desto geringer werden unsere Kommunikationsprobleme. Andere Implikationen der Wahl unserer Produktarchitektur werden wir in Kapitel 8 diskutieren.

In ähnlicher Weise reduzieren auch klar definierte Verantwortlichkeiten innerhalb von Teams den Kommunikationsbedarf. Wenn jeder seine Rolle kennt, brauchen wir nicht ständig darüber zu reden, wer was macht. Vergleichen Sie das mit einem Team ohne klar definierte Rollen. Seine Mitglieder wissen nicht, wer jeweils bevollmächtigt ist, eine Entscheidung zu treffen. Alle, die die Macht haben, ein Veto gegen eine Entscheidung einzulegen, versammeln sich, und wenn ein Konsens gefunden ist, können sie weiterarbeiten. In einem solchen Team werden die meisten wichtigen Entscheidungen in Meetings getroffen. Da es viele wichtige Entscheidungen gibt, beklagen sich diese Teams, daß sie zu viel Zeit in Meetings verbringen.

Ein anderes wichtiges Werkzeug zur Senkung des Kommunikationsbedarfs ist, das prozentuale Engagement der Teammitglieder für das Projekt zu steigern. Dies reduziert automatisch die Anzahl von Mitarbeitern, die in einem Team gebraucht werden, und die mit diesen Mitarbeitern verbundenen Gemeinkosten. Der Kommunikations-Overhead sinkt, weil in jedem Kommunikationssystem die Anzahl der Knoten die Anzahl der zu unterhaltenden Kommunikationsverbindungen bestimmt, und diese Zahl steigt mit der Zahl der Knoten ungefähr quadratisch an. Je mehr Vollzeitmitarbeiter man hat, desto stärker sinken die Kommunikations-Gemeinkosten.

Wenn wir den Kommunikationsbedarf reduziert haben, können wir daran gehen, Qualität, Geschwindigkeit und Quantität von Mitteilungen zu verbessern. Von diesen drei Faktoren sind Geschwindigkeit und Qualität weit entscheidender als Quantität. Betrachten wir zunächst einige konventionelle Kommunikationswerkzeuge und gehen dann zu neueren Technologien über.

Alte Kommunikationswerkzeuge

Das Problem der menschlichen Kommunikation besteht seit langem. Wir wissen, daß besser kommuniziert wird, wenn die Kommunikationspartner Sprache und Vokabular teilen. Ohne diese gemeinsame Grundlage bekommen wir Kommunikationsprobleme.

So können beispielsweise Kommunikationsprobleme zwischen Teams an verschiedenen Standorten auftreten. In solchen Fällen ist es klug, diese Teams für ein oder zwei Wochen an einem Ort zusammenzubringen und sie dort gemeinsam an einigen Projektaktivitäten arbeiten zu lassen. Damit lernen die Mitarbeiter sich auf einer persönlichen Ebene kennen, was sich später im Projekt erheblich auszahlen wird. Der Hauptgrund dafür ist, daß wir "Fremde" ganz anders und "primitiver" verstehen als Menschen, mit denen wir zusammengearbeitet haben. Diese Wahrnehmungsverzerrung beeinflußt unsere Entscheidungsfindungsprozesse und unsere Beziehungen.

Wir können auch eine gemeinsame Basis schaffen, indem wir zu einem frühen Zeitpunkt Schulungsveranstaltungen zum Projekt und zum Entwicklungsprozeß durchführen. Damit stellen wir sicher, daß das Team eine gemeinsame Sprache spricht. Wenn sich darüber hinaus die Schulung direkt auf das Projektziel bezieht, vermitteln wir dem Team relevante Fähigkeiten, bevor sie gebraucht werden.

Wir wissen auch, daß gemeinsam gemachte Erfahrungen die Kommunikation verbessern. Beim Militär benutzen wir diese Technik im Rekrutenlager. Menschen mit ganz verschiedenen Hintergründen werden einer gemeinsamen – und denkwürdigen – Erfahrung ausgesetzt. Dies ermöglicht es den Soldaten, sich zum ersten Mal zu treffen und unter Garantie eine gemeinsame Erfahrung zu haben, über die sie sprechen können. Diese Art von gemeinsamer Erfahrung ist ein wertvolles Werkzeug, um Verbindungen zwischen Teammitgliedern zu schaffen. Gewonnen werden kann diese Erfahrung durch gemeinsame Arbeit in einer frühen Phase des Projekts.

Ein weiterer Weg, die Kommunikation zu verbessern, ist es, Teams aus Leuten zusammenzustellen, die bereits in der Vergangenheit zusammengearbeitet haben. Diese Art von Kontinuität macht es leichter, eine gute Kommunikation zu etablieren. Bei Teams, die schnell produktiv werden, stellt man nicht selten fest, daß 80 Prozent der Mitglieder bereits früher miteinander gearbeitet haben.

Wir können die Kommunikation also verbessern – mit Methoden, die von der Schaffung einer gemeinsamen Ausgangsbasis bis zur Anwendung von gesundem Menschenverstand reichen. Wir können nicht davon ausgehen, daß Menschen "automatisch" mit diesen Fähigkeiten ausgestattet sind, aber sie können entwickelt werden und sind es sicherlich wert, stärker beachtet zu werden.

Neue Kommunikationstechniken

Heute ist ein breites Spektrum neuer Kommunikationstechniken verfügbar. Gute Teams setzen sie ein, weil sie eines der quälendsten Managementprobleme lösen helfen: eine gute Kommunikation herzustellen. Bild 6.6 faßt die Merkmale von Kommunikationssystemen für Teams unter vier zentralen Aspekten zusammen:

1. Echtzeit
2. Dokumentation
3. Hebelwirkung
4. Bandbreite

Betrachten wir diese Aspekte im einzelnen. Werkzeuge wie Meetings, Telefonanrufe und Videokonferenzen sind implizit in Echtzeit. Dies ist für die Behandlung komplexer Probleme sehr wichtig, weil sie viel Interaktion erfordern. Memos und Emails machen die Interaktion viel schwerfälliger.

Zweitens ist der Grad der Dokumentation zu bedenken. Hier zeichnen sich schriftliche Mitteilungen aus. Memos und Emails hinterlassen eine Papierspur; sie sind inhärent selbstdokumentierend. Manchmal ist dieses Papier ein Nachteil; normalerweise ist es aber für effiziente Abläufe notwendig.

Systeme	Echtzeit	Dokumentation	Hebelwirkung	Bandbreite
Meetings	✓			✓
Telefon	✓			
Voice Mail		✓	✓	
E-Mail		✓	✓	
Papierdokumente		✓	✓	
Web-Seiten		✓	✓	
Videobänder		✓	✓	✓
Videokonferenzen	✓			✓
Zufällige Begegnungen	✓			✓

***Bild 6.6:** Kommunikationssysteme für Teams*

Als drittes betrachten wir die "Hebelwirkung". Wir verwenden diesen Begriff, um die Zeit zu quantifizieren, die der Sender im Vergleich zum Empfänger der Botschaft in einem Kommunikationsakt braucht. Hebelwirkung ist gut für den Sender, aber schlecht für den Empfänger, weil sie leicht zu einer Informationsüberlastung führen kann. Jede Kommunikationsform, die gespeichert und reproduziert werden kann, hat diese nachteilige Hebelwirkung. Beispielsweise braucht man nur dreißig Sekunden um eine hundertseitige E-Mail an hundert Leute zu schicken. Voice Mail kann genauso schlimm sein. Der Vorstandsvorsitzende eines Pharmaunternehmens schickte eine Voice Mail an alle Mitarbeiter. Sie überlastete das ganze System derart, daß es für 24 Stunden außer Betrieb war.

Die Gefahr der Hebelwirkung ist, daß sie das Volumen der empfangenen Botschaften sehr schnell anwachsen läßt. Dies geschieht derzeit mit der E-Mail. Manche Teamführer bekommen täglich zwei- bis dreihundert E-Mail-Nachrichten. Sie können unmöglich alle Mails lesen und dabei ihre eigentliche Arbeit schaffen. Also prüfen sie bei den meisten Mails nur den Namen des Absenders und lesen allenfalls die Betreffzeile. Kommunikationswerkzeuge mit Hebelwirkung müssen aufgrund des Overheads, das sie erzeugen, mit Sorgfalt eingesetzt werden.

Der letzte Aspekt, Bandbreite, ist der technische Begriff für die Informationsmenge, die in einer bestimmten Zeit übertragen werden kann. Die breitbandigsten Methoden basieren auf der visuellen Kommunikation, weil Bilder, Videokonferenzen und das direkte Gespräch viele Informationen in kurzer Zeit übertragen. Schriftliche Kommunikation und E-Mails haben eine niedrigere Bandbreite und eine geringere Ausbreitungsgeschwindigkeit. Zudem dauert es länger, Nachrichten zu erstellen.

Das persönliche Gespräch ist ein besonders wertvolles Werkzeug, weil es in Echtzeit, ohne Hebelwirkung und mit hoher Bandbreite vonstatten geht. Sein hauptsächlicher Nachteil ist, daß es sich nicht selbst dokumentiert. Teams nutzen oft den Wert von persönlichen Gesprächen, indem sie Mitglieder in einen Raum zusammenbringen, sie im wahrsten Sinne des Wortes "zusammenzusetzen". Dies ist ein außerordentlich wertvolles Werkzeug.

Zusammenlegung

Räumliche Zusammenlegung ist das Mittel zur Verbesserung der Teamkommunikation, das einem Zauberstab am nächsten kommt. Hierdurch erzielen wir eine dramatische Verbesserung der Kommunikation im Team. Wir haben mit Tausenden von Leuten in Kontakt gestanden, die in Entwicklungsteams gearbeitet haben. Ausnahmslos haben alle, die in räumlich zusammengefaßten Teams gearbeitet haben, festgestellt, daß dies die effektivste Art der Produktentwicklung ist. Es ist erstaunlich, daß diese einfache Technik nicht öfter angewendet wird.

Das *Skunk*-Werk von Lockheed ist für seine schnelle Entwicklung von Hightech-Flugzeugen legendär. Wie Ben Rich in seinem Buch *Skunk Works* schildert, war die räumliche Zusammenlegung ein Schlüsselelement des dortigen Managementansatzes:

"Unsere Entwickler verbrachten mindestens ein Drittel des Tages direkt in der Produktion; zugleich waren normalerweise ständig zwei bis drei Fertigungsleute im Konstruktionsbüro, um über ein bestimmtes Problem zu beraten. So blieb jeder Projektbeteiligte involviert und integriert. Mein Gewichtsspezialist sprach mit meinem Strukturspezialisten, dieser sprach mit dem Designer, der Designer sprach mit dem verantwortlichen Flugtester, und alle saßen *zwei Fuß entfernt* (Hervorhebung des Verf.), kiebitzten beim Nachbarn und berieten sich ständig."

Die klassische Arbeit über Kommunikationsabläufe in technischen Organisationen ist von Tom Allen vom MIT durchgeführt worden. Bild 6.7 zeigt die Ergebnisse seiner 1977 veröffentlichen Studie. Beachten Sie, wie steil die Kommunikation mit der Entfernung abfällt.

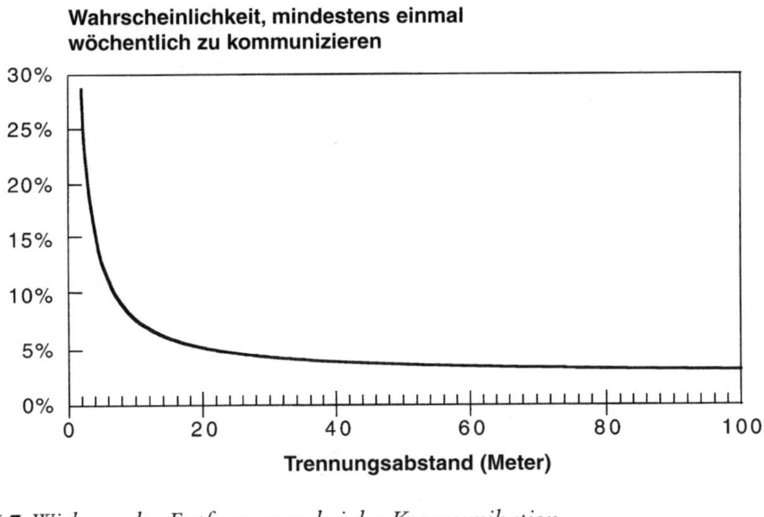

Bild 6.7: *Wirkung der Entfernungen bei der Kommunikation*

Wenn wir zusammengelegte Teams genau beobachten, stellen wir fest, daß einer der großen Nutzeffekte der Zusammenlegung die Verbesserung der "unwichtigen" Kommunikation ist. Wenn Menschen eng zusammenarbeiten, erfahren sie beispielsweise, wie alt ihre Kinder sind und welche Hobbys und andere Interessen sie haben. Diese Dinge haben zwar keine Bedeutung für das Projekt, die Kommunikation beeinflussen sie aber enorm. Wie erwähnt, verbessern gemeinsame Erfahrungen die Kommunikation ganz entscheidend. Je weniger oberflächlich die Wahrnehmung der Menschen voneinander, desto besser ist ihre Kommunikation.

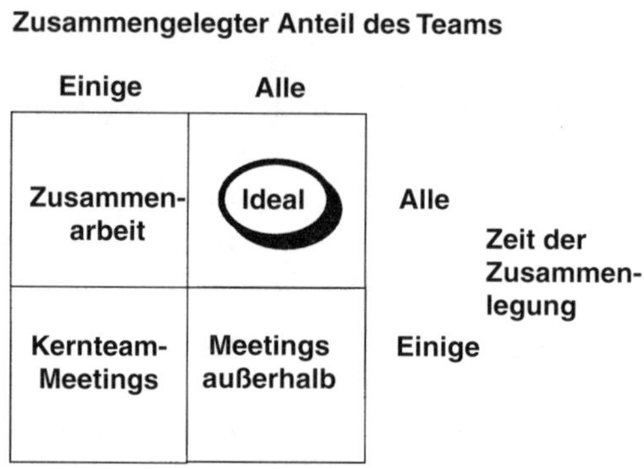

Bild 6.8: *Teilweise Zusammenlegung*

Viele betrachten die Zusammenlegung als eine Alles-oder-Nichts-Entscheidung: Entweder wir bringen das ganze Team für die gesamte Projektdauer zusammen, oder wir lassen die Teammitglieder getrennt voneinander arbeiten. In Wahrheit steht uns ein weit breiteres Spektrum von Optionen zur Verfügung. Wir können sowohl die Anzahl von Leuten, die wir zusammenlegen, variieren, als auch die Zeit, die sie zusammen verbringen (s. Bild 6.8).

Betrachten wir einige Praxisbeispiele: In einem Automobilunternehmen wird das Kühler-Team für eine bestimmte Zeit zusammengelegt. Der Kühler hat eine ziemlich ausgereifte Technik; beim Front-Styling des Autos ist jedoch eine enge Zusammenarbeit mit dem Kühler-Team erforderlich. Wenn dieses Styling beendet ist, ist die Kühler-Schnittstelle stabil, und das Team kann in die Kühler-Fabrik zurückgeschickt werden. Das Radio-Team ist dagegen während des gesamten Entwicklungsprojekts nie vor Ort, da die Schnittstelle zwischen Radio und Auto standardisiert ist. Wenn eine Schnittstelle standardisiert ist, ist nur eine beschränkte Kommunikation erforderlich.

Dies illustriert eine wichtige Interaktion zwischen Produktarchitektur und logischer beziehungsweise geographischer Organisation des Teams.

Die Produktarchitektur erzeugt an undefinierten Schnittstellen im Entwurf die Notwendig intensiverer Kommunikation. Je weniger klar definiert die Schnittstelle ist, desto mehr Fragen werden dazu auftreten. Somit fungiert eine architektonische Schnittstelle als ein Bereich des Entwurfs, der erhöhte und genaue Kommunikation erfordert. Diese Kommunikation läßt sich nicht herstellen, wenn wir eine solche Schnittstelle an eine organisatorische oder geographische Grenze legen. Die Kommunikation wird am schlechtesten, wenn wir das Problem vervielfachen, indem wir eine undefinierte Schnittstelle noch über eine organisatorische und eine geographische Grenze legen. Die wichtige Daumenregel lautet: *Überlagere niemals eine schlecht definierte architektonische Schnittstelle mit einer organisatorischen oder geographischen Grenze.*

Kluge Unternehmen haben diese Lektion bereits gelernt. Bei Boeing wurden in der frühen Phase der Entwicklung der Boeing 777 Zulieferunternehmen vor Ort verlagert. Sie blieben, bis die *interface control documents* (ICDs) definiert waren. Während der Festlegung der ICDs bestand ein großer Bedarf an Kommunikation, so daß die räumliche Entfernung minimiert wurde. Nach Beendigung dieser Arbeit war es nicht mehr erforderlich, daß die Zulieferer ständig vor Ort verblieben. Die Zusammenlegung kann somit in zentralen Abschnitten des Projekts sehr effektiv sein und dabei zeitlich begrenzt bleiben.

Bei einem US-amerikanischen Hersteller von Laserdruckern hat der Vertreter des japanischen Lieferanten des Druckmechanismus sein Büro in einem Wohnwagen hinter der Fabrik. Dies erzeugt wichtige Vorteile in der Kommunikation. Weil der japanische Vertreter der Verbindungsmann zum größten Kunden seines Unternehmens ist, ist er ein einflußreiches Mitglied seiner Organisation. Wenn er sagt, daß es mit dem Druckmechanismus ein Problem gibt, hören die Leute in Japan auf ihn. Sein persönliches Netzwerk im Heimatunternehmen hat einen verzerrungsfreien, breitbandigen Kommunikationskanal mit dem japanischen Unternehmen geschaffen. Dies hätte bei einer geographischen Grenze zwischen den beiden Standorten niemals erreicht werden können.

Ein Halbleiterhersteller behebt die Betriebsstörungen seiner wichtigsten Fertigungseinrichtung im Werk des Lieferanten und nicht in seiner eigenen Produktionsstätte. Man sollte glauben, daß diese Arbeit effizienter in der eigenen Fabrik getan werden könnte, aber die Erfahrung hat gezeigt, daß es besser ist, wenn ein Mitarbeiter des Anwenders in das Unternehmen des Lieferanten geht. Die Fehlerbehebung ist viel schneller, weil die Entwickler der Anlage nur Sekunden vom Prüffeld entfernt sind. Wenn das Unternehmen die Fehler in seiner eigenen Halbleiterfertigung reparieren wollte, könnte die Beseitigung eines Problems unter Umständen Tage dauern.

In einem Pharmaunternehmen wollte ein Team räumlich zusammengelegt werden, konnte aber die Unternehmensleitung nicht überzeugen. Schließlich fanden die Teammitglieder einen kleinen Sitzungsraum hinten in der Fabrik, den sie als "Hauptquartier" requirierten. Sie installierten Telefone und Anschlüsse für Rechnerterminals. Im Bewußtsein der Vorzüge häufiger Meetings trafen sie sich täglich. Nach einem Monat kamen sie zu dem Schluß, daß die täglichen Meetings Zeitverschwendung seien. Statt dessen entschieden sie sich, einfach jeden Morgen von acht bis neun Uhr in einem Raum zusammenzuarbeiten. Sie entdecken, daß dies alle Nutzeffekte einer Zusammenlegung erzeugte. Wann immer sie ein Problem lösen mußten, das funktionale Grenzen überschritt, taten sie dies während ihrer täglichen gemeinsamen Arbeitszeit. So lösten sie Probleme in einem Tag, für die typische Teams Wochen brauchten.

Zusammenfassung

In diesem Kapitel haben wir das Problem des "Designs" einer Organisation diskutiert. Dies ist in den meisten Entwicklungsprozessen ein kritisches Element der Infrastruktur. Wir stellten fest, daß viele der Beobachtungen, die wir über das Verhalten von Systemen gemacht haben, auf Organisationen als eine bestimmte Form von Systemen zutreffen.

Wir untersuchten eine Reihe von Organisationsformen unter dem Aspekt ihrer wirtschaftlichen Relevanz. Wir stellten fest, daß die funktionale Form mit ihren vertikalen Blöcken nicht etwa obsolet, sondern wahrscheinlich die bestgeeignete Form ist, wenn es vor allem um Entwicklungseffizienz geht. Das autonome Team kann zwar hinsichtlich der Geschwindigkeit optimal sein, es birgt jedoch wichtige Nachteile in sich, die gerade auf dieser Autonomie beruhen.

Wir diskutierten außerdem hybride Organisationsformen, welche die Macht sowohl entlang der funktionalen als auch der Teamachsen verteilen. Diese Formen optimieren normalerweise Performance und Kosten. Da die Macht sich auf zwei Achsen verteilt, ist eine klare Abgrenzung der Verantwortlichkeiten wichtig. Wenn die Erwartungen der funktionalen Autoritäten und der Teamautorität nicht klar festgelegt sind, dürfte eine hybride Organisation kaum Vorteile bringen.

Abschließend diskutierten wir das Problem der Kommunikation. Unser Ausgangspunkt war, ein Projekt so zu strukturieren, daß ein möglichst geringer Bedarf an hochwertiger Kommunikation entsteht. Wir besprachen alte und neue Kommunikationstechniken sowie die entscheidende Rolle, die eine räumliche Zusammenlegung von Teams bei der Verbesserung der Kommunikation spielen kann.

Unsere grundsätzliche organisatorische Struktur steht jetzt. Nun müssen wir uns mit dem Entwurf unseres Entwurfsprozesses befassen. Dies bildet das Thema des nächsten Kapitels.

7 Den Entwicklungsprozeß entwerfen

Wenn der organisatorische Kontext festgelegt ist, können wir das Problem des Prozeßdesigns angehen. Im Vergleich zu den relativ einfachen organisatorischen Optionen des vorangegangenen Kapitels ist die Gestaltung des Entwicklungsprozesses viel komplexer. In diesem Kapitel versuchen wir dieses Problem systematisch anzugehen. Der Schwerpunkt liegt dabei auf den Schlüsselentscheidungen, die dem Design des Entwicklungsprozesses zugrunde liegen.

Zunächst sprechen wir über das einzigartige und grundlegende Problem, Entwicklungsprozesse für einmalige Aktivitäten zu gestalten. Dann diskutieren wir den spezifischen Entwurf bestimmter Schlüsselphasen des Entwicklungsprozesses. Hieran schließt sich die Behandlung einiger genereller Entwicklungsprinzipien an, deren Implementierung wir unter dem Aspekt der Optimierung bestimmter wirtschaftlicher Ziele besprechen. Abschließend diskutieren wir das Problem der kontinuierlichen Verbesserung.

Der in diesem Kapitel skizzierte Ansatz ist wahrscheinlich für viele Produktentwickler neu. Die Entwicklungsprozesse der meisten Unternehmen sind eher das Ergebnis einer zufälligen Evolution als eines bewußten Entwurfs. Solch ein evolutionärer Prozeß kann gut angepaßte Lösungen erzeugen, aber er wird zunehmend gefährlicher. Die Evolution ist einfach zu langsam, wenn die Umwelt sich schnell verändert. Statt dessen müssen wir zu einem Konzept der "gelenkten Evolution" finden, indem wir den Prozeß analysieren und bewußte Entscheidungen treffen.

Vorab sollten wir den Begriff "Prozeßdesign" definieren. Es ist nützlich, Entwicklungsaktivitäten als Rezepte zu betrachten, die Zutaten und Methoden enthalten. Für die Entwicklung sind die Zutaten Budget, Arbeitskräfte und zu verwendende Technik. Die Methode zur Verarbeitung dieser Zutaten ist der Prozeß. Der Prozeß legt fest, welche Aktivitäten in welcher Reihenfolge stattfinden und wer sie durchführen soll. Mit anderen Worten: Der Prozeß definiert, was zu tun ist, wann es zu tun ist und wer es zu tun hat.

Struktur und Freiheit

Die Strukturierung von Entwicklungsprozessen unterscheidet sich prinzipiell von derjenigen der meisten anderen Prozesse, mit denen wir es zu tun haben. Im Leben gestalten wir die meisten Prozesse für repetitive Handlungen, weil in dem Prozeß das Lernen konserviert wird, das beim Durchführen einer Aktivität stattfindet. Im Gegensatz dazu arbeiten wir uns durch einmalige Aktivitäten typischerweise "irgendwie" hindurch. Wir erkennen unterbewußt, daß der Aufwand, einen Prozeß für eine einmalige Aktivität zu gestalten, nicht genug Verbesserungen erzielt, um die Mühen zu lohnen. Die Produktentwicklung jedoch ist ein Gebiet, auf dem die Anstrengungen der Prozeßgestaltung sich wirklich lohnen. Sie ist einer der wenigen nicht-repetitiven Prozesse, der eine sorgfältige Prozeßgestaltung rechtfertigt.

Einmalige Prozesse

Die meisten Fertigungsprozesse sind inhärent repetitiver Natur. Wenn dagegen unser Entwicklungsprozeß repetitiv wird, hört er auf, neue Informationen zu erzeugen und nutzbringend zu sein (vgl. Kapitel 4). Das heißt, daß Produktentwickler in einer Welt einmaliger Prozesse leben müssen. Die Dinge müssen sich ständig ändern, weil ständiger Wandel der Schlüssel zur Informationserzeugung ist.

Dieser ständige Wandel muß aber kontrolliert ablaufen. Während wir neue Information erzeugen wollen, indem wir *neue* Fehler machen, müssen wir uns dagegen schützen, alte Fehler wieder und wieder zu machen. Wir müssen einen Weg finden, das Gelernte zu bewahren, ohne unsere Mitarbeiter davon abzuhalten, neue Dinge zu tun. Ich glaube, daß das Geheimnis hierbei darin liegt, sich auf dem richtigen Niveau auf die Prozeßarchitektur zu konzentrieren.

Beginnen wir mit einem vertrauten Beispiel. Betrachten wir die Architektur der englischen Sprache. Auf der Ebene der Buchstaben liegt eine rigide Standardisierung auf 26 Buchstaben vor. Benutzer der englischen Sprache können keine neuen Buchstaben erfinden, und wenn sie es könnten, würden andere Benutzer sie nicht erkennen. Wenn wir zur Ebene der Wörter weitergehen, verzeichnen wir etwa 450.000 Wörter, von denen ein Absolvent einer High School im allgemeinen vielleicht 40.000 passiv kennt. Auf dieser Ebene haben wir eine fast vollständige Standardisierung. Es ist möglich, ein neues Wort in die Sprache einzuführen, aber wir verursachen Verwirrung damit. Wenn wir zur Ebene der Sätze aufsteigen, finden wir wenig Standardisierung. Wir haben eine kleine Menge syntaktischer Regeln, wie etwa die Wortstellung Subjekt-Verb-Objekt, und ansonsten eine ungeheure Freiheit. Wir können eine unendliche Zahl wohlgeformter, erkennbarer Sätze im Englischen formulieren. Diese unendliche Flexibilität auf der höchsten Ebene der Architektur wird durch die Standardisierung auf den beiden unteren Ebenen erzielt.

Dies enthält für uns eine wichtige Lehre, wenn wir einen flexiblen Prozeß zu gestalten haben. Flexibilität erzeugen wir nicht, indem wir auf allen Ebenen der Architektur Variationen gestatten. Das produziert nur Chaos. Flexibilität auf hohen Ebenen der Architektur entsteht aus Standardisierung auf niedrigen Ebenen. Paradoxerweise ist Struktur der Schlüssel zur Freiheit.

Wenn wir versuchen, die Produktentwicklung auf einer hohen Stufe der Prozeßarchitektur zu standardisieren, werden wir endlose Frustrationen erleben. Unsere Teams werden die Wände von Besprechungszimmern mit Prozeßplänen vollhängen, nur um festzustellen, daß diese Pläne lediglich beschreiben, wie wir früher einmal ein Produkt entwickelt haben. Wir könnten das Produkt diesmal ganz anders entwickeln wollen, weil wir beim ersten Mal etwas gelernt haben.

Wichtig ist, die unteren Ebenen der Prozeßarchitektur zu standardisieren. Betrachten wir zwei Ansätze dazu: eine modulare Struktur und eine Sequenz von Mustern.

Modulare Prozesse

Der einfachste Weg, Struktur und Flexibilität zu verbinden, ist ein modularer Aufbau des Entwicklungsprozesses. Indem wir die Verwendung und die Reihenfolge dieser Module ändern, können wir Millionen von möglichen Prozeßstrukturen erzeugen, ohne die Kontrolle zu verlieren.

Wie können wir solche modularen Bausteine entwickeln? Eine Antwort gibt die objektorientierte Methode, ein Konzept, das in der Software-Entwicklung zunehmend Verbreitung findet. Unter diesem Begriff werden eine Reihe von Techniken zusammengefaßt, von denen eine für uns von ganz besondere Bedeutung ist: das Prinzip der "gekapselten Information". Hierbei werden nach außen hin sichtbare Eigenschaften eines Objekts definiert, die Details der inneren Abläufe dagegen verborgen. Objekte weisen eine wohlstrukturierte Schnittstelle zur Außenwelt auf, bleiben jedoch in ihrer internen Struktur frei gestaltbar. Eine gut geplante äußere Schnittstelle gibt uns eine Menge Flexibilität und ist der Schlüssel zur Wiederverwendbarkeit von Objekten.

Bei der Gestaltung eines Entwicklungsprozesses sollten wir dieselben Eigenschaften ausnutzen. Wir müssen standardisierte Bausteine erzeugen, die in ihren Schnittstellen und nicht so sehr in ihrem inneren Aufbau festgelegt sind. Wenn wir die Schnittstellen standardisieren, können wir die internen Strukturen je nach den sich wandelnden Anforderungen entwickeln. Da die externen Eigenschaften unter Kontrolle sind, können wir die internen Methoden und Daten verändern, ohne unseren gesamten Entwicklungsprozeß neu stricken zu müssen.

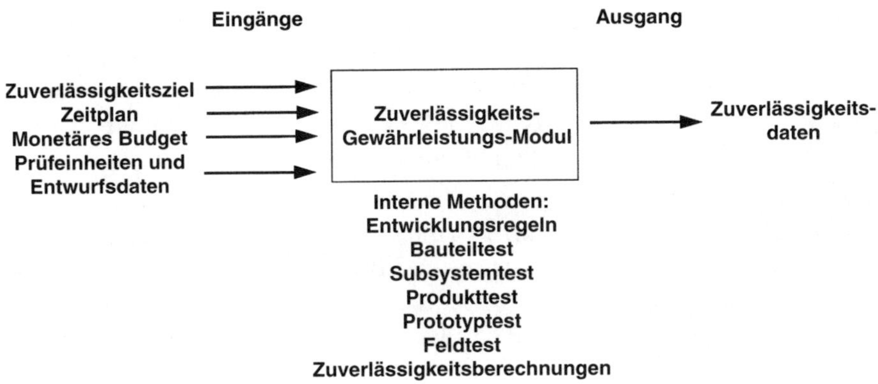

Bild 7.1: Zuverlässigkeitsmodul

Was heißt das in der Praxis? Betrachten wir das in der Entwicklung absolut entscheidende Problem, die Zuverlässigkeit eines Produkts zu gewährleisten (s. Bild 7.1). Dazu verwenden wir Dinge wie Entwicklungsregeln und Tests auf verschiedenen Ebenen. Nach Komponenten und Prototypen testen wir das produktionsreife Produkt unter realen Bedingungen und erproben es schließlich im Feldtest. Lassen Sie uns das entsprechende Prozeßmodul mit dem zugegebenermaßen unschönen Begriff "Zuverlässigkeits-Gewährleistungs-Modul" bezeichnen. Die Verantwortung für dieses Modul liegt beim *reliability engineering*, also der "Zuverlässigkeitsentwicklung". Input dieses Moduls sind bestimmte Ziele, Randbedingungen und Daten. Ein Ziel könnte beispielsweise eine durchschnittliche störungsfreie Betriebszeit (MTBF, *mean time between failure*) von 100.000 Stunden mit 99prozentiger Sicherheit sein. Randbedingungen wären etwa die Zeit und das für Tests zur Verfügung stehende Budget. Die Daten können aus Entwurfsdaten oder physischen Realisierungen des Entwurfs wie zum Beispiel Prototypen bestehen. Output des Moduls wären spezielle Zuverlässigkeitsdaten zu bestimmten Zeiten im Projekt. Nach Festlegung der Ein- und Ausgänge des Moduls sind die inneren Methoden zur Sicherstellung der Zuverlässigkeit nur noch Sache des Modul-Verantwortlichen.

Was diesen Ansatz so interessant macht, ist die Tatsache, daß die Wahl der Methoden im Modul versteckt ist. Die Methode kann flexibel den Bedürfnissen des jeweiligen Projekts angepaßt werden. Wenn wir beispielsweise ein Komsumgut wie einen Toaster entwickeln, der nur wenige Minuten am Tag benutzt wird, läßt sich die Produkterprobung dramatisch beschleunigen: Indem wir den Toaster kontinuierlich betreiben, können wir ihn an einem Tag so hoch belasten wie ein normaler Verbraucher in einer viel längeren Periode. Wenn der Toaster für eine zwanzigjährige Lebensdauer bei täglich zehnminütiger Benutzung konzipiert wäre, könnte unsere Erprobung hundertmal schneller sein als der normale Gebrauch des Produkts. In zwei Monaten könnten wir ein Betriebsleben von zwanzig Jahren simulieren. Somit wäre für dieses Projekt die beschleunigte Erprobung des realen Produktverhaltens ein geeignetes Werkzeug.

Betrachten wir im Gegensatz dazu nun den Fall, daß wir ein Laufwerk entwickeln, daß 24 Stunden am Tag mit einer MTBF von 1.000.000 Stunden arbeiten muß. Es wäre unpraktisch, ein solches Produkt hundert Jahre zu testen. Statt dessen müssen wir einen anderen Weg finden, die Zuverlässigkeit sicherzustellen. In diesem Fall könnten wir Subsysteme mit bekannter und erprobter Zuverlässigkeit verwenden und die Zuverlässigkeit des Gesamtsystems berechnen. Rechnen ist hier praktischer als prüfen.

In beiden Fällen sind die Eingangsgrößen für das Zuverlässigkeits-Gewährleistungs-Modul Ziele, Randbedingungen und Daten. Das Modul muß bestimmte Ausgangsinformationen erzeugen. Was sich radikal zwischen den beiden Produkten unterscheidet, sind das Timing und die Methoden der Zuverlässigkeitsuntersuchung. Weil wir die externe Schnittstelle statt der inneren Aktivitäten standardisiert haben, haben wir ein Modul erzeugt, das von vielen Projekten wiederverwendet werden kann.

Wir haben zudem eine Architektur geschaffen, der Wandel nicht viel anhaben kann, weil die meisten Veränderungen nur die innere Struktur des Moduls betreffen. Somit können wir problemlos neue Prüfgeräte und -verfahren einführen, ohne unsere Entwicklungsabläufe neu entwerfen zu müssen. Das heißt, daß modulare Entwicklungsprozesse die wünschenswerte Eigenschaft besitzen, zugleich wohlstrukturiert und flexibel zu sein.

Eine Mustersprache

Es gibt einen zweiten Ansatz, ein breites Spektrum erstklassiger Prozesse aus einer kleineren Zahl wohldefinierter Elemente zu erzeugen. Dieser Ansatz ist subtiler, weil er auf der sequentiellen Anwendung einer Reihe von Mustern basiert, statt mit den greifbareren Modulen zu arbeiten, die wir soeben beschrieben haben.

Ein derartiger Architekturentwurf wird von Christopher Alexander und Kollegen in dem Buch *A Pattern Language* vorgestellt. Professor Alexander vermittelt uns tiefe Einsichten in den Aufbau komplexer Systeme. Er stellt fest, daß der Aufbau einer komplexen Struktur wie bei einem Gebäude als sequentielle Anwendung einer Reihe von Mustern verstanden werden kann. Beispielsweise ist es ein architektonisches Muster, daß Räume von zwei Seiten Licht bekommen sollten, um harte Schatten zu vermeiden. Ein anderes Muster ist, daß es zwischen der Straße und dem Inneren des Hauses einen Übergangsbereich geben sollte. Indem man solche Muster auf ein Entwurfsproblem anwendet, kann man diszipliniert und organisiert komplexe Lösungen für ganz individuelle Probleme finden.

Auf vergleichbare Weise läßt sich der Produktentwicklungsprozeß in verschiedenen Hinsichten klassifizieren. Wir könnten die Anzahl von Prozeßschritten zählen, bestimmte Aktivitäten ermitteln, die in verschiedenen Phasen auftreten, oder auch unsere Abläufe mit denen anderer Unternehmen vergleichen. Wenn wir jedoch nicht zu den grundlegenden Mustern vordringen, können wir den Entwicklungsprozeß nicht wirklich verstehen. Bahnen wir uns aber diesen Weg, so erzielen wir einen Durchbruch zu atemberaubender Einfachheit und Klarheit.

Das heißt, daß wir unserer natürlichen Tendenz widerstehen müssen, uns auf die Lösungen zu konzentrieren, die konkret, sichtbar und komplex sind. Statt dessen müssen wir die unterliegenden Muster betrachten, die abstrakt und weniger sichtbar, aber viel einfacher sind. Ein kleiner Satz leistungsfähiger Muster kann außerordentliche Komplexität und Anpassungsfähigkeit ermöglichen, ohne daß der Prozeß besonders komplex wird. Später in diesem Kapitel werden wir einige dieser Grundmuster der Prozeßentwicklung identifizieren.

Entwicklung von Prozeßschritten

Lassen Sie uns jetzt einige der Schlüsselphasen des Entwicklungsprozesses und ihre mögliche Gestaltung untersuchen. Den Gesamtprozeß können wir in Input-Subprozesse, Durchführung und Output-Subprozesse untergliedern. Betrachten wir diese der Reihe nach.

Input-Subprozesse

Der Entwicklungsprozeß beginnt mit bestimmten Input-Subprozessen. In einem Prozeß trifft die zu erledigende Arbeit ein. Ein zweiter Eingangsprozeß enthält die Ressourcen, mit denen die Arbeit bewältigt wird. Sehen wir uns zunächst den Prozeß des Eintreffens der Arbeit an. Kommen unsere Projekte in Clustern oder eines nach dem anderen?

Wie groß ist das durchschnittliche Projekt? Wie vorhersagbar ist die Arbeitsbelastung eines Projekts?

Eintreffen der Arbeit. Der Eingangsprozeß hat enorme Bedeutung für die potentielle Entstehung von Warteschlangen in unserem Prozeß. Wie wir in Kapitel 3 besprochen haben, führen große Lose im Eingangsprozeß zu Warteschlangen. Projekte, die in Clustern eintreffen, vergrößern diese Warteschlangen. Ungewißheit in der Arbeitsbelastung verstärkt das Problem weiter. Das bedeutet, daß wir die Ankunftsprozesse genau betrachten sollten.

Die erste Losgrößenentscheidung des Entwicklungsprozesses betrifft die Frage, ob wir ein großes oder ein kleines Projekt durchführen. Wir können dies auch als Wahl zwischen einem "Megaprojekt" und einem inkrementalen Projekt bezeichnen. Diese Losgröße bestimmt den Entwicklungsprozeß. Wir spüren ihre Auswirkungen über den gesamten Prozeß. Stellen Sie sich zum Beispiel vor, Sie seien Manager eines Restaurants und es kämen gleichzeitig dreißig Gäste. Für die nächsten zwei Stunden wären alle Aktivitäten von dieser Eingangs-Losgröße bestimmt. Kellner, Koch und Laufjungen hätten ganz andere Probleme, als wenn die Gäste in kleinen Gruppen nacheinander eingetroffen wären. Leider haben die meisten Unternehmen eine Vorliebe für große Projekte. Da sie selten die vollen Konsequenzen dieser Option verstehen, sollten wir sie näher betrachten.

Auf rein finanzieller Ebene vergrößert das Megaprojekt die Zeit zwischen unseren ersten Ausgaben und unseren ersten Einnahmen. Wie Bild 7.2 verdeutlicht, verlängern wir nicht nur die Zeit bis zum Breakeven-Punkt, sondern vergrößern unsere finanzielle Gefährdung, indem wir das Inventar an laufenden Entwicklungsarbeiten vermehren.

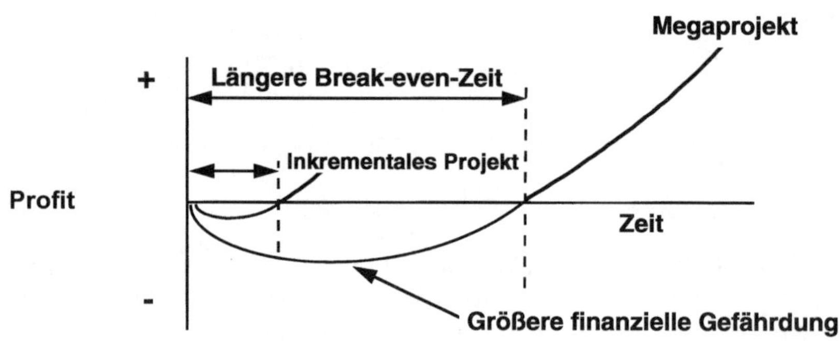

Bild 7.2: Finanzierung von Megaprojekten

Aus der Sicht des Marketings haben wir ein exponentiell größeres Problem mit dem Megaprojekt. Die Sicherheit einer Prognose hängt von den Freiheitsgraden in der Problemstellung und der Veränderungsrate der Parameter ab. Wenn wir dies auf die Produktentwicklung anwenden, hängt die Unsicherheit in den Produktspezifikationen von den Freiheitsgraden in der Spezifikation – gewöhnlich mehr als zwei – und der Änderungsrate auf dem Markt ab, die zuweilen beträchtlich sein kann. Das heißt, daß die Prognoseschwierigkeit exponentiell mit dem Planungshorizont wächst. In den meisten Märkten ist es leicht, ein Jahr vorauszuschauen; Vorhersagen mit einem fünfjährigen Horizont können sich dagegen als völlige Torheit erweisen.

Auch aus technischer Sicht hat der eher inkrementale Ansatz Vorteile. Es ist viel leichter, ein Entwicklerteam mit einem frühen Zieltermin zu motivieren als mit einem späten. So dauerte beispielsweise die Entwicklung des B-1-Bombers mehr als zwanzig Jahre. Man hätte nach Projektbeginn in die Luftwaffe eintreten und zwanzig Jahre später in Ruhestand gehen können, ohne das Flugzeug je fliegen gesehen zu haben. Man kann sich schwer vorzustellen, für ein Projekt an einem Freitagabend Überstunden zu machen, dessen Ende man allenfalls als Rentner erlebt. Ein weiterer technischer Aspekt ist der, daß die Komplexität der Entwicklungsaufgabe nichtlinear mit der Anzahl der Elemente im System anwächst. Dies liegt daran, daß die Anzahl der Interaktionen zwischen Systemelementen viel schneller ansteigt als die Anzahl der Systemelemente, wie Preston Smith und ich in dem Buch *Developing Products in Half the Time* gezeigt haben.

Wenn wir stärker inkremental arbeiten wollen, brauchen wir einen entsprechenden Eingangsprozeß. Leider ist der klassische jährliche Strategieplanungsprozeß einer schnellen Durchlaufzeit nicht sehr zuträglich, weil damit ein großes Los von Ideen mit einem Schwung in den Entwicklungsprozeß hineingebracht wird. So kann die Strategieplanung etwa das ganze Jahr lang Ideen sammeln und sie im Juli für den Produktentwicklungsplan des nächsten Jahres einreichen. Die Arbeit für dieses Jahr beginnt im Januar und dauert bis Dezember. Das bedeutet, daß durchschnittlich achtzehn Monate vergehen, bis mit der Verwirklichung einer Idee begonnen wird. Eine Idee, die im August entsteht, wird frühestens ab Anfang Januar des übernächsten Jahres umgesetzt. Das ist eine Verzögerung von mindestens 16 Monaten und im ungünstigsten Fall 28 Monaten. Was verursacht dies Verzögerung? Ganz einfach die fehlerhafte Gestaltung des Input-Prozesses, der den Entwicklungsprozeß mit großen Losen beschickt.

Betrachten wir dagegen einen vierteljährlichen Planungsprozeß. Wenn neue Ideen ein Quartal im voraus geplant werden, sinkt die durchschnittliche Verzögerungszeit auf sechs Monate. Dies ist eine Verbesserung um ein Drittel, ohne daß Entwicklungskapazität oder Nachfrage geändert worden wären – eine dramatische Verkürzung der Durchlaufzeit des Eingangsprozesses durch eine relativ einfache Änderung der Planung (Bild 7.3).

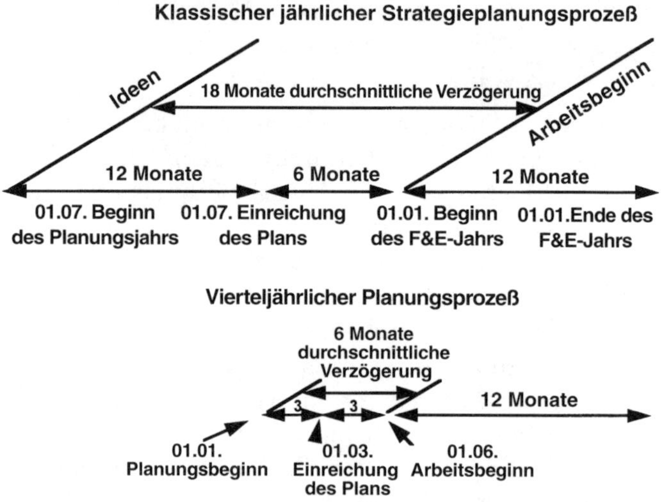

Bild 7.3: Alternative Eingangsprozesse

Optimale Losgröße. Zusätzlich zur Glättung der Rate, mit der Arbeit aus dem strategischen Planungsprozeß kommt, müssen wir den Arbeitsumfang in individuellen Projekten steuern. Die Umfang der Entwicklungsaufgabe in einem Einzelprojekt entspricht der Losgröße unseres Entwicklungsprozesses. Verwenden wir im folgenden einige Konzepte, die für die Bewertung von Losgrößen in Produktionsprozessen entwickelt wurden.

Um die optimale Losgröße in einem Entwicklungsprozeß zu berechnen, müssen wir die Kosten für unser Inventar an Entwicklungsauftragsbeständen gegen die Festkosten jeder Produkteinführung abwägen. Wenn unsere Losgröße sehr klein ist – mit anderen Worten, wenn unsere Schritte sehr inkremental sind –, entstehen viele Male Produkteinführungskosten. Wenn unsere Lose sehr groß sind, enthalten wir dem Markt wirtschaftlich nützliche Ideen vor. Damit verursachen wir Kosten, die proportional zu dem Wert der Ideen und zur verlorenen

Markteinführungszeit sind. Zum Glück können wir dies mit der Verzögerungskostenanalyse berechnen, die wir in Kapitel 2 vorgestellt haben. Eine optimale Losgröße erzielen wir, indem wir die Summe dieser beiden Kosten minimieren.

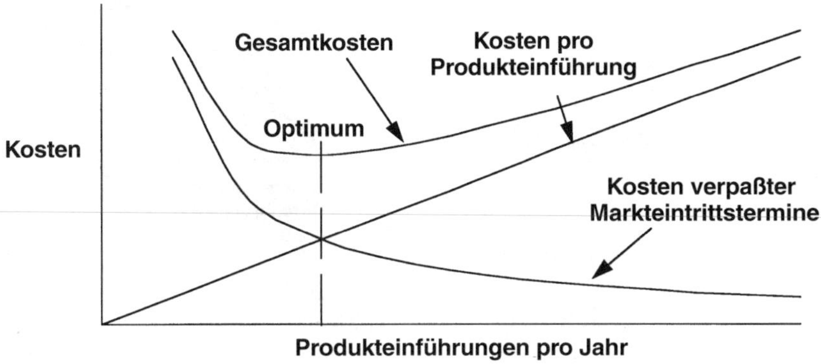

Bild 7.4: *Optimale Produkt-Inkremente*

Bild 7.4 zeigt die Ergebnisse einer solchen Berechnung. Wie man sieht, ist die optimale Losgröße weder sehr klein noch sehr groß. Darüber hinaus ist das Optimum eine flache U-Kurve, was bedeutet, daß man nicht unbedingt eine perfekte Lösung finden muß.

Ist die inkrementale Innovation automatisch eine *best practice*? Nein. Illustrieren wir dies am Beispiel der Lokomotivindustrie in den Vereinigten Staaten. Dieser Markt änderte sich in etwa einem Jahrzehnt von 95 Prozent dampfgetriebenen zu 95 Prozent dieselgetriebenen Lokomotiven. In diesen zehn Jahren fanden ganz beträchtliche inkrementale Verbesserungen der Dampfmaschine statt; dennoch gingen alle Dampfmaschinenproduzenten bankrott. Das Problem war, daß es keinen inkrementalen Pfad von Dampf zu Diesel gab.

Was wäre jedoch geschehen, wenn wir zehn Jahre zu früh auf Diesel gesetzt hätten? Wir hätten all unser Geld verloren. Zehn Jahre zu spät hätten wir dagegen die Gelegenheit versäumt. Mit einem Werkzeug der Spieltheorie können wir eine Ertragsmatrix konstruieren (s. Bild 7.5). Die klassische Lösung für dieses Problem ist eine Mischstrategie, nämlich mit einem Teil der Ressourcen auf inkrementale Innovation und mit einem Teil auf den Durchbruch zu setzen. In einer unsicheren Welt wird dies zum besten Gesamtergebnis führen. In einer unsicheren Welt der Produktentwicklung enthält das beste Produktportfolio einen Mix größerer und kleinerer Projekte.

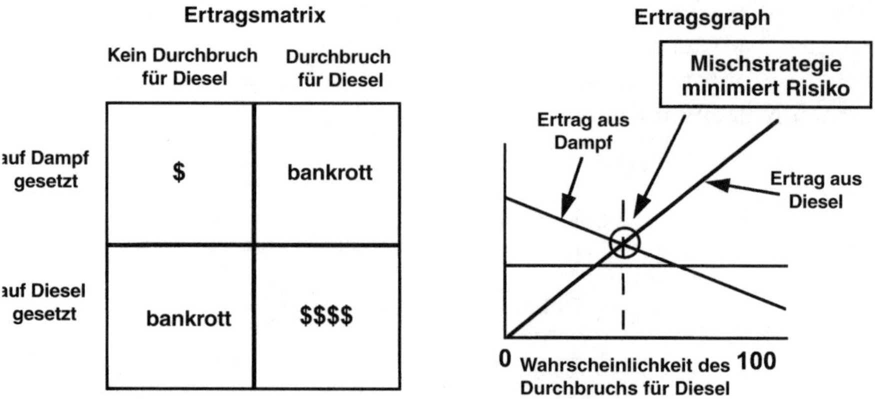

Bild 7.5: Spieltheorie und inkrementale Innovation

Technologieentwicklung vs. Produktentwicklung

Wir haben den Eingangsprozeß der Entwicklungsaufgaben und seine Probleme diskutiert. Ein weiterer wichtiger Eingangsprozeß betrifft das Timing der Bereitstellung von technischen Lösungen. Wir können mit der Produktentwicklung warten, bis die Technologieentwicklung abgeschlossen ist, oder wir können Technik und Produkt parallel entwickeln. Wenn wir warten, um zuerst die Technik zu entwickeln, verlieren wir die Chance der Überlappung von Technik- und Produktentwicklung. Wenn wir die Technologieentwicklung in unsere Produktprojekte einbetten, gehen wir das Risiko ein, daß diese Projekte an mögliche Verzögerungen in der Technikentwicklung gekoppelt werden. Betrachten wir diese Fragen genauer.

Unsere zentrale Entwicklungsentscheidung ist, wie eng Technologieentwicklung und Produktentwicklung aneinander gekoppelt werden sollen. Die Technologieentwicklung ist grundsätzlich von der Produktentwicklung verschieden: Kosten, Ergebnis und Zeitplan sind ungewisser. Eine enge Verbindung von Technik und Projekt hat einige Vorteile. Im allgemeinen sollten wir besser und billiger fahren, wenn wir unsere Technik im kritischen Pfad des Projekt entwickeln. Theoretisch erzielen wir durch Arbeiten im kritischen Pfad eine enge Kopplung an die Bedürfnisse des Projekts. Wir entwickeln nur die Technik, die zur Erfüllung der Anforderungen notwendig ist. Weiterhin wird der Technologietransfer erleichtert. Somit erfüllt die enge Kopplung das wirtschaftliche Ziel eines geringen Entwicklungsaufwands. Leider kann die enge Kopplung auch zu Verzögerungen des Projekts führen. Um dies zu verstehen, müssen wir genauer betrachten, was bei Schwankungen im Produktprojekt geschieht.

Wenn wir die Technologieentwicklung zu eng an das Produktprojekt koppeln, wird deren Variabilität die Vorhersagbarkeit des Produkts schwächen. Die Technikvariabilität steigert die Ungewißheit hinsichtlich Kosten, Leistung und Entwicklungsdauer des Produkts. Wie in Kapitel 5 angesprochen, liegt dies daran, daß ein System mindestens so variabel ist wie die variabelste seiner Komponenten. Wenn wir die hochvariable Technologieentwicklung in den kritischen Pfad des Projekts legen, wird der gesamte Zeitplan so unvorhersagbar, wie es die Technologieentwicklung ist.

Die Ziele geringer Kosten pro Einheit und hoher Produkt-Performance erfordern eine Lösung, die zwischen diesen beiden Extremen liegt. Wenn wir eine einzige technische Lösung für unsere Aufgabe finden, ist es angebracht, Technik- und Produktentwicklung eng zu koppeln. Dies stellt sicher, daß das Produkt die Technik optimal umsetzt und daß die Technik auf den Produktentwurf hin optimiert wird. Stehen dagegen verschiedene technische Lösungen zur Wahl, so ist es meist besser, die Technikentwicklung vom Projekt zu entkoppeln. Dies verhindert verfrühte Vorentscheidungen für eine bestimmte Lösung, die in eng zusammenarbeitenden Teams naturgemäß auftreten.

Betrachten wir, was passieren kann, wenn wir die Technikentwicklung fälschlicherweise in den kritischen Pfad legen. Ein Hersteller industrieller Komponenten wollte das Risiko vermeiden, 50.000 Dollar F&E-Gelder in eine technische Entwicklung zu investieren, die sich als unbrauchbar erweisen könnte. Also wartete man und führte die Technikentwicklung später im kritischen Pfad des Projekts durch. Ironischerweise sparte das Unternehmen kein Geld, sondern das Projekt verzögerte sich um drei Monate, was Verzögerungskosten von 500.000 Dollar bedeutete. Man zahlte 500.000 Dollar für die Chance, 50.000 Dollar zu sparen – ein schlechtes Geschäft.

Eine Alternative, die zunehmend mehr Unternehmen wählen, ist die Technologieentwicklung außerhalb des kritischen Pfads. In japanischen Unternehmen ist dies besonders üblich; hier spricht man manchmal davon, ein“Technologielager” anzulegen. Dieser Ansatz kann einen großen Nutzen bringen; seine Durchführung erfordert aber besondere Managementfähigkeiten. Wir stehen vor neuen Problemen, wenn wir die Technologie außerhalb des kritischen Pfads entwickeln. Wir brauchen ein Technologieplanungssystem, die notwendigen Ressourcen für die Technologieentwicklung und einen Mechanismus des Technologietransfers.

Ein Technologieplanungssystem ist notwendig, weil nicht mehr das Projekt die Technikentwicklung steuert. Statt dessen versuchen wir, die Anforderungen des Projekts zu antizipieren, was von uns eine Technologieprognose verlangt. Zweitens müssen wir die Bereitstellung der erforderlichen Ressourcen gewährleisten. Recht häufig "stehlen" Unternehmen der Technologieentwicklung Ressourcen, um sie für andere Produktprojekte einzusetzen. Dies geschieht, weil mit diesen Projekten im Gegensatz zur Technologieentwicklung kurzfristig Gewinne verbunden sind. Drittens brauchen wir einen Technologietransfer-Mechanismus. Bei allem, was über Technologietransfer geschrieben wurde, ist die Lösung für dieses Problem ganz einfach: Schicken Sie einige Leute mit, wenn Sie Technologie transferieren müssen. Dies verbessert die Erfolgsaussichten erheblich.

Zusammengefaßt werden wir zu einer engen Technologiekopplung neigen, wenn wir die Effizienz unseres Entwicklungsprozesses optimieren wollen. Wenn Entwicklungsgeschwindigkeit unser Anliegen ist, werden wir die Kopplung lockern. Die Ziele von Performance und Kosten pro Einheit liegen zwischen diesen beiden Extremen, je nachdem, wie viele technische Möglichkeiten zur Lösung einer Entwicklungsaufgabe zur Verfügung stehen.

Warteschlangen beherrschen

Bislang haben wir über die Eingangsprozesse der Produktentwicklung gesprochen. Jetzt müssen wir erwägen, was innerhalb des Entwicklungsprozesses vor sich geht. Wie wir in Kapitel 3 gesehen haben, ist die Losgröße ein kritischer Punkt der Prozeßstruktur. Große Lose führen zu langen Warteschlangen.

Interessanterweise beruhen die herrschenden Meinungen in der Produktentwicklung gerade auf der Verarbeitung großer Lose. Betrachten wir kurz die sogenannten *Phase-gate*-Entwicklungsprozesse. Hierbei kann ein Projekt erst mit der nächsten Phase beginnen, wenn alle Kriterien der vorherigen Phase erfüllt sind. Die Losgröße in dieser Art von Prozeß beträgt 100 Prozent der gesamten Arbeit – die absolut höchste erreichbare Losgröße.

Solche Lose bringen sicherlich Größenvorteile mit sich. Beispielsweise ist es effizienter, 3.000 Konstruktionszeichnungen am Tag nach dem abschließenden Design Review auf einmal an die Einkaufsabteilung weiterzuleiten, als eine Zeichnung nach der anderen zu schicken. Für diese Größenvorteile zahlen wir jedoch einen hohen Preis. In der Praxis entstehen mit hoher Wahrscheinlichkeit höhere Kosten pro Einheit, geringere Leistung und längere Entwicklungszeiten. Betrachten wir dies der Reihe nach.

Kosten und Leistung leiden darunter, daß Prozesse mit großen Losen typischerweise rigide sequentiell strukturiert sind. Die Fertigung wird erst spät am Entwicklungsprozeß beteiligt, wenn es schwer und teuer ist, das

Produkt zu ändern. Eine kleine Änderung an den Abmessungen, die früh im Entwicklungszyklus leicht durchzuführen gewesen wäre, ist nicht mehr möglich. Die Entwicklung ist nicht perfekt auf den Produktionsprozeß abgestimmt – zu Lasten von Qualität und Kosten. Die gesamte Bewegung des *Concurrent Engineering* ist von der Erkenntnis motiviert, daß Qualität, Zeit und Kosten optimiert werden, wenn die Phasen des Produktentwicklungsprozesses sich überlappen. Phasenüberlappung ist nur ein anderer Ausdruck für kleinere Prozeßlose.

Große Lose im Entwicklungsprozeß zu verarbeiten, hat einen weiteren grundsätzlichen Mangel. Erinnern Sie sich daran, was wir in Kapitel 3 über das Vermischen von Aktivitäten mit kleinen und großen Losgrößen gesagt haben: Wir sollten kleine Lose zusammengefaßt vor große Lose im Prozeß legen. Damit wird vermieden, daß Aktivitäten mit großen Losen Warteschlangen für die nachfolgenden Prozesse erzeugen.

Was tut dagegen ein *Phase-gate*-System? Es ordnet kleine Prozesse und Phasenabschlüsse, also sehr große Prozeßlose, abwechselnd an. Aus Sicht der Warteschlangen ist dies fast die schlimmste aller möglichen Prozeßstrukturen. Sie garantiert wiederholte und massive Schlangen. Sie verdoppelt fast automatisch die Zykluszeit des Prozesses, wie das Kumulationsdiagramm in Bild 7.6 verdeutlicht. *Phase-gate*-Systeme sind für eine schnelle Entwicklung schlecht geeignet, aber sie können für das Risikomanagement nützlich sein und effektiv auf Märkten eingesetzt werden, wo die Verzögerungskosten niedrig sind.

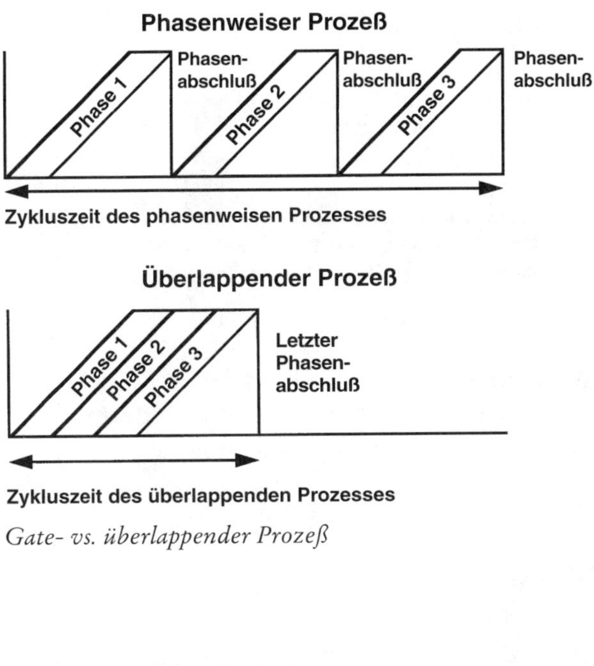

Bild 7.6: *Phase Gate- vs. überlappender Prozeß*

Entwurf von Subprozessen

Auf die gleiche Art wie den Gesamtprozeß können wir die einzelnen Aktivitäten, aus denen er sich zusammensetzt, strukturieren. Greifen wir exemplarisch die FEM-Berechnung heraus. Die Finite-Elemente-Modellierung hat die vier wirtschaftlichen Ziele, die wir in Kapitel zwei eingeführt haben. Ebenso wie den Gesamtprozeß müssen wir unsere Subprozesse in wirtschaftlicher Hinsicht optimieren.

Nehmen wir also an, daß an dem FEM-Arbeitsplatz pro durchschnittlichem Produkt acht Stunden Arbeit à 50 Dollar Kosten pro Stunde anfallen. Die Warteschlange in der FEM-Abteilung beträgt eine Woche im kritischen Pfad des Projekts, was Verzögerungskosten von 500.000 Dollar pro Monat entspricht. Ein gutes FEM-Modell kann zur Einsparung von 5 Prozent der Materialkosten einer Unterbaugruppe führen, die während des gesamten Produktlebenszyklus für insgesamt fünf Millionen Dollar verkauft wird. Einen Einfluß des FEM-Modells auf den Verkaufspreis und den Marktanteil nehmen wir nicht an. Wie sieht die Wirtschaftlichkeitsrechnung für diesen Subprozeß aus? Wie wir in Bild 7.7 erkennen, wird die Gesamtwirtschaftlichkeit im wesentlichen von den Verzögerungskosten und den Kosten pro Einheit bestimmt. Der tatsächliche Aufwand beträgt 400 Dollar, die Verzögerungskosten 125.000 Dollar und die Ersparnis pro Einheit 250.000 Dollar.

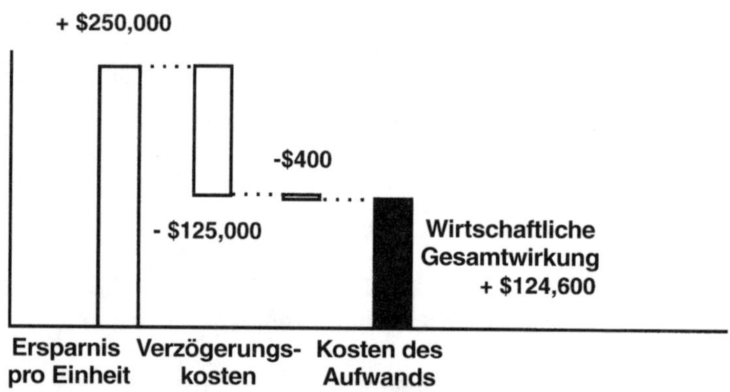

Bild 7.7: Wirtschaftlichkeit des FEM-Subprozesses

Dies zeigt die Prioritäten bei der Gestaltung dieses Subprozesses: Erstens sollten wir kritisch prüfen, um welchen Betrag die FEM-Modellierung die Produktkosten senkt. Zweitens sollten wir versuchen, die Verzögerungskosten zu senken, entweder indem wir den Subprozeß aus dem kritischen Pfad nehmen, oder indem wir die Warteschlange verkürzen. Unsere niedrigste Priorität sollte eine Optimierung der Modellierung selbst sein. Ironischerweise ist genau das – eine Steigerung der Effizienz von Subprozessen – ein Schwerpunkt vieler Produktentwicklungsprozesse. Die meisten Anstrengungen konzentrieren sich auf Effizienz. Beispielsweise haben Wheelright und Clark in ihrem exzellenten Buch *Managing New Product and Process Development* eine Effizienzkurve entwickelt, die ihren Gipfelpunkt hat, wenn jedem Entwickler zwei Projekte zugeteilt werden. Eine solche Kurve ist nur wichtig, wenn die Effizienz des Entwicklungsprozesses das Hauptziel ist. In Projekten mit hohen Verzögerungskosten zum Beispiel sind die Zeiteinsparungen bei einem Projekt pro Entwickler wahrscheinlich viel wichtiger als die wirtschaftlichen Nachteile bei weniger als zwei Projekten pro Person. Wenn dagegen die technische Leistung die größte Bedeutung hat, wird ein gemeinsam genutzter Experte eine so große Wirkung haben, daß die Ineffizienz, die die Arbeit des Experten an mehr als zwei Produkten mit sich bringt, vernachlässigbar ist.

Ein zweites Kriterium bei der Gestaltung von Subprozessen ist deren Losgröße. Die jeweils optimale "wirtschaftliche Bestellmenge" spielt auch auf Subprozeß-Ebene eine entscheidende Rolle. So könnten wir beispielsweise eine Produkterprobung, die insgesamt acht Wochen dauert, erst vollständig durchführen und dann den Abschlußbericht erstellen. In diesem Fall betrüge die Losgröße 100 Prozent, was die Effizienz des Mitarbeiters, der den Bericht erstellt, maximiert. Eine Alternative wäre, während des Tests in regelmäßigem Abstand vier Berichte erstellen zu lassen. Die würde mehr Aufwand erfordern, dem Entwicklerteam jedoch die Schlüsselergebnisse des Tests sehr viel früher zur Verfügung stellen.

Eine letzte Tatsache, die wir bei der Gestaltung von Subprozessen nicht vergessen sollten, ist, daß sogenannte "feste Kosten" im EOQ-Modell nicht immer so fest sind, wie es den Anschein hat. So könnten wir in dem genannten Beispiel annehmen, daß die Erstellung des Testberichts jedes Mal vier Stunden dauert. Tatsächlich wäre es aber vielleicht auch möglich, kürzere Berichte in viel geringerer Zeit zu erstellen. Wir könnten die Bearbeitungszeit auf zehn oder fünfzehn Minuten senken, wenn wir vorstrukturierte Tabellen zur Auswertung der Daten und Textverarbeitungsschablonen zur Erstellung des Berichts entwickeln. Im Extremfall könnten wir die Daten online weitergeben, so daß jedes Versagen im Test unmittelbar, nachdem der Prüfer es eingegeben hat, dem Entwicklerteam zur Verfügung steht. Solch ein Ansatz reduziert die Losgröße dramatisch und beschleunigt den Informationsfluß im Entwicklungsprozeß. Wichtig ist: Wenn wir entscheiden, daß für uns kleine Losgrößen von Bedeutung sind, können wir unseren Prozeß so gestalten, daß dies wirtschaftlich machbar wird.

Outputprozesse

Ebenso wie Eingangsprozesse und interne Aktivitäten haben auch Ausgangsprozesse Losgrößen. Bieten wir unser Produkt in einem großen Los oder in kleineren Einheiten zum Verkauf an? Beispielsweise hatte ein Hersteller von Computerperipherie die Doktrin, daß erst 100.000 Einheiten lieferbereit am Lager sein mußten, bevor das Produkt zum Verkauf angeboten werden konnte. Die Zeit, welche die Herstellung dieser ersten 100.000 Einheiten erforderte, war ein bedeutender Anteil des gesamten Produkterstellungsprozesses. Als das Unternehmen diese Entscheidung überdachte, erkannte es, daß es besser war, früher und in kleineren Mengen mit dem Verkauf zu beginnen.

Die Frage der Ausgangslosgröße betrifft auch die Leistungsmerkmale des Produkts. Bei bestimmten Produkten ist es sehr gut möglich, eine Version zum Verkauf anzubieten, die noch nicht vollständig optimiert ist. So können wir beispielsweise planen, ein Produkt für besonders hohe Belastungen anzubieten. Wenn aber der Eignungsnachweis für diese Anforderung dreimonatige Tests erfordert, können wir das Produkt zunächst für normale Belastungen verkaufen und die Spezifikation ändern, wenn die Testergebnisse verfügbar sind. Dies ermöglicht es uns, Verkäufe zu tätigen, die Distribution zu entwickeln und eine Marktposition zu erobern, bevor die endgültigen Tests abgeschlossen sind.

Schlüsselprinzipien des Prozeßdesigns

Versuchen wir nun, einige allgemeine Prinzipien oder Muster für das Design von Entwicklungsprozessen herauszudestillieren. Wenn wir die oben behandelten Fragen betrachten, zeichnen sich vier Hauptmuster ab. Erstens müssen wir den Grad der Überlappung im Entwicklungsprozeß bestimmen. Dies steigert die Gleichzeitigkeit von Aktivitäten im Prozeß und senkt die Prozeßlosgrößen. Zweitens müssen wir entscheiden, wie wir die Informationsprofile im Prozeß managen wollen. Frühe Informationserzeugung kann teuer sein, ist aber in einigen Fällen äußerst wertvoll. Drittens müssen wir entscheiden, wie stark zentralisiert unsere Kontrollprozesse sein sollen. Diese Entscheidung beeinflußt gewöhnlich unsere Fähigkeit, auf Veränderungen im Umfeld zu reagieren. Schließlich müssen wir entscheiden, an welche Stellen des Entwicklungsprozesses wir unsere Warteschlangen aufgrund von großen Losen legen wollen. Diese Schlangen können die Zykluszeit beeinflussen, besonders wenn sie in einer falschen Reihenfolge angeordnet sind.

Sequentielle vs. simultane Prozesse

Die zentrale Strukturierungsentscheidung, Prozesse zur Überlappung zu bringen, kann auf verschiedene Weise beschrieben werden. Sie kann als eine Steigerung der Gleichzeitigkeit, aber auch als eine Senkung der Prozeßlosgröße betrachtet werden. Die Perspektive der Gleichzeitigkeit hebt die Bedeutung für die Durchlaufzeit hervor. Die Perspektive der Losgröße betont andere Nutzeffekte wie schnellere Rückkopplungsschleifen und niedrigere Entwicklungsauftragsbestände.

Wie bereits erwähnt, betonen wir das Muster überlappender Prozesse, wenn wir Zeit oder Produktkosten minimieren beziehungsweise Leistung maximieren wollen. Solche Ziele sind sehr häufig. Wir wählen den entgegengesetzten Ansatz eines stark sequentiellen Prozesses, wenn wir die Entwicklungskosten minimieren und sorgfältig die Risiken kontrollieren wollen. Die akademische Literatur neigt überwiegend zum sequentiellen Ansatz, während in der Praxis eine deutliche Verschiebung zu einem stärker simultanen Entwicklungsprozeß zu verzeichnen ist. Die akademische Voreingenommenheit für sequentielle funktionale Prozesse könnte damit zusammenhängen, daß die meisten Wirtschaftshochschulen noch funktional organisiert sind, wie es die Wirtschaft vor vierzig Jahren auch war, und daß sie deshalb Probleme mit dem Wechsel zu einem funktionsübergreifenden Ansatz haben.

Die Bedeutung überlappender Prozesse für eine hohe Entwicklungsgeschwindigkeit ist allgemein anerkannt. Wie Preston Smith und ich in unserem Buch *Developing Products in Half the Time* dargelegt haben, gibt es viele gute Gründe, die Produktentwicklung zu beschleunigen. Auch die Verbesserung der Zykluszeit hat viele aufregende und unerwartete Nutzeffekte. Das heißt jedoch nicht, daß die Zykluszeit immer der am höchsten bewertete Prozeßparameter sein muß oder daß simultane Prozesse allgemein zu bevorzugen wären. Sequentielle Prozesse werden in Unternehmen mit knappen Ressourcen sehr verbreitet bleiben. Da viele Unternehmen in diese Kategorie fallen, wird der Bedarf an sequentiellen Prozessen voraussichtlich andauern.

Betrachten wir etwa ein Unternehmen, das Bauteile für die Elektroindustrie herstellt. Solche Bauteile können ein Produktleben von 30 Jahren haben. Ständig eine große Zahl von Komponenten anbieten zu können, ist für das Unternehmen wichtig, weil viele Kunden weniger Lieferanten haben wollen. Die Gewinnmargen in diesem Geschäft sind niedrig, so daß das Unternehmen es sich nicht leisten kann, viel für die Entwicklung auszugeben. Daher kommt es auf eine kostengünstige und schnell erfolgreiche Entwicklung an. Eine verspätete Produkteinführung ist kein großes Problem, da die Anpassungsprozesse der Kunden langsam und die Kosten eines Lieferantenwechsels niedrig sind. Somit kann ein später Markteintritt mit einer umfassenden Produktlinie und einer guten Kostenposition immer noch zum Gewinn hoher Marktanteile führen. Was wäre der beste Prozeß für ein solches Unternehmen? Eindeutig würde ein sequentieller Entwicklungsprozeß die Parameter mit dem größten ökonomischen Wert optimieren.

Einschränkend will ich jedoch darauf hinweisen, daß viele Unternehmen das Potential sequentieller Strukturen nicht realisieren. Unter anderem werden fertigungsnahe Bereiche zu spät am Entwicklungsprozeß beteiligt. Da die wesentlichen Entscheidungen über Leistung, Kosten und Aufwand früh im Entwicklungsprozeß fallen, ist es entscheidend, Experten aus diesen Bereichen hinzuzuziehen, bevor die Kosten für die Umsetzung ihrer Ratschläge zu hoch werden. Die Experten für Kosten sind Fertigungsfachleute – Fließbandarbeiter, Meister und Ingenieure. Deren Input früh zu erhalten, ist entscheidend für niedrige Kosten. Die Experten für den Wert sind die Kunden; auch sie müssen früh auf das Produkt reagieren, damit wir den Wert maximieren können. Dies leitet zu unserem zweiten Entwicklungsmuster über.

Das Management von Informationsprofilen

Die zweite Entscheidung in unserem Entwicklungsprozeß betrifft die Art der Informationserzeugung. Wir nennen dies das Informationsprofil des Prozesses. Wie wir in Kapitel 4 diskutiert haben, erzeugen wir früh Informationen, wenn wir früh im Entwicklungsprozeß Risiken reduzieren. Diese frühe Informationserzeugung ist wertvoll, weil die Änderungskosten gegen Ende des Entwicklungsprozesses rapide ansteigen. Mit anderen Worten: Information hat weniger wirtschaftlichen Wert, wenn sie spät im Entwicklungsprozeß erzeugt wird. Daraus folgt, daß ein Schlüsselmerkmal des Entwicklungsprozesses ist, wie er die Senkung von Risiken bewerkstelligt. Wenn Risikosenkung spät im Prozeß stattfindet, leidet die Wirtschaftlichkeit.

In Kapitel 12 gliedern wir das Risiko in Marktrisiko und technisches Risiko. Typischerweise ist das Marktrisiko größer – das bedeutet das Risiko, daß die Produktspezifikation an den wirklichen Bedürfnisse des Kunden vorbeizielt. Wir können die Reduktion des Marktrisikos durch Tests in den frühen und mittleren Entwicklungsphasen beschleunigen.

Ebenso läßt sich das technische Risiko, daß nämlich der Entwurf beziehungsweise das Produkt die Spezifikation nicht erfüllt, proaktiv managen. Bei den meisten Produkten entstammt dieses Risiko zwei Quellen: risikobehaftete Module und Risiken der Systemintegration. Von beiden ist gewöhnlich das Risiko der Systemintegration das höhere. Das heißt, daß das technische Risiko durch Vorverlegung der Systemintegration beträchtlich gesenkt werden kann.

Somit ist die kritische Frage des Managements von Informationsprofilen das Timing unserer Maßnahmen zur Risikosenkung. Frühe Risikosenkung kostet normalerweise mehr Geld. Beispielsweise ist ein Testmarkt ein zusätzlicher Aufwand für ein Projekt. Ob dieser Aufwand gerechtfertigt ist oder nicht, hängt vom Wert der gewonnenen Informationen und den Kosten für diese Informationen ab. Wir würden nicht eine Million Dollar ausgeben, um die Verkaufszahlen für ein Produkt zu prognostizieren, das in seinem gesamten Produktleben vier Millionen erzielt. Statt dessen würden wir uns auf die tatsächlichen Verkaufszahlen verlassen. Wir müssen Information zum richtigen Preis und zum richtigen Zeitpunkt in unserem Prozeß kaufen. Die Techniken hierfür werden wir in Kapitel 12 besprechen.

Kontrolle und Feedback dezentralisieren

Eine weitere kritische Entscheidung müssen wir zwischen zentralen und dezentralen Konstrollinstanzen im Entwicklungsprozeß fällen. Die zentralisierte Überwachung ist meist in finanzieller Hinsicht günstiger, während die dezentrale Kontrolle reaktionsschneller ist. Dezentrale Kontrolle ist normalerweise vorteilhaft, wenn ein Prozeß schnell auf externe Kräfte reagieren können soll. Somit ist dies in sich rasch ändernden Marktsegementen die beste Kontrollstrategie.

Eine solche Dezentralisierung realisiert man für gewöhnlich, indem spezialisierte Rollen im System definiert und verschiedenen Modulen zugewiesen werden (vgl. entsprechende systemtheoretische Überlegungen in Kapitel 5). Ein Risiko dabei ist, daß die einzelnen Module lokale Optima anstreben, um ihre eigenen Bedürfnisse zu erfüllen, statt sich in den Dienst einer Optimierung auf Systemebene zu stellen. So bekommt beispielsweise ein Mitarbeiter, der eine technische Dokumentation erstellt, ein Budget, einen Zeitplan und eine Aufgabenbeschreibung. Wenn dieser Mitarbeiter primär an seinem Umgang mit dem Budget gemessen wird, will er zusätzliche Kosten für externe Zulieferer einsparen. *Auf Projektebene* können externe Zulieferer aber mehr an Verzögerungskosten einsparen als sie zusätzlich kosten.

Kontrollregeln für die Organisation bilden die vielleicht wirkungsvollste Methode, die Kontrolle zu behalten und zugleich die Verantwortlichkeit so weit wie möglich auf die unteren Unternehmensebenen zu verlagern. Damit sind Entscheidungen in einem vorab gesetzten Rahmen ohne Verzögerungen zu fällen. Zum Beispiel könnten wir einem Entwicklerteam sagen, daß jeder Quadratmillimeter eines IC-Entwurfs einen Wert von 100.000 Dollar und jeder Monat Verspätung einen Preis von zwei Millionen Dollar hat. Dies würde klare Regeln zum Abwägen dieser beiden Parameter gegeneinander setzen. Bei solchen Regeln müssen wir nicht an jeder Entscheidung beteiligt sein. Ein derartiges System bietet eine hervorragende Kontrolle ohne Verzögerung der Entscheidungsfindung, wie wir in Kapitel 11 zeigen werden.

Wohin gehören Warteschlangen?

Die vierte prinzipielle Entscheidung im Prozeßdesign ist die Positionierung der mit großen Losen verbundenen Warteschlangen. Wie wir weiter oben in diesem Kapitel erwähnt haben, schaden Warteschlangen der Zykluszeit. Dennoch hat ein Entwicklungsprozeß mit einigen zentralen Freigabeschritten einen wichtigen Vorteil. Er erlaubt dem Management, das Risiko des Projekts mit relativ geringem Aufwand zu kontrollieren. Mit wenigen solcher Freigabepunkte können wir in Meetings von ein paar Stunden die finanzielle Situation des gesamten Projekts kontrollieren. Das bedeutet einen wirtschaftlichen Umgang mit der Zeit des Managements, das mehr Projekte mit größerem Detaillierungsgrad überwachen kann.

Der Preis für diese Kontrollpunkte ist, daß sie das Projekt beträchtlich verzögern können. Wie besprochen, verlängern wir die Zykluszeit, wenn wir Phasenkontrollpunkte zwischen Entwicklungstätigkeiten kleiner Losgröße schieben. Das Schlüsselprinzip lautet: Bringe Prozesse mit kleinen Losgrößen zusammen. Cluster von jeweils kleinen und großen Losen in getrennten Phasen des Prozesses minimieren die Gesamtmenge an Warteschlangen.

Wenn man Warteschlangen nicht umgehen kann, sollten sie an das Ende des Prozesses gelegt werden. Wie das Beispiel der Zollabfertigung aus Kapitel 3 verdeutlicht hat, wird die Zykluszeit des Gesamtprozesses jedes Mal länger, wenn auf einen Prozeß mit hoher Stückzahl ein Prozeß mit geringer Losgröße folgt. Wichtig ist, daß wir sowohl über die Größe unserer Warteschlangen als auch über ihre Reihenfolge in unserem Prozeß entscheiden müssen. Der schlechteste Platz für den Transfer großer Stückzahlen ist am Anfang des Entwicklungsprozesses – und genau da liegen sie leider in vielen Fällen.

Spezielle Prozeßimplementierungen

Fassen wir nun zusammen, wie wir diese Techniken in der Praxis verwenden können, um Entwicklungsprozesse auf die vier wirtschaftlichen Schlüsselziele aus Kapitel 2 hin zu optimieren.

Ein auf Geschwindigkeit angelegter Prozeß wird ein hohes Maß von Überlappungen und kleine Losgrößen aufweisen. Die beste Strategie für eine schnelle Entwicklung ist, Marktrisiko und technisches Risiko zu minimieren. Wir tun dies, indem wir auf weitgehend bekannte Kunden setzen und die Technologieentwicklung aus dem kritischen Pfad des Projekts herausnehmen. Unsere Subprozesse entwerfen wir so, daß sie geringe Festkosten und kleine Losgrößen haben. Wir versuchen, den gesamten Entwicklungsprozeß auf kleine Warteschlangen hin zu optimieren. Wir wir in Kapitel 3 gesehen haben, bedeutet dies unmittelbar schnellere Zykluszeiten.

Ein Prozeß, der auf geringe Entwicklungskosten abzielt, wird fast die entgegengesetzten Alternativen wählen. Wir benutzen wenig Überlappungen und große Lose. Wir müssen die Technologie getrennt vom kritischen Pfad des Projekts entwickeln, um jegliche Verschwendung bei dieser Entwicklung zu vermeiden. Wir können eine jährliche Strategieplanung durchführen und in unseren Ausgangsprozessen hohe Stückzahlen verarbeiten. Unsere Subprozesse sollten wir auf niedrige Kosten hin optimieren. Warteschlangen in unserem Prozeß machen uns keine Sorgen, weil sie eine effiziente Auslastung unserer Ressourcen sicherstellen.

Irgendwo zwischen diesen beiden Extremen liegt der Prozeßentwurf für geringe Stückkosten. Bei diesem Ziel müssen wir vor allem die Fertigung früh und intensiv am Entwicklungsprozeß beteiligen. Dies führt dazu, daß wir einen stärker simultanen Ansatz im Prozeß benutzen, wobei diese Gleichzeitigkeit besonders die Aktivitäten betrifft, welche die Stückkosten senken. Fertigungsbezogene Aufgaben werden wir oft in kleinen Losen bearbeiten. Beispielsweise sah der Freigabeprozeß für Konstruktionszeichnungen bei der Boeing 777 verschiedene Ebenen vor. Üblicherweise kennt eine Zeichnung nur zwei Zustände: freigegeben oder nicht freigegeben. Boeing schuf bis zu sieben Freigabeebenen, die der Fertigungsplanung ein klares Bild von der Zuverlässigkeit und zu erwartenden Stabilität der Information jeder Zeichnung vermittelten.

Ein Prozeßentwurf mit Schwerpunkt auf der Leistung wird einen anderen Weg gehen, da unser Ziel ist, die technische Seite des Produkts auszureizen. Die Entwicklung kann also ein beträchtliches technisches Risiko enthalten, das wir so früh wie möglich im Entwicklungsprozeß beseitigen müssen. Dazu verlegen wir die technischen Tests in frühe Prozeßphasen. Zu diesen Tests gehören Machbarkeitstests für Schlüsselkonzepte, Subsystemtests, beschleunigte Zuverlässigkeitstests und dergleichen. Wenn diese Prüfungen auch die Kosten erhöhen, so liefern sie doch eine solide technische Grundlage für den Entwurf. Weiterhin brauchen wir früh im Prozeß viel Feedback aus dem Markt. Frühe Markttests ermöglichen uns Rückschlüsse darüber, ob die technische Leistung sich auch in Einkünften niederschlagen wird, die schließlich unser Maß für unternehmerische Performance sind.

Es sollte klar sein, daß es keine allgemeinen *best practices* für die Prozeßentwicklung gibt. Es gibt nur "beste" Wege zu bestimmten Zielen, also Vorgehensweisen, die *in einem bestimmten Kontext* nützlich sind. Da dieser Kontext für jedes Unternehmen anders ist, hat jedes Unternehmen aller Wahrscheinlichkeit nach seinen eigenen, einzigartigen Entwicklungsprozeß.

Evolution des Prozesses

Die Aufgabe, einen Entwicklungsprozeß zu gestalten, ist niemals abgeschlossen. Wenn der Prozeß einmal entworfen ist, muß er den Änderungen im Umfeld angepaßt werden. Diese Prozeßverbesserung setzt voraus, daß wir aus den neuen Informationen lernen, die der Entwicklungsprozeß selbst hervorbringt. Im wesentlichen sind dies nicht Informationen über das Produkt, sondern eher Informationen über den Prozeß. Alles, was wir in der Entwicklung lernen, hat potentiell Auswirkungen auf Veränderungen unseres Prozesses. Zum Beispiel können wir beim Betatest, unserem ersten Anwendertest des vollständigen Produkts, feststellen, daß der Anwender unser neues Oszilloskop für zu kompliziert in der Handhabung hält. Wir können auf diesen Mangel reagieren, indem wir den Entwurf des Geräts vereinfachen. Wir dürfen aber dabei nicht aufhören. Wir haben auch etwas über einen Mangel in unserem Prozeß gelernt: In dieser Form stellt der Prozeß nicht sicher, daß wir dieses Problem vermeiden oder es früh genug entdecken. Wir müssen den Prozeß ändern, um uns gegen dieses Problem zu schützen. In einem evolutionären Prozeß erzeugt jedes Versagen Informationen, die in einer Veränderung des Prozesses resultieren.

Man kann dies als eine Anzahl von Lernzyklen betrachten, die in einem bestimmten Zeitraum durchlaufen werden. Wenn wir die Länge eines Lernzyklus reduzieren, die in unserem Fall der Länge des Entwicklungszyklus entspricht, senken wir die Zeit, die wir brauchen, um unserem Entwicklungsprozeß neue Information einzuverleiben. Der Entwicklungsprozeß erzeugt immer neue Informationen über sich selbst, aber wir können daraus erst Nutzen ziehen, wenn wir diese Informationen in unserem Prozeß umsetzen. Je schneller wir dies tun, um so früher beginnt unser Entwicklungsprozeß, Geld einzubringen.

Wie ändern Unternehmen eigentlich ihre Prozesse? Normalerweise wird eine Art formaler Bericht über die bei der Entwicklung gemachten Erfahrungen verwendet. So beschreibt zum Beispiel Michael Cusumano in seinem Buch *Microsoft Secrets* die "Obduktionen", die regelmäßig nach Software-Projekten bei Microsoft durchgeführt werden. Prozeßorientierte Reviews laufen unter vielen Bezeichnungen. Wir bevorzugen Begriffe, die das Lernen betonen, wie etwa *lesson-learned session*. Wie immer Sie es nennen – es gibt einige Punkte dabei zu beachten.

Erstens sollte die Nachbereitung so schnell wie möglich nach Ende des Projekts stattfinden. Ein großer Teil der wichtigsten Lernerfahrungen ist sehr verderblich. Produktentwickler, besonders gute, werden schnell mit neuen Aufgaben betraut, wenn ein Projekt vorbei ist. Das letzte Projekt tritt schnell in den Hintergrund, während das neue die Aufmerksamkeit bindet. Da das meiste Nachdenken in einem Projekt dem Produkt selbst gewidmet ist, lösen sich prozeßorientierte Einsichten oft wie Morgennebel auf. Wir müssen schnell handeln, um hier Lerneffekte zu erzielen. Theoretisch könnten die Lernerfahrungen kontinuierlich während des Entwicklungsprozesses festgehalten werden. In der Praxis ist kaum ein Unternehmen dazu in der Lage. Der Druck der Arbeit am Produkt verschiebt unweigerlich den Schwerpunkt weg vom Prozeß. Die meisten Unternehmen sind effektiver, wenn sie am Ende ihres Entwicklungsprozesses zu lernen versuchen. Ein zusätzlicher Nutzen der Abschluß-Reviews kann sein, daß die vollen Auswirkungen einer Prozeßentscheidung auf halbem Wege noch nicht erkennbar sind. So können wir uns beispielsweise für gut halten, weil wir unsere Marktforschung sehr schnell durchgeführt haben, und erst bei der Einführung des Produkts merken, daß wir entscheidende Kundenbedürfnisse übersehen haben.

Zweitens sollten die Besprechungen ausgewogen sein. Es gibt Wahrnehmungsverzerrungen, denen Menschen ganz natürlich zum Opfer fallen. Man ist geneigt, sowohl die guten als auch die schlechten Aspekte eines Projekts zu übertreiben und sich auf eine Handvoll offensichtlicher Faktoren zu konzentrieren und viele andere wertvolle Hinweise zu vernachlässigen. Meist wird auch ein Projekt für viel homogener gehalten, als es tatsächlich ist. Man spricht über gute Projekte, als ob alles daran gut gewesen sei, und über schlechte, als ob sie ausschließlich schlecht gewesen seien. Diese Perspektive hindert uns, so viel wie möglich aus den gemachten Erfahrungen zu lernen. Ein Weg, sich vor dieser Unausgewogenheit zu schützen, ist, Reviews so zu strukturieren, daß starke und schwache Punkte für alle Projekte identifiziert werden müssen.

Drittens ist es sehr wertvoll, Mitarbeiter am Review-Prozeß zu beteiligen, die nicht Mitglieder des Teams waren. Aus verschiedenen Gründen sind die Meinungen der am Prozeß Beteiligten voreingenommen. Gewisse Stärken und Schwächen werden dabei leicht übersehen. Beispielsweise verwendete ein Unternehmen als zu überbietendes Ziel in seiner Entwicklung ein Wettbewerbsprodukt. Dieses konkrete, stabile Ziel fungierte als Anker des Projekts. Das Ergebnis war ein hervorragendes neues Produkt, das fast keine neuen Produktmerkmale aufwies. Interessanterweise hatte kein Teammitglied erkannt, wie stark das Wettbewerbsprodukt das eigene Denken beeinflußte und wie schwach man beim Entwickeln eigener Spezifikationen war. Erst ein Außenseiter erkannte diesen Sachverhalt.

Viertens sollte die Review-Besprechung lösungsorientiert sein, das heißt nicht nur die Probleme, sondern auch mögliche Lösungen dafür sollten diskutiert werden. Die besten Diskussionen konzentrieren sich stärker darauf, die Probleme in Zukunft zu verhindern, als Schuldige zu finden.

Wenn wir eine gewisse Anzahl von Verbesserungsmöglichkeiten identifiziert haben, müssen wir diese auf eine kleine Menge hochwirksamer Maßnahmen reduzieren. Es ist gefährlich, die Aufmerksamkeit des Unternehmens auf zu viele Punkte zu verteilen und damit auszudünnen. Viele Möglichkeiten zu sehen, aber nur eine Handvoll Maßnahmen zu ergreifen, ist ein guter Ansatz. Der offensichtliche Grund hierfür ist, daß der wahre Nutzen von Reviews in den folgenden Projekten besteht. Organisationen mit beschränkten Ressourcen können nicht alles auf einmal tun. Wenn man versucht, an zu vielen Dingen etwas zu ändern, erreicht man oft bei keinem einen schnellen Fortschritt. Das Ausbleiben eines erkennbaren Fortschritts führt dann dazu, daß Mitarbeiter, die den Reviews ihre Zeit und Aufmerksamkeit gewidmet haben, das Interesse daran verlieren. Der beste Weg, die Energie des Unternehmens aufrechtzuerhalten, ist, auf bestimmte wichtige Punkte mit raschem Handeln zu reagieren.

Das bedeutet natürlich, daß solche Reviews Sache der Unternehmensleitung sein müssen. Ein häufiger Weg der Durchführung ist, daß die Unternehmensführung den Review-Prozeß einleitet, seine Bedeutung erklärt, sich die Ergebnisse vortragen läßt und die Maßnahmen verkündet, die als Ergebnis des Reviews ergriffen werden. Durch schnelles Handeln oder besser noch Entwickeln von Handlungsplänen verleiht die Unternehmensführung dem evolutionären Prozeß Schubkraft.

Sie fragen sich nun sicherlich, wie lange ein solcher Review dauert. Für gewöhnlich korrelieren der Wert eines Reviews und seine Dauer kaum. Lange Reviews beruhen häufig auf Bergen auf Daten. Damit kann eine Aura von Objektivität erzeugt werden, aber in der Praxis sind die Daten kaum so nützlich wie eine vernünftige Diskussion zwischen Teammitgliedern und "Außenseitern". Nicht selten entdeckt man bei einem Review, daß die für das Team wichtigsten Themen in den Formblättern für die Datenerfassung überhaupt nicht auftauchen.

Schließlich sollten wir konsequenterweise auch den Review-Vorgang als Prozeß behandeln, der verbessert werden kann und muß. Das heißt, daß unsere letzte Frage bei der Besprechung immer lautet: "Wie können wir den Review-Prozeß selbst effektiver machen?"

Zusammenfassung

In diesem Kapitel sind wir das komplexe Problem des Prozeßentwurfs angegangen. Unsere wichtigste Aussage ist, daß es keine "besten" Prozeßentwürfe gibt, sondern nur logische Wege, ein Problem zu bewältigen. Wenn wir systematisch Themen wie die Gestaltung von Input- und Output-Prozessen betrachten und dabei einige Konzepte der Warteschlangentheorie und der Informationstheorie benutzen, finden wir verschiedene mögliche Entwürfe für unterschiedliche Zusammenhänge.

Wir begannen mit der Diskussion einiger wirkungsvoller Konzepte für den Entwurf einmaliger Prozesse, nämlich modularer Prozeßstrukturen und Mustersprachen. Dann betrachteten wir den Entwurf bestimmter Prozeßschritte und Subprozesse. Hieran schloß sich die Erörterung einiger allgemeiner Prinzipien an, die sich aus speziellen Lösungen ableiten lassen. Wir untersuchten, wie diese Prinzipien auf Entwicklungsprozesse angewendet werden können, die Geschwindigkeit, Aufwand, Stückkosten und Leistung zu optimieren suchen. Schließlich diskutierten wir die evolutionäre Anpassung des Prozesses an Veränderungen in der Technik und in der Umwelt.

Wir wiederholen, daß der Prozeßentwurf von unseren angestrebten wirtschaftlichen Zielen und der relativen Wichtigkeit dieser Ziele getrieben sein sollte. Es gibt keine "besten Prozesse", es gibt nur Prozesse, die zum Erreichen bestimmter Ziele entworfen werden.

Zwei Schlüsselfaktoren des Entwicklungskontexts haben unsere Fragestellung in den letzten beiden Kapiteln bestimmt: der Entwurf unserer Organisation und der Entwurf unseres Prozesses. Es gibt einen weiteren Faktor, der für die meisten Manager fast unsichtbar ist, jedoch eine enorme Bedeutung hat – die Architektur des Produkts. Im nächsten Kapitel kommen wir zu diesem Thema.

8 Die Produktarchitektur der unsichtbare Entwurf

Die Architektur des Produkts ist ein drittes Schlüsselelement des Entwicklungsprozesses. Die Bedeutung der Produktarchitektur ist in vieler Hinsicht ein gut gehütetes Geheimnis. Die Unternehmensführungen widmen diesem Thema aber selten Aufmerksamkeit. Bestenfalls überläßt man die Aufgabe dem Systemarchitekten, schlimmstenfalls kümmert sich niemand darum. In einigen Unternehmen findet sie so wenig Beachtung, daß man den für die Produktarchitektur Verantwortlichen überhaupt nicht finden kann. Dabei ist es die Architektur, welche die Wirtschaftlichkeit des Produkts grundlegend bestimmt.

Illustrieren wir dies an einem bekannten Beispiel, dem japanischen Angriff auf das untere Preissegment des Kopierermarkts. Die japanischen Unternehmen standen vor einer beträchtlichen Herausforderung. Xerox dominierte mit einem klaren technischen Vorteil den US-amerikanischen Markt. Das Unternehmen hatte eine Verkaufs- und Serviceorganisation, die größer war als alle Wettbewerber zusammen. Wie konnten die Japaner die Bedürfnisse des Marktes erfüllen, ohne mit riesigen Investitionen eine ebenso große Organisation wie Xerox aufzubauen? Die Lösung war ein schlagendes Beispiel für einen scharfsinnigen Umgang mit der Produktarchitektur.

Die Japaner erkannten, daß die riesige Verkaufs- und Serviceorganisation von Xerox nur in bestimmten Märkten einen Wert darstellte. In anderen Segmenten, wie dem Markt für preisgünstige Kopierer für kleinere Unternehmen, war diese Organisation nichts als eine Kostenbelastung. Die Kopierer über Kanäle mit geringer Handelsspanne wie zum Beispiel Anbieter von Büroeinrichtungen zu verkaufen, bedeutete eine Einsparung der Kosten des Direktverkaufs. Da diese Händler jedoch keinen Service wie Xerox anbieten konnten, wurde ein sehr zuverlässiges Produkt gebraucht. Hier kam die Architektur ins Spiel.

Das primäre Zuverlässigkeitsproblem bei einem Kopierer war die Handhabung des zu kopierenden Dokuments. Das Dokument konnte geknickt, gefaltet oder durch Löcher von Heftklammern beschädigt sein. Durch den Papiereinzug kam es dann oft zu einem Stau. Wie konnte diese Schwäche bei der Zuverlässigkeit vermieden werden? Indem man das Original gar nicht bewegt! Die Japaner änderten die Architektur des Kopierers dahingehend, daß eine bewegliche Walze über das Original fährt. Jetzt war die Kopie, ein Blatt brandneues Qualitätspapier, das einzige Papier, das bewegt werden mußte. Das Problem der Papierhandhabung war beseitigt. Diese höchst zuverlässige Architektur erforderte keine Serviceorganisation. Sie konnte über Kanäle mit geringem Overhead wie etwa Anbieter von Büroeinrichtungen vertrieben werden. Über Nacht verwandelte sich Xerox' Stärke in Verkauf und Service in einen Mühlstein um den Hals des Unternehmens. Das Beispiel illustriert nicht nur den außerordentlichen Wert einer guten Architektur, sondern auch die Bedeutung der Integration von Produktarchitektur und Geschäftsstrategie.

Wie der Entwicklungsprozeß kann die Architektur des Produkts auf bestimmte Ziele hin optimiert werden. In diesem Kapitel werden wir einige grundlegende Prinzipien diskutieren und darstellen, wie diese Prinzipien angewandt werden können, um die in Kapitel 2 eingeführten Ziele Aufwand, Kosten, Leistung und Zeit zu optimieren.

Grundlegende Prinzipien

Drei Faktoren der Produktarchitektur sind vor allem für das Erreichen unserer wirtschaftlichen Ziele relevant: Erstens müssen wir entscheiden, wie modular das Produkt aufgebaut sein soll. Zweitens müssen wir den Entwurf segmentieren, um die Auswirkungen von Variabilität unter Kontrolle zu halten. Drittens müssen wir die internen Schnittstellen des Entwurfs managen. Diskutieren wir diese Faktoren der Reihe nach.

Modularität

Unsere erste Schlüsselentscheidung ist, ob wir das Produkt modular gestalten. Die Entscheidung über eine modulare Struktur ist komplex. Sie beeinflußt die Wirtschaftlichkeit und hängt eng mit der Organisationsstruktur und dem Design des Entwicklungsprozesses zusammen. Betrachten wir zuerst die ökonomischen Dimensionen des Problems.

Generell sind Entwicklungsaufwand und Zykluszeit die beiden wirtschaftlichen Ziele, die von Modularität am meisten profitieren. Die Vorteile, die wir auf diesen Gebieten gewinnen, gehen typischerweise zu Lasten des Bruttogewinns, entweder in Form höherer Stückkosten oder als Schwächen bei der Leistung, die unseren Einkünften schaden.

Werfen wir zuerst einen Blick darauf, wie Modularität sich auf den Entwicklungsaufwand auswirkt. Modularität kann die Gemeinkosten für

Kommunikation in einem Team senken und es den Entwicklern ermöglichen, sich stärker auf wertschöpfende Aufgaben zu konzentrieren. Dieser geringere Overhead rührt daher, daß wegen der Modularität Details über die interne Implementierung in den einzelnen Modulen verborgen sind. Aufgrund dieser Kapselung brauchen die Entwickler anderer Module nur zu wissen, wie die Schnittstellen funktionieren. Das heißt, daß jedes Team weniger Gesamtinformationen über andere Teile des Systems braucht, was wiederum bedeutet, daß mehr Zeit mit Entwicklungsarbeit und weniger Zeit mit Gesprächen darüber verbracht wird.

Wir sollten festhalten, daß der Nutzen eines niedrigeren Aufwands sich nur einstellt, wenn das System sauber segmentiert ist und die Schnittstellen klar definiert sind. Das ist die geheime Kunst der Produktarchitektur. Wenn wir das System schlecht unterteilen, wird alles mit jedem interagieren. Die Folge daraus ist, daß wir mehr Kommunikation, nicht weniger brauchen. Wenn wir versäumen, einen adäquaten Spielraum in den Schnittstellen vorzusehen, verändern sie sich während der Entwicklung, was Nacharbeit verursacht. Wir werden über diese kritischen Fragen noch sprechen.

Die zweite wesentliche Auswirkung der Modularität auf den Entwicklungsaufwand liegt in der Wiederverwendbarkeit von Modulen aus anderen Entwürfen. Dies kann in einem Projekt enorme Entwicklungszeiten einsparen. Es ist nicht ungewöhnlich, daß mehr als die Hälfte der erforderlichen Konstruktionszeit durch sorgfältig entwickelte Wiederverwendungspläne eliminiert wird.

Neben der Senkung des Entwicklungsaufwands hat Modularität auch einen dramatischen Einfluß auf die Entwicklungszeit, weil sie statt der sequentiellen Aufgabenbearbeitung eine simultane Entwicklung von Subsystemen ermöglicht. Bild 8.1 zeigt zwei Arten, ein System zu entwickeln. Im ersten Fall bearbeiten wir die Module in einer logischen Abfolge. Wir warten, bis wir die für das nächste Modul erforderliche Information vollständig haben, bevor wir starten. Dies ist der traditionelle Ansatz der Konstruktionstechnik und der Ansatz, den die meisten Ingenieure auf der Hochschule lernen. Er ist effizient, aber sehr sequentiell.

Der andere Ansatz betont parallele Entwicklungstätigkeiten. Dabei definieren wir eine modulare Struktur und arbeiten parallel an diesen Modulen. Dies erfordert, daß wir früh im Prozeß Schnittstellen zwischen Subsystemen definieren. Dieses Entwicklungskonzept resultiert – richtiges Management vorausgesetzt – in einer deutlichen Verkürzung der Entwicklungszyklen.

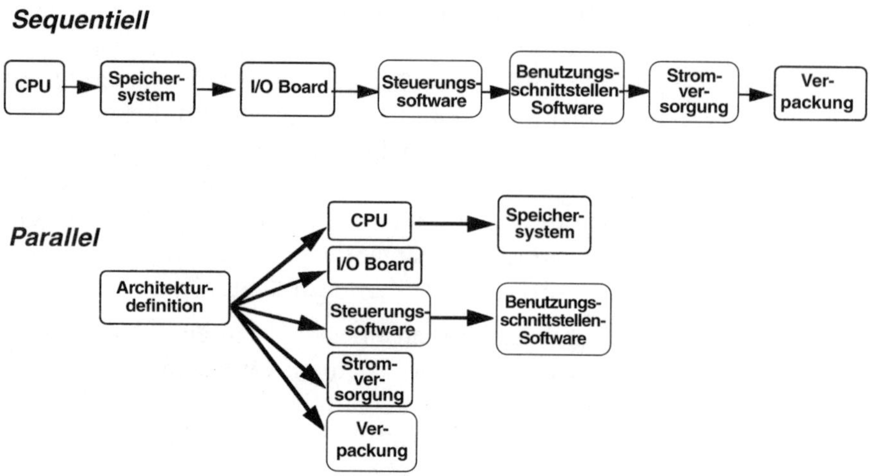

Bild 8.1: Sequentielle und parallele Entwicklung

Die potentielle Schattenseite der Modularität bilden Kosten und Leistung. Die Schnittstellen, die wir in unserem System schaffen, sind nicht umsonst zu haben. Sie können das Gesamtsystem verteuern oder als Leistungsengpässe wirken. Die Kostenwirksamkeit der Modularität kann komplex sein, weil die Einflußfaktoren an den Schnittstellen und in den Modulen sich gegenseitig beeinflussen. Auf der Schnittstellenebene steigen die Kosten im allgemeinen, weil wir Elemente wie Verbindungen, Kabel, Kopplungen, Flansche oder Software hinzufügen. Auf der Modulebene können die Kosten steigen oder fallen. Sie steigen häufig, weil das Modul so konstruiert wird, daß es in viele Produkte statt nur in eins paßt. So entdeckte ein Software-Unternehmen, daß seine wiederverwendbaren Mehrzweckmodule dreimal so lange Programme hatten wie spezialisierte Module in vergleichbaren Produkten. Andererseits können die Modulkosten auch fallen, wenn die Mengenvorteile von hohen Produktionsvolumen die Kosten der zusätzlichen Funktionalitäten überwiegen. Zum Beispiel kann man oft eine Mehrzweck-Stromversorgung billiger als ein Dutzend spezialisierte Geräte kaufen, obwohl keine einzelne Anwendung das gesamte Funktionsspektrum erfordert. Die Kosten der Modularität müssen wir sorgfältig analysieren, sie können nur projektübergreifend und nicht auf der Grundlage eines einzelnen Entwicklungsprojekts bestimmt werden.

Modularität beeinflußt des weiteren die Leistung. Schnittstellen sind typischerweise Engpässe im System, das heißt, wir können nicht dasselbe Leistungsniveau erreichen wie bei einem eng gekoppelten, nichtmodularen System. So ist in den meisten mechanischen Systemen die Schwachstelle nicht eine Komponente, sondern eine Schnittstelle. Desgleichen beschränken die Steckverbindungen in elektrischen Systemen entweder die Bandbreite oder senken die Zuverlässigkeit. Man kann die Auswirkungen von Schnittstellen auf die Leistung auch bei der Entwicklung der PC-Software beobachten. Die Hardware-Performance von PCs hat sich in den letzten zehn Jahren mehr als verhundertfacht, aber die Geschwindigkeit der gängigen Software-Programme ist entweder gesunken oder gleich geblieben. Ein Großteil der Leistungshemmung ist der zunehmend modularen Architektur dieser System geschuldet. Der Wunsch, Programmodule wiederzuverwenden, stellt an die Entwickler enorme Leistungsherausforderungen.

Ein interessantes Beispiel für die Wirkung wirtschaftlicher Faktoren bietet die Entwicklung von Oszilloskopen. Frühe Geräte von Tektronix hatten eine ausgeprägt modulare Struktur. Dies bot sowohl dem Käufer als auch dem Hersteller signifikante Vorteile. Niedrigpreis-Oszilloskope jedoch können kostenmäßig nicht sehr viel Modularität verkraften. Schnittstellen erfordern teure Bauteile wie Steckverbindungen und treiben durch zusätzliche Arbeit die Entwicklungskosten in die Höhe. Im Ergebnis sind so gut wie alle Oszilloskope im unteren Preissegment nichtmodular konzipiert. Die Kosten der Modularität rechnen sich einfach nicht.

Schließlich sollten wir darauf verweisen, daß Organisationsstruktur, Produktarchitektur und Entwicklungsprozeß sich stark gegenseitig beeinflussen. Die Module der Architektur bilden natürliche Strukturen für die Teammitglieder. Teams sind normalerweise am effektivsten, wenn sie entsprechend der modularen Struktur des Produkts organisiert sind. Wenn zum Beispiel ein Produkt im Schwermaschinenbau in Antriebsstrang und Hilfssysteme gegliedert ist, sollte das Team um diese Module herum organisiert werden. Dies ist viel effektiver, als alle Berechnungsingenieure in einer Gruppe und alle Hydraulikfachleute in einer anderen Gruppe zusammenzufassen. Produktarchitektur und Organisationsstruktur sollten zueinander passen.

Weiterhin müssen Architektur und Prozeß aufeinander abgestimmt sein. Wenn wir den Entwurf in relativ unabhängige Module gegliedert haben, können wir diese Module einzeln bearbeiten. Beispielsweise können wir mit den Zuverlässigkeitstests des Antriebsstrangs anfangen, bevor die Hilfssysteme ausgearbeitet sind. Dies erlaubt es uns, den traditionellen Weg zu verlassen, der verlangt, daß alle Entwürfe ausgearbeitet sein müssen, bevor wir mit irgendwelchen Tests beginnen. Solch ein Paradigmenwechsel kann zu erstaunlichen Verkürzungen der Zykluszeit führen.

Zusammengefaßt ist die Frage der Modularität im wesentlichen eine wirtschaftliche Entscheidung, nicht eine philosophische. Es ist genau zu untersuchen, wie eine modulare Struktur Zeitplan, Entwicklungsaufwand, Stückkosten und Leistung beeinflußt. Wir müssen wissen, was eine Veränderung jedes dieser Parameter in einem bestimmten Projekt wert ist. Zum Glück wissen Sie das schon, wenn Sie die in Kapitel 2 beschriebene Analyse auf Projektebene durchgeführt haben.

Variabilität im System isolieren

Eine zweite architektonische Schlüsselentscheidung betrifft die Handhabung von Variabilität in unserem System. In Kapitel 5 haben wir festgestellt, daß die Variabilität des gesamten Systems von der Variabilität des variabelsten Elements abhängt. Das war eine Vereinfachung. In Wirklichkeit muß nicht jedes System so variabel sein wie sein variabelstes Element. Statt dessen können wir die Variabilität in ein abgegrenztes Gebiet des Systems verlagern, und zwar was Kosten, Aufwand, Leistung und Zeitplan betrifft. Dies ist im Grunde ein auffallender Bruch mit der traditionellen Art, ein System zu gliedern. Nach klassischer Lehrmeinung wird meist eine Architektur gewählt, mit der verwandte Funktionen zusammengefaßt und Kommunikationsvorgänge im System minimiert werden. Dies soll den Vorteil einfacherer Schnittstellen und geringerer Komplexität im Projekt haben. Ich würde dagegenhalten, daß man auch eine Untergliederung des Systems nach den wirtschaftlichen Hauptrisiken erwägen sollte.

Betrachten wir zum Beispiel den Entwurf eines Synthesizers. Bei diesen Musikinstrumenten kann die Anordnung der Knöpfe auf dem Instrumentenbrett ein großer Unsicherheitsfaktor sein. Die Anwender können vor dem Kauf bestimmte Präferenzen haben, die sie ändern, wenn sie mit dem Instrument erste Erfahrungen gemacht haben. Das bedeutet, daß das Layout der Knöpfe sehr risikobehaftet ist. Ein herkömmlicher Entwurf würde eine Plastikverkleidung aus einem Stück mit Löchern für die einzelnen Knöpfe vorsehen. Dies setzt das Projekt einem Zeit- und Kostenrisiko aus, wenn im Ergebnis der Feldtests das Layout geändert werden muß. Wie können wir das Risiko im System abgrenzen? Zum Beispiel indem wir eine zweiteilige Plastikverkleidung entwerfen. Der eine Teil wäre die eigentliche Verkleidung, der andere eine flache Plastikplatte mit Löchern für die Knöpfe, die in die Verkleidung eingelassen ist. Alle potentiellen Veränderungen würden somit nur das kleine, billige Bauteil betreffen. Diese Komponente zu ändern würde weniger Zeit und Geld kosten, als die gesamte Verkleidung zu modifizieren.

Wenn wir Variabilität abgegrenzt haben, können wir andere Managementtechniken anwenden, um ihre Auswirkungen zu kontrollieren. Zum Beispiel können wir diese Subsysteme vom Zeitplan entkoppeln, indem wir sie aus dem kritischen Pfad herausnehmen. Wir können sie vom Entwicklungsbudget und von den Stückkosten entkoppeln, indem wir Backup-Lösungen entwickeln oder Zulieferer ein Teil des Risikos übernehmen lassen. Zuerst gliedern wir das System auf der Grundlage der Risikoabschätzung, und dann entwickeln wir Methoden, um uns gegen dieses konzentriertere Risiko zu schützen.

Schnittstellenmanagement

Wie Sie inzwischen schon vermuten, sind die Schnittstellen die Stelle der Architektur, wo es um die Entscheidung geht. Erfahrene Systemarchitekten betrachten die Schnittstellen durch die Bank als die wichtigsten Kontrollpunkte des Systems. Leider wird man leicht von den Komponenten des Systems abgelenkt, weil sie die meiste Entwicklungsarbeit erfordern und die Kosten des Systems bestimmen. Dennoch sind es die Schnittstellen, wie wir in Kapitel 5 gesehen haben, welche die Leistung, das Risiko und schließlich den Wert des Systems ausmachen.

Die Bedeutung der Schnittstellen wird oft übersehen, weil die konkrete Modulentwicklung ständig unsere Aufmerksamkeit absorbiert. Beispielsweise argumentieren Pahl und Beitz in ihrem Buch *Konstruktionslehre*, daß die meisten Entwicklungsprobleme in der Bauteilkonstruktion ihre Ursache haben. Wenn man ein Entwicklungsproblem hat und fragt, was geändert oder repariert werden muß, lautet die Antwort immer "ein Bauteil", und so folgert man, daß das Bauteil die Wurzel allen Übels ist. In Wahrheit ist bei vielen Systemen die Ursache für die Neukonstruktion von Bauteilen ein schlechtes Schnittstellendesign. Die Lösung für das Problem mag eine Modifikation des Bauteils sein, aber der ursächliche Grund war, daß das Bauteil entweder auf Basis einer inadäquaten Schnittstellendefinition entworfen wurde oder daß die Schnittstellenspezifikation dem Bauteilkonstrukteur unrealistische Vorgaben gemacht hat.

Die Konzentration auf die greifbaren Probleme des Bauteilentwurfs kann uns leicht vom Problem des Schnittstellenmanagements ablenken. Die meisten Unternehmen widmen dieser Aufgabe zu wenig Aufmerksamkeit. Beispielsweise werden normalerweise in Entwicklungsteams den Mitgliedern klare Verantwortlichkeiten für die Subsysteme zugewiesen. Wenn wir aber fragen, wer für die Schnittstellen verantwortlich ist, fällt es schon schwer, die Schnittstellen überhaupt zu bezeichnen, geschweige denn, verantwortliche Personen zu benennen. Bei der Boing-Projekt 777 war einer der ersten Schritte des Entwicklungsprozesses, die ICDs (*interface control document*) zu definieren und sie einer Konfigurationskontrolle zu unterwerfen. Das Projekt war zu wichtig, um schwammige Schnittstellendefinitionen zu tolerieren.

Betrachten wir nun einige praktische Schritte der Überwachung von architektonischen Schnittstellen. Zuerst muß sicher sein, daß alle Schnittstellen definiert sind. Wir sollten uns fragen, was der schlimmste Schaden ist, den Subsystem A Subsystem B zufügen könnte. Wenn die Antwort "keiner" lautet, gibt es zwischen diesen Subsystemen kein Schnittstellenproblem. Wenn eine Interaktion stattfindet, haben wir auch eine Schnittstelle zu managen. Eine einfache Methode, eine Liste von Schnittstellen zu erzeugen, ist die Erstellung einer Matrix, die alle Systemelemente samt ihren Interaktionen mit anderen Elementen auflistet.

Wir sollten erkennen, daß zwei Elemente auch dann interagieren können, wenn sie nicht physisch verbunden sind. Wenn beispielsweise bei einem Software-Programm zwei Module auf dieselben Daten zugreifen, können sie durch die Veränderungen, die sie an diesen Daten hervorrufen, interagieren. Dies ist mit zwei Buchhaltern vergleichbar, die sich nie sehen, aber dadurch interagieren, daß sie Eintragungen in dasselbe Hauptbuch machen. Das gleiche kann bei Hardware passieren. Zwei elektrische Module können über eine gemeinsame Stromversorgung interagieren. Die von einem Modul erzeugten Spannungsspitzen können in einem anderen Modul Probleme verursachen, obwohl beide Module nicht direkt miteinander verbunden sind. Bedenken Sie also immer, daß für eine Interaktion eine direkte physische Verbindung nicht unbedingt erforderlich ist.

Unsere zweite Maßnahme des Schnittstellenmanagements ist sicherzustellen, daß jede Schnittstelle genau einen Kontrollpunkt hat. Normalerweise wird dies realisiert, indem man ein Schnittstellendefinitionsdokument erzeugt, für dessen Führung eine einzige Person verantwortlich ist. Ein praktisches Verfahren, um die Veränderungen an diesem Dokument zu managen, ist die Verwendung eines Kontrollsystems für Entwicklungsdokumente. Das Schnittstellendokument wird mit Freigabeversionen und Änderungsprozeduren geführt, so daß jeder im Team die jeweils gültige Version der Schnittstelle kennt.

Drittens sollten wir über einen Mechanismus zum Einfrieren beziehungsweise Stabilisieren der Schnittstelle verfügen. Wir brauchen für alle internen Schnittstellen in unserem Entwurf einen Zieltermin der endgültigen Festlegung. Dies ist eine prekäre Angelegenheit, denn es ist nachteilig, eine Schnittstelle zu früh im Entwicklungsprozeß einzufrieren. Andererseits befreien wir mit der Festlegung der Schnittstelle die Entwickler von Subsystemen, die an diese Schnittstelle "andocken", von allen Sorgen um den Rest des Systems. Sie brauchen sich nur noch um die Schnittstelle zu kümmern. Wie bereits ausgeführt, vereinfacht dies die Kommunikation für das Subsystem-Entwicklungsteam erheblich.

Die Schnittstellenfestlegung sollte nach einem vorbestimmten Zeitplan erfolgen. Eine sich ändernde Schnittstelle kann massive Neukonstruktionen erfordern, weil die Schnittstelle die Randbedingungen für den Entwurf der Subsysteme festlegt. Die Schnittstelle ist gewissermaßen das Äquivalent der Produktspezifikation für die Subsysteme. Wenn sich die Schnittstelle ändert, kann das verheerende Auswirkungen auf die an einem Modul bereits geleistete Entwicklungsarbeit haben. Eine relativ geringe Modifikation an einer Schnittstelle kann den Subsystementwickler zwingen, seine gesamte Arbeit wegzuwerfen und wieder von vorne zu beginnen.

Wie angedeutet, hat das Einfrieren von Schnittstellen seine Schattenseite. Eine frühe Festlegung erschwert oder verhindert ein Ausbalancieren der verschiedenen Subsysteme und somit eine Optimierung auf der Ebene des Gesamtsystems. Wenn wir beispielsweise die Schnittstelle zur Stromversorgung einmal festgelegt haben, machen wir den Entwicklern dieses Systems ihre Arbeit viel leichter. Sie haben ein festes Ziel für Spannungen, Ströme und Einstellungen. Der Nutzen für den Entwickler der Stromversorgung hat jedoch bei den anderen Systemen seinen Preis, die jetzt durch die Werte eingeschränkt sind, die für die Stromversorgungsschnittstelle festgelegt wurden. Eine Optimierung auf Systemebene wird schwieriger.

Komplexe Systeme brauchen eingebaute Ausgleichsmechanismen, um die Optimierung auf Systemebene sicherzustellen. Wenn wir zum Beispiel ein Flugzeug entwerfen, haben wir für jeden Teil des Systems Gewichtsbudgets. Die Schnittstellen zwischen den Subsystemen werden eingefroren, und jedes Subsystem hat ein eigenes Gewichtsziel. Oft treten jedoch komplexe Interaktionen zwischen den Gewichten der Subsysteme auf. Wenn wir das Triebwerk um ein Pfund leichter machen, können wir das Gewicht des Flügels um drei Pfund reduzieren. Wenn das Triebwerk einfach ein Gewichtsbudget hat, wird der Triebwerkskonstrukteur zufrieden sein, wenn er dies einhält. Wir brauchen einen Mechanismus, um die Auswirkungen von Gewichtsveränderungen auf Systemebene zu erkennen. Typischerweise wird dies realisiert, indem man eine Gruppe mit der Systemverantwortung für den kritischen Parameter betraut. Beispielsweise könnte ein "Büro für Gewicht und Beschleunigung" für die Gewichtsoptimierung des Gesamtsystems zuständig sein.

Betrachten wir für einen Augenblick, wie Rolls Royce die Entwicklung seines Strahltriebwerks des Typs Trent 800 angegangen ist. Das Entwicklungsteam wurde in Untersysteme gegliedert, aber das Management erkannte, daß jemand für die Optimierung des Gesamtsystems Sorge tragen mußte. Man schuf durch Benennung eines *Chief Weight Officer* eine Instanz, bei der die Verantwortung für das Gewicht des Triebwerks lag. Diese Person koordinierte die Optimierung des Gewichts auf Systemebene. Damit wurde eine der größten Schwächen des bisherigen Ansatzes überwunden, bei dem alle relevanten Subsysteme ihre eigenen Kosten- und Gewichtsbudgets hatten. Das Trent-800-Team entdeckte, daß eine teure Hightech-Fertigungstechnik für die Turbinenschaufeln eine deutliche Gewichtsreduzierung ermöglichte. Leichtere Turbinenschaufeln bedeuten ein reduziertes Rotorgewicht, was wiederum ein leichteres Gehäuse ermöglicht. Im Ergebnis multiplizierten sich die Gewichtseinsparungen bei den Turbinenschaufeln auf Systemebene. Die Gewichtsreduzierung war so erheblich, daß es sinnvoll wurde, die Kostenziele bei der Schaufelfertigung zu überschreiten. Berichten zufolge erzielten einige Versionen des Strahltriebwerks gegenüber vergleichbaren Systemen von Pratt and Whitney sowie General Electric Gewichtseinsparungen von 12 bis 22 Prozent. Ein solcher Vorteil ist fast beispiellos in einer Industrie, die um jedes Gramm Gewicht kämpft.

Der vierte Schlüssel zum Schnittstellenmanagement sind adäquate Toleranzen. Das bedeutet, daß wir genug zusätzliche Kapazität in den Schnittstellen vorsehen müssen, damit die einzelnen Subsystemkomponenten noch Spielraum für Veränderungen des Systems bieten. Anders ausgedrückt dürfen die Subsysteme nicht zu eng gekoppelt sein, sonst zwingt uns eine Veränderung, alles andere im System zu ändern. Betrachten wir wieder das Beispiel der Stromversorgung. Wenn die Kapazität der Stromversorgung genau die Anforderungen des Systems erfüllt, werden wir bei Änderungen des Systems Schwierigkeiten bekommen. Was würde passieren, wenn eines der Systemelemente eine höhere Leistung brauchte? Wir müßten die Stromversorgung ändern. Nun könnte es sein, daß die neue Stromversorgung nicht in das Gehäuse paßt, so daß wir dieses auch ändern müßten. Vielleicht würde eine Veränderung des Gehäuses zu elektromagnetischen Interferenzen mit einer anderen Platine des Systems führen, so daß wir diese Platine ändern müßten. Die Änderungsarbeiten im System verbreiten sich rapide weit über das ursprünglich geänderte Element hinaus. Wenn dies in einem System passiert, ist das ein Zeichen dafür, daß die Schnittstellen nicht über genügend Spielraum verfügen. Wir überprüfen dieses Problem, indem wir das Verhältnis von lokaler zu globaler Nacharbeit messen. Dies ist ein sensibler Indikator dafür, ob wir zu enge Schnittstellentoleranzen vorgesehen haben.

Wir müssen etwas vorsichtig sein, denn das Festlegen von Schnittstellentoleranzen ist nicht einfach eine Frage des Bereitstellens von großzügigen Spielräumen zwischen allen Systemelementen. Große Spielräume können das System mit hohen Kosten und schlechten Leistungen belasten. Wir müssen für den "richtigen" Spielraum zwischen den Systemelementen sorgen. Prinzipiell reduzieren wir den Wert des Systems, wenn wir die Kopplung durch Vergrößerung der Spielräume lockern. Im extremen Fall eines Verzichts auf jegliche Kopplung haben wir eine Menge von Komponenten erzeugt, die nichts leisten.

Enge Kopplung erzeugt Wert; die Schnittstellentoleranzen müssen wir also sorgfältig einstellen. Bestimmte Module sollten eng, andere dagegen locker gekoppelt sein. Wie treffen wir diese Entscheidung? Eine gute Faustregel ist, die Kopplung um die riskanten Module des Systems zu lockern.

Als praktisches Beispiel nehmen wir wieder unsere Stromversorgung. Es gibt eine neue Technik, die wir für kompakter als die alte halten. Berücksichtigen wir nun bei der Konstruktion des Gehäuses die Platzersparnis, oder entwerfen wir das Gehäuse so, daß es auch die alte Stromversorgung aufnehmen könnte? Die Entscheidung hängt vom Risikofaktor der neuen Technik ab. Ist sie riskant, sollten wir genug Platz im Gehäuse lassen, um auf die alte Stromversorgung zurückgreifen zu können. Ansonsten könnte ein Problem mit der neuen Stromversorgungstechnik eine Neukonstruktion des ganzen Systems notwendig machen. Ein weiterer Bereich, der normalerweise riskant ist, sind die externen Schnittstellen des Systems. Trotz unserer besten Bemühungen, die Anforderungen der Benutzungsschnittstelle richtig zu bestimmen, werden die Kunden wahrscheinlich ihre Meinung ändern. Erfahrene Entwickler sehen daher für diese Schnittstelle zusätzliche Kapazität vor, so daß sie leicht zu ändern ist. Mit frühen Schnittstellenfestlegungen, klaren Verantwortlichkeiten, einem Festlegungs-Fahrplan und adäquaten Spielräumen werden wir eine große Verbesserung im Schnittstellenmanagement erzielen.

Spezielle architektonische Implementierungen

Untersuchen wir jetzt, wie wir diese Prinzipien kombinieren können, um bestimmte wirtschaftliche Ziele zu erreichen. Wir kehren zu unseren vier Schlüsselzielen zurück: Entwicklungsaufwand, Stückkosten, Leistung und Zeitplan.

Architekturen für geringen Entwicklungsaufwand

Wenn unser Ziel eine Minimierung des Entwicklungsaufwands ist, können wir vor allem drei Maßnahmen ergreifen. Erstens sollten wir die Wiederverwendung bestehender Entwürfe forcieren. Zweitens sollten wir kundenspezifische Anpassungen aus dem System hinaus verlagern. Drittens sollten wir Subsysteme ohne strategischen Wert zukaufen. Betrachten wir diese Maßnahmen der Reihe nach.

Ein Weg, den Entwicklungsaufwand zu senken, ist Wiederverwendung. Wann immer wir eine Entwicklungslösung wiederverwenden, reduzieren wir die Entwicklungs- und Erprobungszeit des Produkts. Voraussetzung für die Wiederverwendung ist, daß ein Modul genügend inhärente Flexibilität aufweist, um in mehreren Produkten verwendet zu werden. Im allgemeinen heißt dies, daß ein Modul bereits von Anfang an auf diese Flexibilität hin konzipiert sein muß.

Der Entwurf eines Moduls zur Wiederverwendung erfolgt selten "versehentlich", weil es normalerweise mehr Anstrengung und Zeit kostet, ein flexibles Modul zu schaffen. Zum Beispiel entdeckte ein französisches Software-Unternehmen, daß zur Wiederverwendung entwickelte Software-Module durchschnittlich dreimal größer wurden. Da die Größe eines Moduls sich auf Speicherplatzbedarf und Verarbeitungsgeschwindigkeit auswirken kann, wären solche wiederverwendbaren Module eine schlechte Lösung gewesen, wenn das System in diesen Bereichen Einschränkungen unterlegen hätte. Der zusätzliche Aufwand hätte sich ausgezahlt, wenn die Module mehr als dreimal verwendet worden wären. Tatsächlich wurde jedes Modul durchschnittlich neunmal eingesetzt, was die Effektivkosten pro Modul um 67 Prozent senkte. Dies bedeutet eine dreifache Verbesserung der Produktivität. Wiederverwendung kann somit den Entwicklungsaufwand substantiell senken.

Ein zweiter Weg, über die Architektur den Entwicklungsaufwand zu senken, ist, einen Teil der kundenspezifischen Anpassungen außerhalb der Systemgrenzen durchzuführen. Nehmen Sie zum Beispiel die Makro-Sprachen, die in einigen Software-Paketen angeboten werden. Dies ist eine interessante Möglichkeit, dem Kunden anstatt dem Entwickler die Last der Anpassung aufzubürden. Wie wir die Systemgrenzen ziehen, hat eine dramatische Auswirkung auf unseren Entwicklungsaufwand. Wann immer wir Entwicklungsarbeit über diese Grenze drängen, reduzieren wir unsere Arbeitslast.

Ein dritter Ansatz zur Senkung des Entwicklungsaufwands ist es, die Anzahl von zugekauften Subsystemen zu erhöhen. Make-or-buy-Entscheidungen sollten auf zwei Faktoren beruhen. Der erste ist die relative Bedeutung des Subsystems für die Wettbewerbsfähigkeit des Produkts. So ist zum Beispiel bei den meisten elektrischen Geräten der Eingangsbereich leistungskritisch. Ein Instrumentenhersteller sollte normalerweise versuchen, diesen strategisch wichtigen Bereich zu kontrollieren. Wenn wir den Eingangsbereich von einem Zulieferer kaufen, kann es sein, daß unsere Produkte sich wenig vom Wettbewerb unterscheiden. Benutzungsschnittstellen bilden ein anderes wesentliches Unterscheidungsmerkmal, das die meisten Unternehmen zu kontrollieren versuchen. Der zweite Faktor ist das relative Know-how von Lieferant und Bezieher. Beispielsweise kann ein Hersteller von Stromversorgungen Millionen von Einheiten im Jahr produzieren. Sein Kunde, der Gerätebauer, braucht vielleicht einige hundert Systeme. In einem solchen Fall ist es für den Gerätebauer fast niemals kostengünstig, seine eigenen Stromversorgungen zu entwickeln. Knappe Entwicklungsgelder sollten in die Teile des Systems investiert werden, die einen echten Wettbewerbsvorteil erzeugen können. Strategisch unwichtige Teile des Systems zuzukaufen, setzt knappe Entwicklungsressourcen frei.

Architekturen für niedrige Kosten

Unser architektonischer Ansatz ist anders, wenn wir versuchen, Produkte mit niedrigen Kosten zu entwickeln. In solchen Fällen können wir drei verschiedene Maßnahmen ergreifen. Erstens koppeln wir die Subsysteme im Entwurf eng miteinander. Zweitens spezifizieren wir sie auf niedrige Fertigungskosten hin. Drittens streben wir bei Schlüsselkomponenten nach Mengenvorteilen.

Der erste Schritt zu einem preiswerten Produkt ist, Schnittstellentoleranzen zu reduzieren. Dies entspricht der engen Kopplung von Subsystemen, die uns den weiter oben in diesem Kapitel beschriebenen Gefahren von Neukonstruktionen aussetzt. Diese Arbeit kann aber akzeptabel sein, wenn die Einsparungen bei den Stückkosten hoch genug sind. Da jedes bißchen zusätzliche Leistung den Entwurf verteuert, konzentrieren wir uns darauf, die Toleranzen bei den teuren Subsystemen zu senken. Wir können uns sogar entscheiden, die Modularität des Produkts zu reduzieren, wenn wir deren Kostenbelastung als zu hoch empfinden.

Die zweite Möglichkeit der Kostenersparnis ist, unsere Subsysteme explizit auf niedrige Fertigungskosten hin zu entwerfen. Dies erfordert eine enge Verzahnung von Produkt und Prozeß sowie eine starke Beteiligung der Fertigung an den frühen Phasen des Entwicklungsprozesses. Wir passen das Subsystem dem Prozeß an und nicht den Prozeß dem Subsystem. So werden etwa Platinen mit Komponenten entwikkelt, die automatisch statt manuell zu bestücken sind. Diese Komponenten sind aus technischer Sicht unter Umständen nicht die erste Wahl, aber die Kosten der manuellen Bestückung sind so hoch, daß es sich lohnt, einen Weg zur Verwendung automatisch bestückbarer Komponenten zu finden.

Dieser Schwerpunkt auf niedrigen Fertigungskosten erfordert es unbedingt, daß Experten für Kosten wie Fertigungsingenieure und Zulieferer an der Entwicklung direkt beteiligt werden. Der Entwickler ist nicht mehr König. Statt dessen wächst die Macht der Fertigung und der Zulieferer dramatisch. Immer mehr Zulieferer werden zu Systemlieferanten. Statt detaillierter Teilespezifikationen erhalten sie als Arbeitsvorgaben breite Leistungs- und enge Kostenziele. Die Erstellung der genauen Spezifikation ist dann Aufgabe des Systemlieferanten. Dabei entsteht ein Komponentenentwurf, der auf den Fertigungsprozeß des Zulieferers beziehungsweise Systemlieferanten hin optimiert ist.

Der dritte Weg, Kosten zu senken, ist, sorgfältig nach Mengenvorteilen bei Schlüsselkomponenten zu suchen. Ein Hersteller von Computer-Peripherie bemerkte, daß in jedem seiner Entwicklungsprojekte andere Stromversorgungen spezifiziert waren. Das Unternehmen kaufte zwanzig verschiedene Stromversorgungen, obwohl alle Bedürfnisse mit fünf oder sechs standardisierten Einheiten zu erfüllen gewesen wären. Die standardisierte Einheit war zwar bei einigen Entwürfen ein technischer *Overkill,* kam aber interessanterweise immer noch billiger als kleinere Mengen von genauer zugeschnittenen Systemen.

Mit der Ermittlung von Mengenvorteilen sollte man unbedingt einen Mitarbeiter betrauen, der nicht zum eigentlichen Projektteam gehört. Der Ansporn des Teams ist es, das eigene Projekt lokal zu optimieren; es wird selten versuchen, die unternehmensweite Wirtschaftlichkeit zu verbessern. Zudem ist es wichtig, diese Entscheidungen sehr früh im Entwicklungsprozeß zu fällen. Am erfolgreichsten ist die Wiederverwendung, wenn die Entscheidung darüber bereits in der Phase des Konzipierens getroffen wird. In den meisten Fällen sollten Wiederverwendungsziele für bestimmte Subsysteme Teil des ursprünglichen Projektplans sein.

Architekturen für hohe Leistungen

Die Wahl einer Architektur für hohe Leistungsniveaus erfordert einen anderen Ansatz. Wiederum gibt es mehrere nützliche Schritte. Erstens bauen wir den Entwurf um die wesentlichen leistungsbegrenzenden Elemente herum. Zweitens konzentrieren wir uns auf die Systemoptimierung. Drittens koppeln wir die Subsysteme im Entwurf eng miteinander. Diskutieren wir diese drei Möglichkeiten der Reihe nach.

Unsere erste Maßnahme zur Sicherstellung einer hohen Leistung ist, das System um die Merkmale des leistungsbegrenzenden Elements herum zu entwerfen. Betrachten wir zum Beispiel das preisgekrönte Solarauto *Sun Raycer*, das Paul MacCready für General Motors entwickelt hat. Ein beherrschender Konstruktionsfaktor war das Gewicht des Wagens, da hiervon seine Fähigkeit abhing, Steigungen effektiv zu überwinden. Durch Erzielen eines niedrigen Eigengewichts konnte das Antriebssystem niedrig dimensioniert werden, was einen leichten Rahmen und eine leichte Karosserie ermöglichte. Jeder Hochleistungsentwurf weist ein ähnliches leistungskritisches Element auf.

Eine Implikation dieses Ansatzes ist, daß Hochleistungsarchitekturen normalerweise in einem sehr sequentiellen Prozeß entstehen. Erst gehen wir den beherrschenden technischen Parameter an, dann in logischer Reihenfolge die Subsysteme. Der erfolgskritische technische Faktor kann durch Modellierung des Entwurfs, durch Analyse von Wettbewerbsprodukten oder durch pure Erfahrung mit dem Produkt identifiziert werden. Letztere Methode ist die bei weitem häufigste. Um sie zu verfolgen, müssen wir die entsprechende Erfahrung in das Team bringen oder einen guten Zugang zu ihr sicherstellen. Wir müssen Experten effektiv einsetzen, wenn wir versuchen, an vorderster technischer Front zu agieren.

Ein zweiter Schritt zur Leistungsmaximierung ist, sich weniger auf die Subsysteme als auf die Optimierung des Gesamtsystems zu konzentrieren. Dies ist wichtig, denn wie wir in Kapitel 5 gesehen haben, kann ein System nicht optimiert werden, indem man jedes einzelne seiner Subsysteme optimiert. Wir müssen die Spannung zwischen lokalen und globalen Optima sorgfältig managen, indem wir beiden Polen einen

Teil unserer Anstrengung widmen. In einem Flugzeugentwicklungsprojekt könnten wir zur lokalen Optimierung auf der Subsystemebene ein Gewichtsbudget verwenden, zugleich aber einen "Gewichts-Kaiser" ermächtigen, auf der Systemebene alle Gewichtsentscheidungen im Interesse einer globalen Optimierung gegeneinander abzuwägen. Die Optimierung auf der Systemebene ist also erfolgskritisch, wenn wir hohe Leistung anstreben.

Ein dritter Schritt zur Maximierung der Leistung ist die enge Kopplung. In diesem Fall verringern wir unsere Schnittstellentoleranzen, um Leistung zu optimieren, anstatt Kosten zu minimieren. Wenn wir zum Beispiel einen elektronischen Schaltkreis möglichst schnell machen wollen, werden wir für Timing-Probleme sehr wenig Spielraum lassen. Enge Toleranzen erhöhen den potentiellen Bedarf an Tests und Nacharbeit beträchtlich, aber sie reizen den Entwurf bis an die Grenzen aus. Wenn Leistung der Schlüssel zum Geschäftserfolg ist, können wir es uns nicht leisten, irgendeine Möglichkeit zur Leistungssteigerung auszulassen.

Architekturen für hohe Entwicklungsgeschwindigkeiten

Das letzte Ziel, das unsere Produktarchitektur anstreben kann, ist Entwicklungsgeschwindigkeit. Dieses Ziel verlangt gegenüber den Aufwands-, Kosten- und Leistungszielen eine fundamentale Umorientierung. Jedes dieser Ziele ließ sich mit einem sequentiellen Entwicklungsansatz am besten erreichen. Entwicklungsgeschwindigkeit hingegen ist am besten mit einem simultanen Ansatz zu erzielen.

Wiederum gibt es verschiedene Schritte zum Erfolg. Der erste ist die Wiederverwendung von Subsystemen. Zweitens stabilisieren wir architektonische Schnittstellen früh im Prozeß. Drittens nehmen wir Entwicklungsaufgaben mit hohen zeitlichen Schwankungen aus dem kritischen Pfad. Wir werden diese Schritte der Reihe nach beschreiben.

Unser erster Schritt ist die Konzentration auf die Wiederverwendung von Subsystemen. Immer, wenn wir ein Subsystem wiederverwenden, haben wir eine Entwicklungsaktivität eliminiert. Wenn das Subsystem bereits entworfen ist, liegt es automatisch außerhalb des kritischen Pfads. Wiederverwendung kann eine dramatische Wirkung auf die Entwicklungsgeschwindigkeit haben, und die Wiederverwendbarkeit hängt entscheidend von der Produktarchitektur ab. Ein hohes Niveau von Wiederverwendung ist nur bei modularen Architekturen möglich.

Der zweite Schritt zur Beschleunigung der Entwicklungszeit ist die frühe Stabilisierung von Schnittstellen zwischen den Modulen. In der

Tat ist das Management der architektonischen Schnittstellen entscheidend für eine schnelle Entwicklung. Wie wir bereits gesehen haben, müssen diese Schnittstellen gut definiert sein, und es muß klare Verantwortlichkeiten, einen "Fahrplan" für die Schnittstellenfestlegung sowie adäquate Spielräume geben.

Der letzte dieser Faktoren, die Schnittstellenspielräume, ist für die schnelle Entwicklung sehr bedeutsam. Schnittstellen brauchen genügend überschüssige Kapazität, um die während des Entwicklungsprozesses unvermeidlich auftretenden Änderungen absorbieren zu können. Wenn wir nicht genügend Spielraum in den Schnittstellen haben, werden unsere Module massive Nacharbeit erfahren. Dieses Konzept großzügiger Toleranzen bildet das Gegenteil zum Ansatz der kleinen Spielräume, den wir verwenden, um Leistung zu maximieren und Kosten zu minimieren.

Der dritte Schritt, um die Geschwindigkeit zu verbessern, besteht darin, Entwicklungsaufgaben mit hohen zeitlichen Schwankungen aus dem kritischen Pfad zu entfernen. Insbesondere sollten wir versuchen, Architekturen auf der Basis erprobter technischer Lösungen zu verwenden, da die Technologieentwicklung typischerweise großen zeitlichen Ungewißheiten unterworfen ist. Eine Entkopplung von Technologie- und Produktentwicklung ist für eine schnelle Produktentwicklung sehr zu empfehlen. Wenn wir dagegen hohe Leistung oder minimale Produktkosten anstreben, benutzen wir den gegenteiligen Ansatz und verbinden Technologieentwicklung und Produktprogramm eng miteinander.

Ein Hauptpunkt dieses Kapitels ist, daß architektonische Ansätze eine Antwort auf wirtschaftliche Ziele sein sollten. *Eine Architektur ist nur insofern "gut", als sie Ihnen hilft, Ihr wirtschaftliches Ziel zu erreichen.*

Wer macht es?

Eine naheliegende Frage ist, wer für die Architektur verantwortlich sein soll. Ist es der Job des Teamführers? Betrauen wir einen Systemarchitekten damit? Involvieren wir das ganze Team?

Es ist oft beobachtet worden, daß die besten Architekturen von *einem* Kopf oder allenfalls von einem Team mit zwei oder drei Leuten hervorgebracht werden. Dies liegt wahrscheinlich an der Komplexität der erforderlichen Entscheidungen und der Notwendigkeit der Integration dieser Entscheidungen. Ein einzelner oder eine kleine Gruppe kann jedoch Probleme mit strukturellen Entscheidungen haben, deren Implikationen über die Teamebene hinausreichen. Wir brauchen eine Instanz, die die Interessen der projektübergreifenden Architektur vertritt.

Dies führt uns zu der Überzeugung, daß weder ein Systemarchitekt noch ein Teamführer allein eine gute Architektur entwerfen kann. Zu viele andere Mitglieder des Unternehmens verfügen über Informationen, die für diese Aufgabe von Bedeutung sind. Einige der besten Produktarchitekturen entstammen dem Verständnis, das Marketing und Fertigung für diese zentrale Frage haben. Verdeutlichen wir uns dies am Beispiel der bereits bekannten modularen Strukturen der Tektronix-Oszilloskope. Ein Entwicklungsingenieur könnte zu Recht argumentieren, daß die Schnittstellen in diesen Strukturen die Zuverlässigkeit und Leistungsfähigkeit der Geräte reduzieren würden. Ein Fertigungsmanager könnte mit ebensolcher Berechtigung einwenden, daß Schnittstellen zusätzliche Bauteile erfordern, was wiederum Kosten und Fertigungskomplexität erhöht. Die Einkaufsabteilung könnte darauf hinweisen, daß die zusätzlichen Teile teure Steckverbindungen sind, die zudem noch lange Lieferzeiten haben. Schließlich spricht der Marketingmanager. Er erläutert dem Team, daß ein modulares Oszilloskop leicht und kostengünstig vom Kunden aufgerüstet werden kann. Er verweist darauf, daß viele Unternehmen mehr Geld mit Nachrüst-Modulen als mit dem ursprünglichen Produkt verdienen. Der Marketingmanager setzt sich durch.

Betrachten wir ein anderes Beispiel, einen Hersteller von Koffern. Das Entwicklungsteam arbeitet an einem Koffer mit Kombinationsschloß. Das Marketing hat die Idee, daß eine farbliche Akzentuierung an dem Koffer gut aussehen würde, und verlangt farbige Schlösser. Die Entwickler fragen beim Schloßhersteller an und erfahren, daß farbige Schlösser ohne Preisaufschlag erhältlich sind. Heißt dies nun, daß der Entwurf gut ist? Die Fertigung wird konsultiert, und die Einkaufsleiterin geht prompt an die Decke. Sie erklärt, daß die Schlösser aus Europa kommen und eine Lieferzeit von sechzehn Wochen haben. Dies bedeute, daß sie Schlösser jeder Farbe für mindestens sechzehn Wochen auf Lager haben müsse; zudem habe das Marketing noch nie besonders gut prognostizieren können, welche Farbe demnächst "in" sei. Sie macht den Gegenvorschlag, eine billige, klammerbare Plastikverkleidung für das Schloß zu verwenden. Dagegen wendet die Entwicklung ein, es sei unter Fertigungsaspekten eine schlechte Lösung, zwei Teile für eine Funktion zu verwenden. Die Einkaufsleiterin entgegnet böse, es sei noch viel dümmer, ein Produkt so zu strukturieren, daß eine teure Komponente mit langer Lieferzeit weder standardisiert noch hinsichtlich der Nachfrage vorhersagbar sei. Bei Komponenten mit hohen Kosten und langen Lieferzeiten sollte Variabilität vermieden werden.

Diese beiden Beispiele illustrieren, daß die Architektur nicht einfach ein Entwicklungsproblem ist. In beiden Fällen waren Marketing und Herstellung zentral an der Entscheidung beteiligt. Es muß ein Mechanismus geschaffen werden, um sie in den architektonischen Prozeß einzubeziehen. Ich schlage eine funktionsübergreifende "Architektur-Konferenz" vor, die auch die wichtigsten Zulieferer einschließen soll, wenn diese gute Verbesserungsvorschläge für Kosten und Lieferzeiten bestimmter Schlüsselkomponenten machen können.

Zusammenfassung

In diesem Kapitel haben wir die wichtige Interaktion des Entwurfs unserer Produktarchitektur und des Entwurfs unseres Entwicklungsprozesses untersucht. Wir diskutierten drei grundlegende Prinzipien: Zum ersten ist Modularität ein nützlicher Weg, um bestimmte wirtschaftliche Ziele zu erreichen. Ihr Einsatz sollte von wirtschaftlichen Erwägungen bestimmt sein. Zum zweiten ist es wichtig, Variabilität in unserer Architektur zu isolieren. Zum dritten ist das Management von architektonischen Schnittstellen eine erfolgskritische Aktivität. Leider widmen die meisten Unternehmen diesem Thema zu wenig Aufmerksamkeit.

Dann erklärten wir, wie diese Prinzipien auf die wirtschaftlichen Probleme beim Erreichen unserer vier Hauptziele angewandt werden können. Dies ermöglicht es uns, spezielle Architekturen für geringen Entwicklungsaufwand, niedrige Kosten, hohe Leistungen und hohe Entwicklungsgeschwindigkeit zu entwerfen.

Abschließend diskutierten wir, warum die Architektur ein funktions- und projektübergreifendes Anliegen sein muß. Sie kann nicht allein einem technischen Architekten überlassen werden, und es wäre gefährlich, sie auf der Ebene des Entwicklungsteams zu optimieren. Es sind zu viele andere wichtige wirtschaftliche Interessen zu berücksichtigen.

Ich möchte nochmals betonen, daß die Architektur eine wirtschaftliche, nicht eine technische Entscheidung sein sollte. Das heißt nicht, daß sie alleine den Kaufleuten überlassen werden sollte, denn technische Faktoren sind entscheidend für Aufwand, Kosten, Leistung und Zeitplan. Techniker werden höchstwahrscheinlich immer die Hauptrolle bei der Wahl der Architektur spielen, aber sie können nicht alleine entscheiden.

Nach der Festlegung des architektonischen Zusammenhangs können wir uns nun einem besonderen Prozeßschritt zuwenden, der für viele Entwickler verwirrend war und noch immer ist. Theorien über eine gute Spezifikation gibt es wie Sand am Meer. Im nächsten Kapitel werden wir systematisch den Prozeß der Erstellung einer Spezifikation abhandeln.

9 Die richtige Produktspezifikation

Die Erstellung einer Produktspezifikation ist ein kritischer Subprozeß, den wir in mehreren Schritten angehen. Wir beginnen mit der Frage des Zielmarkts für unser Produkt. Dann diskutieren wir, wie man ein tiefes Verständnis für die Kunden auf diesem Zielmarkt erlangen kann. Diese beiden Schritte müssen der Erstellung eines Pflichtenhefts vorausgehen. Anschließend beschreiben wir, wie die Spezifikation zu erzeugen und während des Entwicklungsprozesses zu verwenden ist.

Am Anfang steht die Strategie

Die Unternehmensstrategie ist der zentrale Kontext unserer Produktentwicklung. Die Strategie entscheidet, in welche Marktsegemente wir gehen, wer unsere Wettbewerber sein werden und wie wir den Wettbewerb führen. Der einzige Maßstab für unsere Strategie ist ein wirtschaftlicher. Gute Strategien erzeugen Gewinn, schlechte nicht. Wir müssen die Ökonomie unseres eigenen Unternehmens, unserer Distributionskanäle und unserer Wettbewerber verstehen, um eine gute Strategie entwickeln zu können.

Die Produkte, die wir entwickeln, sind ein entscheidender Teil unserer Strategie, aber unsere Produktentscheidungen müssen zur Gesamtstrategie passen. So versuchte beispielsweise ein Hersteller von Computer-Peripherie, sich mit einem Produkt durch Leistungsvorteile vom Wettbewerb abzuheben. Leider waren die Distributoren, die der Hersteller benutzte, reine Verkäufer, die wenig technisches Verständnis hatten und dem Kunden den Nutzen des Produkts nicht gut erklären konnten. Dieser Vertriebskanal verkaufte nur auf Basis des Preises, so daß das Unternehmen für seine überlegene technische Leistung nicht belohnt wurde. Solche Diskrepanzen zwischen Produkt und Vertriebsweg findet man ziemlich häufig. Entscheidend ist, sich klarzumachen, daß gute Produkte schlechte Strategien nicht korrigieren können. Wir müssen mit einer soliden Strategie beginnen, wenn wir rentable Produkte entwickeln wollen.

Wer sind die Kunden?

Der erste und entscheidende Schritt im Spezifikationsprozeß ist die Auswahl der Zielkunden. Dieser Schritt beginnt mit den Anfangsüberlegungen zu unserer Strategie und setzt sich bei der Formulierung unserer Produktpläne fort. Die Entscheidung, weniger als 100 Prozent der Kunden zu bedienen, wird Marktsegmentierung genannt. Segmentierung ist einfach das Aufteilen des Markts mit dem Ziel, eine Gruppe von Kunden zu finden, die profitabler als andere bedient werden kann. Der Unterschied im Gewinn kann daran liegen, daß die Kunden bereit sind, einen höheren Preis zu bezahlen, oder daran, daß sie kostengünstiger bedient werden können.

Es gibt natürlich unendliche Möglichkeiten, einen Markt zu segmentieren. Zum Glück können Sie Ihren Ansatz ganz einfach überprüfen. Betrachten Sie den Unterschied im Gewinn zwischen den einzelnen Segmenten. Damit erhebt sich für den Produktentwickler ein interessantes Problem: Kann die Marketingabteilung den Markt allein segmentieren? Leider nicht. Eine gute Segmentierung erfordert Wissen über Wert und Kosten. Das Marketing kann den Wert bestimmen, indem es abzuschätzen versucht, welchen Preis verschiedene Kunden für das Produkt zu zahlen bereit sind. Darüber hinaus ist es aber auch nötig, die Kosten der Bedienung verschiedenen Kundengruppen zu bestimmen. Das heißt, daß auch Herstellung und Entwicklung an der Segmentierung des Markts beteiligt werden müssen.

Das Ergebnis der Marktsegmentierungsphase sollte eine Bestimmung der Zielkunden und eine grobe Festlegung der zu befriedigenden Kundenbedürfnisse sein. Diese Bedürfnisse werden normalerweise eher in Begriffen der Funktionalität des Produkts als in Form von Produktmerkmalen formuliert. Zu diesem Zeitpunkt sollten Sie eine ungefähre Vorstellung davon haben, welche Einkünfte und welchen Bruttogewinn das Produkt generieren könnte. Nach der Wahl eines attraktiven Kundensegments ist der nächste Schritt, den Kunden zu verstehen.

Den Kunden verstehen

Wenn es eine Schwäche gibt, die den meisten Produktspezifikationsprozessen gemeinsam ist, dann ist dies ein mangelndes Verständnis des Kunden. Um ein Produkt zu erzeugen, das gekauft wird, müssen wir uns auf drei Fragen konzentrieren. Erstens: Was wollen die Kunden?

Diese Frage stellen wohl die meisten Unternehmen. Zweitens: Warum wollen sie es? Diese Frage ist so wichtig, weil wir hieraus schließen können, wie viel den Kunden das, was wir ihnen verkaufen wollen, wert ist. Leider fehlen vielen Unternehmen auf diesem kritischen Gebiet Informationen. Drittens: Wie treffen Kunden ihre Entscheidung? Wir müssen die Kriterien entdecken, nach denen unsere Kunden die Erfüllung ihrer Produktanforderungen messen. Da diese Entscheidung von Wahrnehmungen ebenso wie von Tatsachen abhängt, müssen wir genau nachforschen, um die Anzeichen und Signale zu verstehen, die die Wahrnehmung beeinflussen. Außer bei sehr starker Verbraucherorientierung weisen die meisten Unternehmen auf diesem Gebiet große Schwächen auf.

Im Versuch, diese allgemeine Schwäche zu beseitigen, werden wir uns auf drei Werkzeuge konzentrieren, die sich als besonders nützlich erwiesen haben: Kundeninterviews, Beobachtung von Kunden und Fokusgruppen. Wir haben diese Werkzeuge aufgrund der guten Relation von Aufwand und Nutzen ausgewählt. Es gibt viele andere Instrumente, die nützliche Informationen erzeugen. Viele von ihnen erbringen jedoch relativ wenig Ergebnisse für die Investition in Zeit und Aufwand.

Kundeninterviews

Kundeninterviews sind wahrscheinlich unser wichtigstes Werkzeug, um den Kunden zu verstehen. Sie erzeugen immer viel Informationen in relativ kurzer Zeit. Kundeninterviews sind Fragebögen weit überlegen, weil der Fragende eine einheitliche Verwendung der Begriffe sicherstellen und unklare Sachverhalte interaktiv aufklären kann.

Zu oft werden diese Interviews als alleinige Angelegenheit des Marketings betrachtet. Manchmal werden sie völlig widersinnigerweise an Dritte vergeben. Das sind gefährliche Fallen. Das gesamte Team am Interviewprozeß zu beteiligen, hat zwei zentrale Nutzeffekte. Erstens wird die Anzahl von Interviews, die in einer bestimmten Zeit durchgeführt werden können, erheblich gesteigert, und zweitens kann das Team in seiner Gesamtheit viel bessere Rückschlüsse aus den erhobenen Informationen ziehen. Wenn die Teammitglieder aus erster Hand bestimmte Unklarheiten beim Kunden erfahren, beginnen sie zu verstehen, welche Anforderungen berechtigt und welche auf Sand gebaut sind.

Der Interviewprozeß umfaßt folgende Schritte: festlegen, wer interviewt wird, Termine machen, einen Interviewbogen entwerfen und die Interviews durchführen. Betrachten wir, wie sich jeder dieser Schritte effektiv durchführen läßt.

Ihre Interviewpartner sollten Ihre Zielkunden sein. Zielkunden sind nicht immer gegenwärtige Kunden. Ein häufiger Fehler ist es, die Leute zu interviewen, mit denen es sich am leichtesten sprechen läßt – und das sind meist die vorhandenen Kunden. Beispielsweise führen viele US-amerikanische Unternehmen ihre Interviews mit leicht zugänglichen heimischen Interviewpartnern und sind dann erstaunt, wenn ihre Produkte auf globalen Märkten keinen Anklang finden.

Sie werden wahrscheinlich mehr lernen, wenn Sie eine konzentrierte Interviewphase durchführen, als wenn Sie die Befragungen über den gesamten Entwicklungsprozeß verteilen. In der Regel sollten Sie die Kunden mehrere Wochen im voraus anrufen und zwei Wochen Interviews mit vier Terminen am Tag führen. Normalerweise beginnen sich nach 30 bis 40 Interviews einheitliche Muster in den Antworten herauszukristallisieren. Untersuchungen von Abbie Griffin und John Hauser kamen zu dem Ergebnis, daß bereits 90 Prozent der Kundenbedürfnisse nach 30 Interviews genannt sind.

Feldinterviews werden am besten von zwei Personen durchgeführt. Einer stellt die Fragen, während der andere die Notizen macht. Die Rollen können während des Interviews wechseln. Dieses Vorgehen erzeugt eine bessere Dokumentation und bietet einen Schutz gegen Verzerrungen aufgrund von individuellen Erwartungen. Die meisten Unternehmen schicken einen Marketingfachmann und einen Ingenieur zusammen los. Wenn mehr als ein Interviewer die Besuche macht, ist es ratsam, am Ende jedes Tages die wichtigsten Ergebnisse gemeinsam zusammenzufassen. Durch die Konzentration auf das an diesem Tage Gelernte läßt sich verhindern, daß zwei Interviewer zwei verschiedene Dinge hören. Außerdem führt die nähere Beschäftigung mit Antworten, die verschieden interpretiert werden können, zu genaueren Fragen.

Einen guten Interviewbogen zu entwerfen, ist der wesentliche Teil der Vorbereitung. Die Fragen sollten die folgenden Bereiche abdecken:

1. Hintergrundinformation über Interviewpartner und Unternehmen
2. Kaufprozeß
3. Kaufkriterien
4. Wahrscheinliche zukünftige Käufe
5. Einschätzung des Wettbewerbs

Die Hintergrundinformationen sind sehr wichtig, weil sie Hinweise zur Verfeinerung der Segmentierung enthalten. Jeder Segmentierungsansatz probiert verschiedene Kriterien der Untergliederung von Kunden aus. Beispielsweise können Sie Ihre Interviewpartner fragen, ob die

Entscheidungen zentralisiert auf Unternehmensebene oder dezentral auf Bereichsebene gefällt werden. Wenn Sie einen Unterschied in den Bedürfnissen zwischen diesen beiden Arten von Unternehmen entdekken, haben Sie ein sinnvolles Segmentierungsmuster gefunden. Diese Hintergrundinformationen können mit der Rolle des Produkts zu tun haben, aus welchem Budget es bezahlt wird, wie es sich auf die wirtschaftlichen Abläufe des Kunden auswirkt und dergleichen mehr. Mit fortschreitender Zahl von Interviews bilden sich Segmentierungsmuster heraus. Daraufhin sollten Sie bei entsprechenden Fragen im Fragebogen gründlicher nachfragen. Das ist natürlich und angemessen. Der Fragebogen ist ein Werkzeug, das Ihnen helfen soll, und nicht eine schablonenhaft zu befolgende Anleitung.

Es ist wichtig, die Kaufentscheidung zu verstehen, weil sie normalerweise viel komplexer ist als das Prinzip "das beste Produkt gewinnt". Typischerweise findet man verschiedene Beteiligte wie die Anwender des Produkts, kaufmännische und technische Entscheidungsträger. Manchmal kann man alle zusammen interviewen, aber das ist in der Regel die Ausnahme. Man erhält genauere Informationen, wenn man die verschiedenen Entscheidungsträger getrennt befragt. Nicht selten behaupten Personen, bestimmte Entscheidungen zu treffen. Beim genaueren Hinsehen erfährt man dann, daß diese ihre Rolle übertrieben haben. Eine gute Idee ist es, die Kunden zu bitten, eine kürzlich erfolgte Beschaffung anstatt einen theoretischen Kaufprozeß zu beschreiben. Damit könnten Sie herausfinden, daß der tatsächliche Prozeß sich sowohl von den Intentionen des Managements als auch von den Wünschen der einzelnen Beteiligten unterscheidet. Als Interviewer interessiert es Sie am meisten, was tatsächlich passiert.

Der erste Tag der Interviews ist erfolgskritisch, weil der Fragebogen immer Mängel hat. Sie müssen ihn verbessern, um Ihre wertvolle Interviewzeit den wichtigsten Fragen widmen zu können. Wenn verschiedene Interviewer im Feld sind, kann es schwierig sein, ihre Fragebögen und Fragemethoden zu synchronisieren. Wenn beispielsweise eine Frage die Bedeutung von Zuverlässigkeit betrifft, sollten Sie verstehen, wie jeder Kunde Zuverlässigkeit definiert. Vielleicht heißt Zuverlässigkeit für die meisten Kunden Systemverfügbarkeit. Wenn das so ist, können Sie entscheiden, daß alle Interviewer einen präziseren Begriff verwenden. Eine praktische Methode der Synchronisation sind Telekonferenzen am Ende jedes Arbeitstages, um die Notizen zu vergleichen. Führen Sie diese durch, bis der Fragebogen stabil wird.

Die Fragen zu den Kaufentscheidungen sollten sorgfältig strukturiert sein. Die meisten Interviewer machen den Fehler, sich auf das zu konzentrieren, was der Kunde will; schließlich ist ja der Zweck des Interviews, die Kundenbedürfnisse zu ermitteln. Es gibt aber zwei weitere wichtige Fragen. Wir müssen herausfinden, *warum* die Kunden bestimmte Merkmale wollen und *wie* sie ermitteln, ob ein Produkt über diese verfügt.

Die Frage "Warum brauchen Sie das?" erlaubt Ihnen, Rückschlüsse auf die relative Bedeutung verschiedener Anforderungen und Bedürfnisse zu ziehen. Diese Information ist notwendig, um zwischen Produktfunktionen abwägen zu können, was Sie unweigerlich tun müssen. Darüber hinaus hilft sie Ihnen, das anwendungsökonomische Modell zu erstellen, das wir in Kapitel 2 diskutiert haben. Zu oft kommen Interviewteams mit einer Liste von Anforderungen zurück, ohne zu wissen, wie sie die relative Wichtigkeit dieser Anforderungen einschätzen sollen. Denken Sie daran, daß Sie die Kunden verstehen und nicht einfach beschreiben wollen.

Der dritte Hauptbereich betrifft Fragen dazu, wie Kunden das Produkt bewerten. Für jede genannte Anforderung müssen wir fragen, woran der Kunde erkennt, daß er bekommen hat, was er wollte. Zu oft glauben Ingenieure und Wissenschaftler, sie müßten einfach die Probleme des Kunde lösen. Sie sehen nicht, daß es entscheidend ist, wie Kunden das Produkt wahrnehmen. Lassen Sie mich das an zwei einfachen Beispielen erläutern.

Ein guter Freund, der für einen Hersteller von Insektenvernichtungsmitteln arbeitete, erzählte mir eine lehrreiche Geschichte. Die Wissenschaftler hatten in der Tiefe ihres Labors eine phantastische Chemikalie gemixt, die für alle bekannten Schädlinge hundertprozentig tödlich war. Sie entwickelten eine Formel daraus und unterwarfen das Pestizid einem Markttest. Zurück kamen enttäuschende Ergebnisse. Die Marketingabteilung sagte, den Kunden gefalle das Mittel nicht. Es funktioniere nicht. "Das ist unmöglich", entgegneten die Wissenschaftler."Es tötet *alles*. Was tun diese Trottel? Haben sie vergessen, die Dose aufzuschrauben?"

Beim genaueren Nachforschen klärte sich das Problem. Kunden wurden gefragt, woran sie erkennen, daß das Mittel nicht funktioniert.

"Es tötet keine Schädlinge", sagte der Kunde.

"Woher wissen Sie das?" fragte der Interviewer.

"Nun, ich besprühe sie, und sie spazieren davon, als sei nichts geschehen. Selbst wenn ich sie in dem Zeug ertränke, krabbeln sie einfach in die Wand zurück."

"Aber sie sind vergiftet, sie sterben", sagte der Interviewer.

"Nun, für mich sehen sie ziemlich gesund aus."

"Aber sehen Sie sie je wieder?" fragte der Interviewer.

"Ich weiß nicht", sagte der Kunde, "um ehrlich zu sein, für mich sehen alle gleich aus."

"Was hätten wir tun müssen, um sie zu überzeugen, daß das Mittel funktioniert?" fragte der Interviewer.

"Wenn ich ihnen mit einem *richtigen* Insektizid komme, drehen sie sich auf den Rücken und strampeln mit den Beinen."

Es stellt sich also heraus, daß typische Anwender von einem Insektenvernichtungsmittel nicht nur erwarten, daß es Insekten tötet. Sie wollen die Schädlinge einen qualvollen Tod sterben sehen. Sie können ein hundertprozentig tödliches Insektizid produzieren – wenn es die Schädlinge nicht sichtbar tötet, verkaufen Sie keine einzige Büchse. Die Wissenschaftler hatten in ihrer Naivität angenommen, das Ziel sei, Schädlinge zu vernichten. In Wahrheit mußte das Produkt Schädlinge vernichten und dabei Unterhaltung für die Kunden bieten.

Im zweiten Beispiel entwickelte ein Software-Unternehmen ein Simulationssystem für Flugzeugkonstrukteure. Es war ein brillantes Programm. Die komplexen Berechnungen brauchten sogar auf einem leistungsstarken Workstation-Rechner einige Stunden. Viele Kunden beschwerten sich jedoch, daß das Programm ihre Rechner zum Absturz bringe. Das Unternehmen entdeckte, daß die Kunden das Programm mitten in den Berechnungen abstellten, weil sie glaubten, das System sei abgestürzt.

"Woher wissen Sie, daß es abgestürzt ist?" fragten die Entwickler.

"Es läuft stundenlang, und nichts passiert", sagte der Anwender.

"Aber das liegt daran, daß der Computer seine Berechnungen macht", sagte der Entwickler. "Er wird Ihnen die Antworten geben, wenn er fertig ist."

"Aha", sagte der Anwender nachdenklich, "das heißt also, der Bildschirm sieht genauso aus, wenn das Programm arbeitet, wie wenn es abgestürzt ist."

Endlich erkannte der Entwickler, daß er irgendwie auf dem Bildschirm anzeigen mußte, daß das System etwas tut. Dies verlangsamte die eigentlichen Berechnungen, aber es war für den Anwender zufriedenstellender, weil er jetzt wußte, daß das Programm noch lief.

Die wichtige Lehre hieraus ist, daß Sie erst einen Teil Ihrer Arbeit erledigt haben, wenn Sie wissen, was der Kunde will. Sie müssen weiterfragen. Sie müssen ermitteln, warum der Kunde es will und wie er zu wissen glaubt, ob er es bekommen hat.

Genaue Beobachtung

Das Kundeninterview ist ein mächtiges Werkzeug. Für viele Unternehmen ist es der ultimative Schlüssel zum Verstehen des Kunden. Andere Unternehmen betrachten es jedoch nur als den ersten Schritt auf dem Weg zum Kundenverständnis. Warum glauben sie, daß sie über das einfache Stellen von Fragen hinausgehen müssen? Weil sie herausgefunden haben, daß Kundeninterviews oft verzerrte Informationen erzeugen. Kunden können Schwierigkeiten damit haben, ihr Denken, ihre Verhaltensweise und ihre Erfahrungen korrekt zu artikulieren. Mit einiger Anstrengung ist es möglich, Kunden besser zu verstehen, als sie sich selbst verstehen.

Wenn man beispielsweise Verbraucher von Waschmitteln fragt, warum sie ein bestimmtes Produkt kaufen, erhält man eine Vielzahl von Antworten. Man kann den Eindruck bekommen, daß fast jeder das Produkt aus einem anderen Grund kauft. Wenn man mit den Herstellern von Waschmitteln spricht, bekommt man ein viel differenzierteres Bild. Sie unterscheiden zum Beispiel "Duftkäufer" von "Leuchtkraftkäufern" und erklären, welche Duftstoffe und Aufheller je nach Zielgruppe zugefügt werden. Sie erläutern, daß die Produktnamen und Anzeigenkampagnen auf die verschiedenen Zielgruppen maßgerecht zugeschnitten sind. Der Hersteller hat also ein viel klareres Bild davon, warum ein Produkt gekauft wird, als der Verbraucher selbst. *Das ist unser Ziel: den Verbraucher besser zu verstehen, als er sich selbst versteht.*

Um ein derart hohes Niveau von Verständnis zu erlangen, müssen wir über die Informationen, die wir vom Kunden erhalten, hinausgehen. Die erfolgreichsten Maßnahmen zum besseren Kundenverständnis sind die genaue Beobachtung des Kunden und die systematische Sammlung von Daten. Untersuchen wir diese beiden Techniken detaillierter.

Genaue Beobachtung heißt, das äußere Verhalten der Kunden während des Kaufprozesses und während der Verwendung des Produkts zu untersuchen. Das beste Werkzeug hierfür ist die Videokamera. Bemerkenswert an der Betrachtung des Produktgebrauchs durch Kunden auf

Video ist, daß wir beim zweiten Ansehen Dinge erkennen, die wir zunächst übersehen. Nach mehrmaligem Anschauen fällt uns sogar noch mehr auf. Weiterhin liefert das Video ein Werkzeug für quantitative Analysen. Wir können die Zeit für bestimmte Abläufe genau messen. Ein Software-Unternehmen geht über das Aufzeichnen des Bildschirms während der Anwendung des Produkts hinaus und nimmt auch den Gesichtsausdruck der Anwender auf. Dies vermittelt oft Informationen über die Gefühle der Anwender, die sie bewußt nicht zum Ausdruck bringen können.

Eine der Beschränkungen der Videoaufnahme ist, daß man primär äußerliches Verhalten der Anwender beobachtet und auf die innere Verfassung der Kunden nur schließen kann. Es wäre natürlich nützlicher, wenn wir Informationen über die innere geistige Verfassung bekommen könnten. Dazu gibt es zwei Techniken. Ein Ansatz ist, die Anwender verbal artikulieren zu lassen, was sie bei der Durchführung bestimmter Aufgaben tun. Durch diesen fortlaufenden Dialog bekommen wir eine bessere Vorstellung davon, was im Anwender vorgeht. Eine andere Technik ist, den Anwendern das Video unmittelbar nach der Aufzeichnung zu zeigen und sie zu bitten, ihre Tätigkeiten bei der Bearbeitung bestimmter Aufgaben zu kommentieren. Beide Methoden liefern genauere Informationen als die bloße Beobachtung des äußeren Verhaltens.

Eine andere Technik, genauere Daten zu erhalten, besteht darin, in die zu testenden Prototypen Datenerfassungsfunktionen einzubauen. Dies ist besonders nützlich in Software-Produkten, wo das System selbst Daten über Dinge wie Benutzungsmuster sammeln kann. Ein Beispiel für diese Technik wird in Michael Cusumanos Buch *Microsoft Secrets* beschrieben. Das Unternehmen produziert "instrumentierte" Versionen seiner Software, die während der Arbeit mit dem System Daten über die Verwendung bestimmter Features aufzeichnen. Solche Software kann Informationen liefern, die der Anwender selbst unmöglich artikulieren kann.

Fokusgruppen

Eine dritte Technik, um Kunden verstehen zu lernen, ist die Fokusgruppe, das heißt eine Gruppe von Kunden, die zusammen befragt werden. Das Interview wird normalerweise aufgezeichnet, was ein großer Vorteil ist, da die Ergebnisse leicht anderen, die nicht beteiligt waren, mitgeteilt werden können. Man profitiert in mehrerer Hinsicht davon, Informationen von vielen Kunden gleichzeitig zu erhalten. Erstens spart man Zeit –

in zwei Stunden kann man leicht mit zehn Kunden sprechen. Zweitens ermutigt diese Methode jeden Kunden, mehr Seiten eines Produkts zu betrachten, und sie unterstützt die Verwendung einer einheitlichen Terminologie. Was in Einzelinterviews widersprüchlich zu sein scheint, kann sich als sehr konsistent erweisen, wenn dasselbe Thema in einer Fokusgruppe diskutiert wird.

Fokusgruppen haben vier Nachteile. Erstens verzerrt die Gruppendynamik die Daten; Menschen verhalten sich in Gruppen anders denn als Individuen. Insbesondere tendieren einzelne dazu, sich der Gruppenmeinung anzupassen oder in stummem Widerspruch zu verharren. Im Ergebnis ist das Spektrum der Antworten einer Gruppe normalerweise nicht so breit wie die Ergebnisse von Einzelinterviews mit denselben Personen. Mit anderen Worten: Gruppen verzerren künstlich die Ansichten der Einzelpersonen, so daß sie stärker mit den entstehenden Gruppennormen konformieren. Daher sollte man sich nicht unbedingt auf die Ergebnisse einer einzigen Fokusgruppe verlassen.

Der zweite Nachteil der Fokusgruppe ist, daß das Entwicklungsteam nicht wie bei den Kundeninterviews auf der "Bauchebene" beteiligt ist. Wenn wir wollen, daß das Team ein lebendiges Gefühl für den Kunden bekommt, müssen wir es "hinaus ins Feld" zu den Kunden schicken. Die bloße Tatsache, daß die Gespräche normalerweise in der Firma des Kunden stattfinden, ermöglicht es dem Interviewer, Informationen über eine Anwendung zu bekommen, die er in einer Fokusgruppe niemals erhalten könnte.

Ein dritter Nachteil dieser Methode ist ihre vergleichsweise geringere Kosteneffizienz. Abbie Griffin und John Hauser haben interessante Untersuchungen über die Produktivität von Fokusgruppen und Einzelinterviews durchgeführt. Danach erzeugen Interviews fast dieselbe Menge von Informationen pro investierter Stunde wie Fokusgruppen. Da eine Stunde Einzelinterview gewöhnlich billiger ist als eine Stunde Fokusgruppe, scheinen Interviews kosteneffektiver zu sein.

Der vierte Nachteil ist vermeidbar. Oft dauert es viel zu lange, Fokusgruppen zu organisieren. Manche Teams warten Monate, bis die Marktforschungsmitarbeiter die Gruppen geplant und koordiniert haben. Ein Großteil dieser Verzögerung kann vermieden werden, wenn die logistische Vorbereitung der Gruppen vom Entwurf der Fragen entkoppelt wird. Nichts hindert uns daran, die Gruppen Monate im voraus zu planen und die Fragen 24 Stunden vor der Veranstaltung aufzuschreiben. Wir müssen ganz sicherlich die Zielkunden kennen, um die Gruppen zusammenstellen zu können, aber die Fragen können warten.

Diese Vor- und Nachteile legen es nahe, das Mittel der Fokusgruppen selektiv zu verwenden. Am nützlichsten ist es, um Informationen zu bestätigen, die man in Feldinterviews und aus Kundenbeobachtung gewonnen hat. Fokusgruppen können in Zwischenphasen des Produktentwicklungsprozesses extrem nützlich sein, wenn man Entwurfskonzepte testen und Prototypen evaluieren will. In solchen Fällen können sie Feedback über Entwurfsoptionen liefern, ohne daß man ein vielbeschäftigtes Entwicklungsteam wochenlang nach draußen schicken muß.

Ich habe bewußt viele andere Werkzeuge wie extern eingekaufte Marktforschungsleistungen, Fragebögen und QFD (*Quality Function Deployment*) ignoriert. Nach meiner Erfahrung erzeugen diese Werkzeuge einzigartige und nützliche Informationen. Ich würde Sie an Ihrer Stelle ausprobieren und herausfinden, wie gut sie im Einzelfall funktionieren. Hier beschränken wir uns auf die drei Werkzeuge, die für uns hinsichtlich Zeit und Aufwand die rentabelsten Ergebnisse gebracht haben.

Eine gute Spezifikation entwickeln

Wir kommen nun zum zentralen Punkt der Produktspezifikation, einer klaren Zielsetzung für das Entwicklungsteam. Um eine Spezifikation zu bewerten, müssen wir uns über ihre beiden Funktionen klar sein. Erstens ist die Spezifikation ein entscheidender Input des Entwicklungsprozesses. Sie sagt dem Entwicklungsteam, welche Funktionen des Produkts für den Anwender höchstwahrscheinlich wertvoll sein werden. In diesem Sinne ist die Spezifikation der Widerhall der Anwenderstimme im Entwicklungslabor.

Zweitens dient die Spezifikation als Kontrollmechanismus des Projekts. Indem wir ein Ziel für die Leistung des Produkts setzen, erzeugen wir einen Referenzpunkt für die Messung des Ergebnisses. Wenn wir von dem Ziel abweichen, können wir gegensteuern, solange Veränderungen noch nicht so teuer sind. Dies legt nahe, daß eine effektive Spezifikation nicht alles kontrollieren muß, sondern die "wichtigen" Dinge. Betrachten wir diesen Unterschied genauer.

Die Minimalspezifikation

Die Zwillingsziele Kommunikation und Kontrolle vermitteln uns eine klare Vorstellung davon, was für eine gute Spezifikation erforderlich ist. Betrachten wir zum Beispiel das Problem der Kommunikation, indem wir einige Ideen der Informationstheorie verwenden, die wir in

Kapitel 4 eingeführt haben. Wir können die Spezifikation als Botschaft des Kunden an das Entwicklungsteam betrachten. In einem formalen Sinn entspricht die in dieser Botschaft enthaltene Informationsmenge dem Grad der "Überraschung" für das Entwicklungsteam. Informationen, die von den "normalen" Ansichten abweichen oder ihnen widersprechen, sind am wichtigsten und müssen am präzisesten im Pflichtenheft festgehalten werden. Anforderungen, die allgemeines Wissen sind, vermitteln dem Team wenig neue Informationen. Das heißt, daß wir besonders gut darin sein müssen, eine beschränkte Anzahl nicht offensichtlicher beziehungsweise der Intuition zuwiderlaufender Anforderungen zu kommunizieren. Mit anderen Worten: Spezifikationen sollten kurz sein.

Leider halten zu viele Entwickler eine detaillierte Spezifikation für erstrebenswerter. Es gibt in Entwicklungsorganisationen eine lange Tradition des Kampfs für eine vollständige Definition der Produktanforderungen. Viele Leute glauben, je vollständiger eine Spezifikation ist, desto besser sei sie. Das Detail wird per se als gut empfunden. Fred Brooks zum Beispiel definiert die Spezifikation in seinem klassischen Buch *The Mythical Man-Month* als Beschreibung und Vorschrift für "jedes Detail, das der Anwender sieht". Eine solche Philosophie kann zu sehr detaillierten Spezifikationen führen.

Stellen wir eine andere Sichtweise dagegen. In den frühen Jahren von Hewlett-Packard begann das Entwicklungsteam den Entwurf von Testinstrumenten mit dem Verfassen der Katalogseite für das Gerät. Die Logik dahinter war, daß jedes Produktmerkmal, das wichtig genug für eine Erwähnung gegenüber dem Kunden ist, auch für die Entwickler wichtig sein muß. Andere Merkmale dagegen sind so trivial, daß sie im Katalog niemals erwähnt würden. Warum sollte ein solches Attribut für die Entwicklung spezifiziert werden? Die Katalogseite zu schreiben war deshalb so nützlich, weil das eine Konzentration auf die Schlüsselvorteile des Produkts für den Kunden bedeutete. Knapper Katalogplatz wurde nur für Botschaften benutzt, die die Kaufentscheidung des Kunden beeinflussen könnten. Dies fokussierte das Team automatisch auf die kritischen Produktattribute.

Diese Schwerpunktsetzung ist sehr wichtig. Eine vollständige Definition aller Produktattribute schadet meist mehr, als sie nützt. Jedes Zielattribut ist eine weitere Beschränkung für den Entwickler, welche die Entwicklungsaufgabe verkompliziert. Was schlimmer ist – viele Beschränkungen sind willkürlich und können zu Abstrichen bei Parametern führen, die für den Kunden wirklich wichtig sind. In der Praxis lenkt eine Spezifikation mit zu vielen Beschränkungen die Aufmerksamkeit von den Prioritäten ab.

Überraschenderweise ist es viel schwerer, eine kurze Spezifikation als eine detaillierte zu erstellen. Diese sind leicht zu erzeugen, weil wir einfach jedes von jedem Wettbewerber angebotene Produktmerkmal abschreiben. Die kurze Spezifikation erfordert dagegen Entscheidungen darüber, was wirklich wichtig für den Kunden ist. Dazu braucht es viel tieferes Wissen über den Kunden.

Ein zweites Hauptprinzip beim Erstellen einer guten Spezifikation ist die Bestimmung der relativen Bedeutung eines Merkmals. Ein Entwickler muß wissen, was beim Abweichen vom spezifizierten Zielwert eines Parameters passiert. Als Kontrollinstrument ist die Spezifikation am effektivsten, wenn wir nur die Abweichungen der Parameter überwachen, die für den wirtschaftlichen Erfolg des Produkts entscheidend sind. Bei beschränkten Ressourcen müssen wir unsere Anstrengungen auf das Wesentliche konzentrieren. Eine qualitative Schwerpunktsetzung bieten Methoden, bei denen der Kunde die relative Bedeutung von Produktmerkmalen bewertet. Viele dieser Methoden benutzen Gewichtungsfaktoren, aber sie sind dennoch im wesentlichen qualitative Methoden. Diese qualitativen Methoden sind am sinnvollsten, wenn, wie bei Konsumgütern, die Wahrnehmung von Merkmalen wichtig ist.

Der zweite Weg der Fokussierung besteht in der Verwendung von quantitativen Werkzeugen. Aus unserer Erfahrung besonders nützlich sind das anwendungsökonomische Modell, das wir in Kapitel 2 beschrieben haben, und das Benchmarking der Produktleistung. Eine gute Vergleichsgröße ist eine Funktion, die mehrere Merkmale eines Produkts umfaßt. Für einen Videorecorder könnte man zum Beispiel testen, wie lange es dauert, bis man mit dem Gerät eine Fernsehsendung aufzeichnen kann. Wir könnten diesen Wert verbessern, indem wir die Motoren größer konstruieren, so daß das Gerät schneller startet, aber das ist ein teurer Weg, das Problem zu lösen. Billiger wäre es, die Steuerungselektronik intelligenter zu machen. Nehmen wir zum Beispiel an, daß der Benutzer den Kanal, den er gerade sieht, in diesem Augenblick aufzeichnen will. Das vereinfacht die Aufgaben der Benutzungsschnittstelle und beschleunigt die Geschwindigkeit beim Benchmark-Test. Der hauptsächliche Wert des Benchmarking der Produktleistung liegt darin, daß der Schwerpunkt auf der quantifizierten funktionalen Leistung liegt, die normalerweise auch der Kunde bei einem Produkt bewertet. Dies erlaubt uns, verschiedene Parameter gegeneinander abzuwägen, um einen bestimmten Aspekt der Leistung zu optimieren.

Ob wir qualitative oder quantitative Werkzeuge benutzen – wir müssen immer das Team auf wichtige Produktmerkmale fokussieren. Eine Liste von 300 Merkmalen mit einem Zielwert für jedes ist ein Rezept für ein erfolgloses Projekt.

Die Produktbotschaft

Ein qualitatives Werkzeug zur Fokussierung ist so wichtig, daß es eine besondere Erörterung rechtfertigt. Es ist die Botschaft oder Mission eines Produkts, im Englischen auch als seine *value proposition* bezeichnet. Es ist die Antwort auf die Frage, warum der Kunde dieses Produkt statt eines Wettbewerbsprodukts kaufen sollte. Wenn man diese Frage nicht mit fünfundzwanzig Wörtern überzeugend beantworten kann, ist an dem ganzen Produkt etwas grundlegend falsch.

Manche argumentieren, daß die Kaufmotivationen für ein Produkt viel zu komplex sind, um sie in ein oder zwei Sätze zu fassen. Unsere Erfahrung nach jahrelanger Marktforschung besagt das Gegenteil. Die meisten erfolgreichen Produkte haben eine klare und einfache Botschaft. Käufer treffen ihre Wahl zwischen Produkten typischerweise aufgrund von drei oder vier Schlüsselfaktoren. Selbst bei Hightech-Produkten, wo der technische Einkäufer eine Vielzahl von Merkmalen bewertet, muß dieser Käufer seine Entscheidung normalerweise seinem Chef oder dem kaufmännischen Leiter erklären. Unvermeidlich muß der Kaufgrund daher sehr einfach artikuliert werden. Wann immer wir es unserem potentiellen Kunden schwer machen, eine unternehmensinterne Übereinstimmung über unser Produkt zu erzielen, senken wir unsere Chancen, den Zuschlag zu erhalten.

Wenn die Produktbotschaft zu Beginn des Entwicklungsprozesses formuliert wird, führt sie uns durch die zahllosen Abwägungsentscheidungen, die während dieses Prozesses zu treffen sind. Sie wird ein Kompaß für das Entwicklungsteam, der immer den richtigen Weg anzeigt. Wenn beispielsweise das Gewicht der entscheidende Wettbewerbsvorteil des Produkts sein soll, wird in jedem Zweifelsfall zugunsten einer Gewichtssenkung entschieden. Somit erzielen wir eine beachtliche Ausrichtung vieler kleiner Entscheidungen, ohne jede dieser Entscheidungen überwachen zu müssen.

Trotz ihres offensichtlichen Werts ist es erstaunlich, wie wenige Entwicklungsteams die Botschaft ihres Produkts klar artikulieren können. Nicht selten findet man fünf verschiedene Botschaften in den Köpfen von fünf verschiedenen Teammitgliedern. Diese Verschiedenheit führt dazu, daß sie Entscheidungen unterschiedlich treffen.

Ein einfacher Trick, uns zur Erzeugung einer klaren Botschaft zu zwingen, ist, die Anzeige für das Produkt als eine der ersten Teamaktivitäten zu verfassen. Damit definieren wir deutlich, worin das Produkt sich vom Wettbewerb unterscheidet. Wir sollten diese Anzeige während des gesamten Projekts an der Wand hängen lassen, um dem ganzen Team stets den Wettbewerbsvorteil des Produkts vor Augen zu führen. Ohne diesen Fokus können alle Merkmale gleich wichtig erscheinen, und das Team wird sich nicht klar darauf konzentrieren, einen Vorteil bei einem ausgewählten, entscheidenden Produktattribut zu erzielen.

Die Produktbotschaft muß einfach sein. Es ist eine sprichwörtliche Weisheit, daß man ein Produkt nicht verkaufen kann, wenn man die Gründe, die dafür sprechen, nicht während einer einminütigen Aufzugfahrt darlegen kann. Eine zweite gute Testfrage ist, was denn diese Botschaft ausschließt. Wenn kein Kunde, kein Anwendungsfeld und kein Produktmerkmal ausgeschlossen sind, hat die Botschaft keinen Informationsgehalt. In den frühen achtziger Jahren arbeiteten wir mit einem PC-Hersteller an der Definition seiner Botschaft. Ihre Zielkunden waren private Nutzer, kleine Unternehmen, große Unternehmen, die Regierung und das Erziehungswesen. Ein Fertigungsleiter, der dies gut beobachtete, bemerkte dazu, es sei leichter zu definieren, wer *nicht* Zielkunde sei; die einzigen Marktsegmente, die man ausgelassen hätte, seien die Obdachlosen und die Arbeitslosen.

Der Spezifikationsprozeß

Ein drittes grundlegendes Prinzip der Erstellung einer guten Spezifikation ist, einen guten Prozeß zu entwickeln. Die zwei Schlüsselfragen dieses Prozesses sind, ob er das Projekt verzögert und wie intensiv das Entwicklungsteam beteiligt ist. Der Punkt der Projektverzögerung kann eigentlich als eine Frage der Losgröße betrachtet werden. Die zentrale Frage ist, wie vollständig unsere Spezifikation sein muß, wenn wir den Entwicklungsprozeß beginnen. Indem wir mit einer Teilspezifikation starten, können wir Spezifikation und Entwicklung teilweise in Überlappung bringen und somit die Zykluszeit reduzieren. Solch ein Geschwindigkeitsgewinn ist nicht kostenlos. Er setzt uns der Gefahr teurer Nacharbeit aus, weil wir Entwicklungsarbeiten vollenden, die eventuell später im Prozeß geändert werden müssen. Somit ist die Losgröße ein Kompromiß zwischen Entwicklungsgeschwindigkeit und Entwicklungsaufwand.

Wenn die potentiellen Kosten für Nacharbeit geringer sind als die Kosten der Zykluszeit, bringen wir Spezifikations- und Entwicklungsaktivitäten zur Überlappung. Ein praktischer Weg, dies zu tun, wird als "progressive Festschreibung" der Spezifikation bezeichnet. Dabei definieren wir einen Zeitplan für die Festschreibung von verschiedenen Produktanforderungen. Beispielsweise können wir entscheiden, die Anzahl der Knöpfe auf einem Bedienbrett dreißig Tage nach Beginn des Entwicklungsprozesses einzufrieren, aber die Farbe des Bedienbretts können wir noch neunzig Tage später bestimmen. Der Punkt ist, daß wir nicht alle Merkmale am selben Tag einzufrieren brauchen. Wir können sie in inkrementalen Schritten festschreiben, abhängig davon, wann die Information gebraucht wird.

Bei diesem Vorgehen müssen wir dafür sorgen, daß im Endeffekt alles festgeschrieben wird. Wir brauchen ein einfaches Kontrollsystem, um sicherzustellen, daß die gesamte Spezifikation früh genug im Prozeß eingefroren wird. Eine einfache Art, dies zu tun, ist jedem Punkt der Spezifikation einen Wert zuzuschreiben und den zum jeweiligen Zeitpunkt festgeschriebenen Gesamtpunktwert zu verfolgen. Dies zeigt uns, wie nah wir dem Abschluß der Spezifikation sind.

Der zweite Qualitätsmaßstab des Spezifikationsprozesses ist, wie breit das Team bei der Entwicklung der Spezifikation beteiligt ist. Häufig finden sich vom Marketing entwickelte Spezifikationen, über die die Konstrukteure nur lachen können. Diese Situation wird noch verschärft, wenn wir, was einige Unternehmen tun, die Spezifikation in zwei Dokumente unterteilen, eine Marketingspezifikation und eine Entwicklungsspezifikation. Es ist viel besser, eine einzige Spezifikation zu benutzen, die als Gemeinschaftsarbeit vom gesamten Team geschaffen wurde. Psychologen haben ermittelt, daß die Beteiligung an der Zielbestimmung immer zu einem größeren Einsatz bei denen führt, die diese Ziele erreichen müssen.

Unter einem praktischen Gesichtspunkt heißt das, daß die meisten Details der Spezifikation erst nach der Bildung des Kernteams, nicht schon vor der Finanzierung des Projekts entwickelt werden. Die Produktspezifikation ist ein Gegenstand der Entwicklung, nicht der Produktplanung. Die Produktplanung produziert ein Konzept, das wir finanzieren können. Die Produktspezifikation erstellen wir, wenn das Team gebildet ist. Das Ergebnis ist ein stärker kundenzentrierter Entwurf, weil die Entwickler die Kunden befragen und deren Bedürfnisse verinnerlichen. Wenn die Spezifikation von einer anderen Gruppe erstellt wird, kann den Entwicklern das tiefe Verständnis für ihre Zielkunden und deren Anwendung fehlen. Sie können die technischen Dimensionen des Produkts vollständig beherrschen, aber es wird ihnen an Einsicht darüber fehlen, wie genau diese technischen Merkmale in Wert für den Kunden zu übersetzen sind.

Der Gebrauch der Spezifikation

Die Arbeit an der Spezifikation ist nicht beendet, wenn das Pflichtenheft erstellt ist. Die Spezifikation bleibt ein lebendes Dokument, das sich mit unserem Lernen über die Anwendung und die technische Lösung verändern sollte. Da sie ein Leistungsziel hat, erhöht unsere Spezifikation die Chance, daß wir dieses Ziel erreichen werden. Wenn jedoch der Zielmarkt in ständiger Bewegung ist, sollte sich auch unsere Spezifikation bewegen.

Dem Gebrauch, den ein Unternehmen von seiner Produktspezifikation macht, liegt eine Kernannahme zugrunde. Einige Firmen stellen fest, daß jede Spezifikation, die sie in ihrer Unternehmensgeschichte erzeugt haben, während der Produktentwicklung geändert werden mußte, aber sie schreiben das menschlichen Fehlern und einem Mangel an Disziplin zu. Sie glauben fest, daß sie eine gute Spezifikation erzeugen können, wenn sie nur hart genug arbeiten. Sie werden darin das klassische Denken eines offenen Regelkreises erkennen, wie wir es in Kapitel 5 beschrieben haben. Offene Regelkreissysteme versuchen, das Ziel perfekt einzustellen und es dann mit großer Genauigkeit anzupeilen. Sie verwenden kein Feedback.

Es gibt eine andere Möglichkeit, das Spezifizieren eines Produkts zu betrachten. Diese Sichtweise geht davon aus, daß jede Spezifikation fehlerhaft ist. Wenn wir vermuten, daß die Spezifikation schlecht ist, müssen wir latente Defekte so früh wie möglich im Entwicklungsprozeß finden. Diese Perspektive verändert unser Vorgehen dramatisch, und zwar auf zwei Arten. Erstens werden wir unsere Aufmerksamkeit auf die Entdeckung latenter Mängel richten, und zweitens werden wir nach verschiedenen Kanälen suchen, um zusätzliche Informationen über die "wirklichen" Anforderungen zu erhalten. Betrachten wir im folgenden beide Ansätze.

Wenn wir glauben, daß die Spezifikation latente Mängel enthält, ist unsere erste Reaktion, nach ihnen zu suchen. Dies ist ein großer Unterschied zum traditionellen Ansatz, der davon ausgeht, daß die Spezifikation gut ist. Wenn wir diese Annahme machen, kann das Marketing die Spezifikation für die Entwicklung freigeben und sich zurücklehnen, bis das Produkt fertig zum Verkauf ist. Wenn wir glauben, daß die Spezifikation prinzipiell Mängel hat, werden wir kontinuierlich über den gesamten Prozeß daran arbeiten, diese Mängel zu entdecken. Das bedeutet, daß wir während des Entwicklungsprozesses die Anforderungen ständig validieren müssen. Dies ist ein wesentlicher Unterschied zur spezifikationsgetriebenen Entwicklung, die wir in den meisten Unternehmen finden. Bild 9.1 illustriert, worin sich ein spezifikationsgetriebener und ein kundenwunschgetriebener Prozeß unterscheiden.

Die meisten Unternehmen folgen dem oberen Prozeß: Ziel des Entwicklungsprozesses ist eine Übereinstimmung mit der Spezifikation. Dabei liegt die Rückkopplungsschleife zwischen der erwünschten Spezifikation und dem tatsächlichen Verhalten des Entwurfs. Die Rückkopplungsschleife umgeht die Umsetzung von Marktanforderungen in Spezifikationen; Fehler auf diesem Gebiet werden nicht entdeckt.

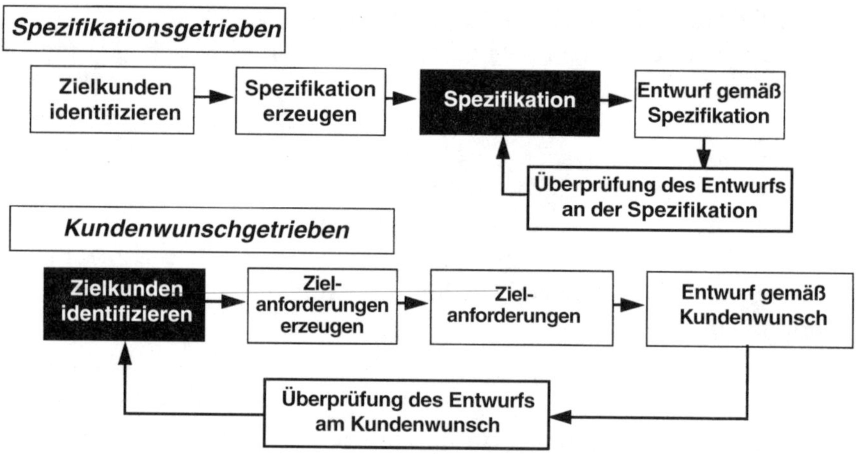

Bild 9.1: *Spezifikationsgetriebener vs. kundenwunschgetriebener Prozeß*

Der untere Prozeß in Bild 9.1 ist in vielen Unternehmen auf Konsumgütermärkten üblich. Statt Spezifikationen festzulegen, konzentriert man sich darauf, Kaufpräferenzen im Markt zu erzeugen. Man überprüft den Entwurf am Kunden, nicht an der Spezifikation. Dazu testet man an verschiedenen Stellen des Entwicklungsprozesses, ob das Produkt Wettbewerbsprodukten vorgezogen wird. Man macht sich weniger Gedanken darüber, ob das Getränk den richtigen Braunton hat, als darüber, ob die Leute es kaufen. Diese größere Rückkopplungsschleife erzeugt einen viel robusteren Prozeß, aber sie erfordert auch mehr Anstrengungen des Entwicklungsteams. Ihr Vorteil ist, daß kundenwunschgetriebene Rückkopplungsprozesse fast nie Produkte erzeugen, die niemand kauft. Beim spezifikationsgetriebenen Prozeß dagegen kann das leicht passieren.

Wenn wir den Prozeß auf Rückmeldung vom Kunden hin strukturieren, brauchen wir spezielle Mechanismen, die für eine schnelle, genaue

Rückkopplung sorgen. Geschwindigkeit und Genauigkeit der Rückkopplung lassen sich beträchtlich steigern, wenn dies zu einem expliziten Ziel der Prozeßentwicklung erklärt wird. So bat zum Beispiel in einem Elektronikunternehmen ein neuer Marketingleiter einen seiner Mitarbeiter, einem Produktteam eine schnelle Antwort auf eine Spezifikationsfrage zu liefern. Ihm wurde gesagt, daß es sechs Wochen dauere, die Fokusgruppe zu organisieren und daß es mehrere tausend Dollar koste. Sein voriges Unternehmen hatte eine beratende Gruppe von Kunden unterhalten, die sehr kurzfristig zur Verfügung standen. Dort konnte er seine schwierigsten Fragen in zwei oder drei Tagen beantwortet bekommen. Dies war ein zwanzigfacher Unterschied in der Antwortzeit. Der Wert dieser schnellen Antwortmöglichkeit ist extrem groß. Ein Entwicklungsteam kann seine Arbeit nicht für sechs Wochen unterbrechen, bis das Marketing mit einer Antwort zurückkommt. Statt dessen macht es eine Annahme und arbeitet weiter. Wenn dagegen das Kunden-Feedback in zwei oder drei Tagen da ist, kann man es sich leisten, auf die wirklichen Antworten zu warten.

Wir werden die Bedeutung einer frühen Reaktion des Marktes auf die Spezifikation in Kapitel 12 noch genauer diskutieren. An dieser Stelle wollen wir nur festhalten, daß unsere Marketingleute in einem kundenwunschgetriebenen Entwicklungsprozeß durchgängig sehr beschäftigt sind. Neben dem ständigen Überprüfen der Spezifikation sind alternative Kommunikationskanäle zu entwickeln, um die Stimme des Kunden für das Entwicklungsteam hörbar zu machen. Dazu gibt es drei verbreitete Wege.

Erstens können wir Kundenpartner verwenden. Ein Hersteller von Prüfgeräten für die Telekommunikation zum Beispiel beginnt kein Projekt ohne einen Kundenpartner. Das Unternehmen verzeichnete eine dramatisch höhere Erfolgsrate mit solchen Partnern, weil sie schnelle Antworten auf Entwicklungsfragen liefern. Gewisse Anforderungen können früh im Entwicklungsprozeß offen gelassen und später geklärt werden. Zugleich bieten sich die Kundenpartner für den Betatest des Produkts an.

Eine Variante dieser Technik ist, die Namen und Telefonnummern von drei repräsentativen Kunden in das Pflichtenheft zu schreiben. Dies bildet einen klaren Ankerpunkt für das Produkt. Die Kunden werden so ausgewählt, daß sie das angestrebte Marktsegment überspannen. Indem wir drei Kunden wählen, vermeiden wir, uns auf individuelle Bedürfnisse eines einzigen zu beschränken. Spezielle, konkrete Kunden zu verwenden, schützt uns vor Fehlern, die aus aggregierten Daten unserer Marktforschung entstehen können.

Ein zweiter bewährter Kommunikationskanal sind Kundenbeiräte oder Nutzergruppen. Eine sorgfältig ausgewählte Gruppe von Kunden kann als *Steering Committee* für die Entwicklung fungieren. In periodischen Treffen mit dieser Kundengruppe können wir ursprüngliche Produktpläne validieren und frühe Reaktionen auf Konzeptionen ebenso wie spätere Hinweise auf Details in der Konstruktion bekommen. Da die Kunden in diesen Gremien gewöhnlich dem Erfolg des Unternehmens stark verpflichtet sind, ist normalerweise die erforderliche Vertraulichkeit gewährleistet. Rückmeldungen von den Mitgliedern eines solchen "Produktrats" müssen nicht auf formale Treffen beschränkt sein. Viele Unternehmen haben auch die Möglichkeit kurzfristiger telefonischer Rückfragen vereinbart. Dies ist ein schneller Weg, Hilfe bei schwierigen Entwicklungsentscheidungen zu erhalten.

Ein dritter Kommunikationskanal ist die Verwendung von "Kundenstellvertretern" im Entwicklungsteam. Ein Unternehmen, das Buchhaltungs-Software entwickelt, beschäftigt Buchhalter in seinem Entwicklungsteam. Diese Mitarbeiter denken wie die Kunden, so daß sie den Software-Entwicklern sehr genaue Hinweise zur Gestaltung der Programme geben können.

Ganz gleich welche Werkzeuge wir verwenden – unser Entwicklungsprozeß wird immer robuster sein, wenn wir alternative Kanäle haben, über die die Stimme des Kunden zur Entwicklung kommen kann. *Die Spezifikation sollte nie die einzige Informationsquelle über die Kundenwünsche für das Entwicklungsteam bilden.*

Spezielle Implementierungen

Überlegen wir nun, wie wir den Spezifikationsprozeß auf die vier wirtschaftlichen Ziele Entwicklungsaufwand, Stückkosten, Leistung und Zeitplan ausrichten müssen.

Unser erstes wirtschaftliches Ziel ist Entwicklungsaufwand. In den meisten Fällen wird der Aufwand durch eine sorgfältige und gründliche Festlegung aller Projektziele vor Beginn des Projekts reduziert. Dies eleminiert Nacharbeit aufgrund von Mängeln in der Zielbestimmung, aber es legt die Spezifikation in den kritischen Pfad des Projekts. Voraussetzung für eine gute Spezifikation bei diesem Ansatz ist es, die späteren Gruppen, wie besonders die Fertigung, an der Erstellung der Spezifikation zu beteiligen.

Um den Aufwand zu kontrollieren, brauchen wir auch ein Verfahren, um mit dem Projektfortschritt die Spezifikation zu ändern. Dies ist wesentlich, weil wir entdecken können, daß ein Feature, das wir für leicht zu entwickeln gehalten haben, sich als sehr schwierig erweisen kann. Was als einwöchige Entwicklungsaufgabe sinnvoll war, kann sinnlos werden, wenn man fünfzehn Wochen dafür brauchen würde. Dann sollte diese Anforderung aus dem Pflichtenheft genommen werden.

Wenn wir versuchen, den Entwicklungsaufwand zu minimieren, müssen wir sehr strikt gegen Veränderungen vorgehen, die die Entwicklungsarbeit vermehren. Veränderungen, die die Arbeitsbelastung senken, werden wir gerne tolerieren.

Unser zweites wirtschaftliches Hauptziel der Entwicklung sind niedrige Produktkosten. Produkte mit niedrigen Kosten erfordern die Verbannung jeglicher Eleganz aus dem Entwurf. Die Kosten des Produkts sind das wichtigste Einzelziel des Programms. Ein solches Kostenziel sollte auf die Subsysteme heruntergebrochen werden und in der Verantwortung des gesamten Teams liegen. Wir müssen unsere Kostenexperten, die Fertigungsleute und Einkäufer, am Prozeß der Produktspezifizierung beteiligen. Wir werden kaum kostengünstige Entwürfe bekommen, wenn die Spezifikationen nur vom Marketing und von der Entwicklung erstellt werden.

Das Ziel niedriger Kosten erfordert auch, daß wir die Marktsegmentierung sehr sorgfältig vornehmen und die wirklich wichtigen Bedürfnisse des Kunden genau verstehen. Oft ist es wertvoll, nur einige wenige Schlüsselmerkmale zwingend vorzuschreiben und dem Entwicklungsteam ansonsten freie Hand für Kompromisse zugunsten niedriger Kosten zu lassen. Jedes Merkmal, das eine Kostenbelastung für das Produkt dargestellt, muß zur Disposition gestellt werden, und zwar für den gesamten Entwicklungsprozeß.

In einem solchen Prozeß gehen Änderungen der Spezifikation zur Senkung der Produktkosten den Entwicklern in Fleisch und Blut über. Stellen Sie sich zum Beispiel die Entwicklung eines medizintechnischen Geräts mit einem numerischen Display vor. Die Marketingabteilung hatte eine Zeichengröße von 3/4 Zoll spezifiziert, da sie dies aus Gründen der Lesbarkeit im Operationsraum für notwendig hielt. Das Entwicklungsteam stellte fest, daß ein Standard-Display mit ein Zoll großen Zeichen etwa für die Hälfte des Preises zu bekommen wäre, den das andere Display als maßgeschneiderte Lösung kosten würde. Hier konnte eindeutig eine Änderung der Spezifikation während des Entwicklungsprozesses die Produktkosten senken.

Solche Situationen sind häufig, weil die mit bestimmten Konstruktionslösungen, Techniken und Komponenten verbundenen Kostendaten früh im Prozeß nicht verfügbar sind. Wir werden die Produktkosten viel leichter optimieren, wenn wir nichtkritischen Konstruktionsparametern gestatten, ihren niedrigsten Kostenpunkt zu suchen. Bild 9.2 zeigt ein Beispiel einer Konstruktionsänderung zur Optimierung der Produktkosten.

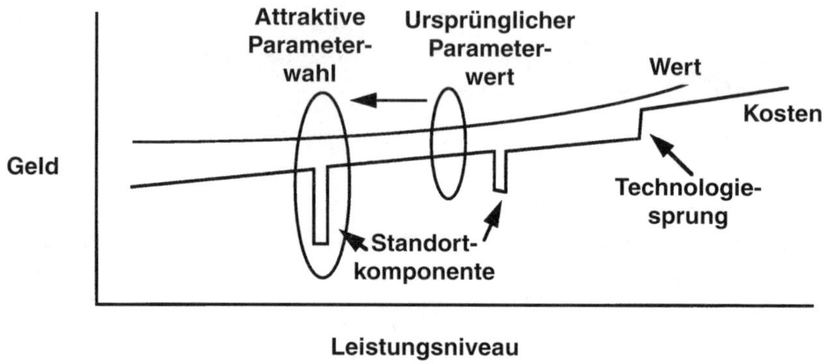

Bild 9.2: Kostenoptimierung

Unser drittes Ziel, nämlich hohe Leistung, erfordert intensiven Kontakt mit den Experten für Leistung – den Kunden. Wir müssen uns auf die technischen Parameter konzentrieren, nach denen der Kunde die Leistung bemißt, und das Risiko von Abstrichen an der Leistung aufgrund unwichtiger Nebenziele vermeiden. Quantitative Werkzeuge wie Anwendungsmodelle und Leistungs-Benchmarks werden für strenge Abwägungsentscheidungen benutzt. Das Team muß sich eng an den Schlüsselkriterien der Produktleistung orientieren.

Das Ziel hoher Leistung profitiert von einem stark kundenwunschgetriebenen Entwicklungsprozeß. Wir verwenden Kundenpartner und Beiräte und nehmen bestimmte Zielkunden in die Spezifikation auf. Diese Quellen können uns helfen, unser Ziel anzupassen, während wir die technischen Herausforderungen der angestrebten Produktleistung besser verstehen.

Schließlich, wenn wir uns auf die Leistung konzentriert haben, werden wir wieder feststellen, daß unsere Spezifikation sich ändert. Wichtige Informationen über das technisch Machbare werden während der Phasen des Konzipierens und des beginnenden Ausarbeitens verfügbar. Wir müssen unsere ursprünglichen Entscheidungen an diesen neuen

Informationen überprüfen. Wenn wir feststellen, daß unsere anfänglichen Annahmen ungenau waren, müssen wir unsere Pläne ändern. Das heißt, daß wir einen unkomplizierten Prozeß zur Durchführung von Änderungen in der Spezifikation brauchen.

Für unser letztes Ziel, die Geschwindigkeit, müssen wir den Entwurf beginnen, bevor wir eine vollständige Spezifikation haben. Die weiter oben in diesem Kapitel beschriebenen Techniken der progressiven Spezifikation sind dafür sehr nützlich. Solch ein Ansatz wird in zwei Fällen besonders wichtig: Erstens benutzen wir ihn häufig bei sehr komplexen Produkten, weil eine vollständig definierte Spezifikation viel Zeit beanspruchen kann, und zweitens verwenden wir ihn in sehr kurzlebigen Märkten, die zu einem raschen Wandel der Anforderungen führen. Es ist sinnlos, immer genauere Definitionen zu forden, wenn die Kundenanforderungen sich schnell ändern.

In solchen sich schnell ändernden Märkten ist es auch sehr nützlich, den Entwicklungsprozeß eher kundenwunschgetrieben als spezifikationsgetrieben zu gestalten. Wir verwenden Werkzeuge wie Kundenpartner, Kundenadressen in der Spezifikation und Kundenbeiräte. Indem wir das Projekt nicht an der Spezifikation, sondern am Kunden festmachen, entdecken wir Änderungen der Kundenbedürfnisse automatisch. Unser grundsätzlicher Bezugspunkt für Kontrollzwecke ist der tatsächliche Kunde, ein bewegliches Ziel – und nicht das Pflichtenheft als statische Größe.

Zusammenfassung

Im Zentrum dieses Kapitels stand mit der Erstellung einer Produktspezifikation ein entscheidender Subprozeß der Produktentwicklung. Zu den erfolgskritischen Aktivitäten, die der Spezifikation vorausgehen müssen, gehören Auswahl und Verstehen des Kunden. Die drei wichtigsten Werkzeuge zum Verständnis des Kunden sind Kundeninterviews, genaue Beobachtung und Fokusgruppen. Zu oft leisten Unternehmen sich Fehler in diesen ersten Phasen des Entwicklungsprozesses. Sie preschen zur Erstellung einer Liste von Produktmerkmalen vor, ohne viel Zeit mit der Auswahl und dem Verstehen ihrer Kunden zu verbringen. Dies erzeugt nur die Illusion eines schnellen Fortschritts. Unternehmen, die glauben, hier eine Abkürzung nehmen zu können, bezahlen den Preis dafür später.

Hierauf folgt die eigentliche Erstellung der Spezifikation. Wir behandelten die Notwendigkeit einer klaren Produktbotschaft und beschrieben die Technik des progressiven Einfrierens der Spezifikation. Große Bedeutung lag dabei auf einer "schlanken" Spezifikation. Verwenden Sie diesen Ansatz aber mit Vorsicht! Es ist die Qualität der Spezifikation, welche sie schlank macht, und nicht der geringe Umfang, der eine hochwertige Spezifikation ausmacht. Kürze ist ein Merkmal von Klarheit und Konzentriertheit, nicht deren Ursache. Ich habe kurze Spezifikationen gesehen, die schrecklich waren.

Nachdem wir eine Spezifikation erstellt haben, müssen wir sie im Entwicklungsprozeß verwenden. Wir sollten annehmen, daß die Spezifikation latente Mängel aufweist, und sie während der Entwicklung kontinuierlich überprüfen, um diese Mängel zu entdecken. Das Marketing muß *während* des Entwicklungsprozesses aktiv sein, nicht nur bei dessen Beginn und Ende. Wir nannten diesen Ansatz einen kundenwunschgetriebenen Prozeß und stellten ihn dem weniger robusten, aber stärker verbreiteten spezifikationsgetriebenen Prozeß gegenüber.

Wir hoben auch die Notwendigkeit hervor, verschiedene Kanäle zu entwickeln, um die Stimme des Kunden im Entwicklungsprozeß zu Gehör zu bringen. Die drei Schlüsseltechniken hierzu sind Kundenpartner, Kundenbeiräte und Kundenstellvertreter im Entwicklungsteam.

Schließlich beschrieben wir, wie diese Prinzipien für jedes der vier zentralen Ziele der Produktentwicklung umzusetzen sind. Es sollte klar sein, daß es keinen Weg der Pflichtenhefterstellung gibt, der die Anforderungen aller vier Ziele erfüllt. Es gibt keine *best practice* der Spezifikation. Statt dessen kommen wir immer wieder auf unsere wirtschaftlichen Ziele zurück und verwenden sie als Wegweiser zu der Antwort, die für unsere jeweilige Situation richtig ist.

10 Die richtigen Werkzeuge gebrauchen

In diesem Kapitel diskutieren wir, wie Technik uns helfen kann, unsere Entwicklungsziele zu erreichen. Nach der Einführung einiger genereller Prinzipien des Technikgebrauchs skizzieren wir vier Gebiete der Technik und stellen den Einsatz verschiedener Werkzeuge in bestimmten Situationen dar.

Der Gebrauch der Technik

Technik beeinflußt Entwicklungsprozesse auf drei Arten: Sie beschleunigt den Informationsfluß, sie verbessert die Produktivität, und sie reduziert Verspätungen. Betrachten wir diese drei Faktoren der Reihe nach.

Beschleunigter Informationsfluß

Die erste wichtige Rolle der Technik im Entwicklungsprozeß ist ihre Fähigkeit, den Informationsfluß zu beschleunigen. Das bedeutet, daß wertvolle Informationen früher erzeugt und viel schneller verteilt werden können. Wie wir in Kapitel 4 gesehen haben, hat Information je mehr wirtschaftliche Bedeutung, desto früher sie eintrifft. Durch frühe Bereitstellung von Informationen können wir die Geschwindigkeit des Entwicklungsprozesses erhöhen und somit seine Kosten senken.

Beispielsweise speichern einige Unternehmen, die klinische Tests von Pharmazeutika durchführen, die Testergebnisse in einer On-line-Datenbank, auf die während der gesamten Erprobung zugegriffen werden kann. Trends hinsichtlich Erfolg oder Versagen werden schnell sichtbar. Beim herkömmlichen Vorgehen dagegen wartet man mit der Auswertung der Daten, bis die gesamte Erprobung abgeschlossen ist. Wenn man weiß, daß das Medikament wahrscheinlich erfolgreich sein wird, kann man beruhigt und mit geringem finanziellem Risiko die nächste Phase der klinischen Tests angehen. Das Verfahren wirkt sich sowohl auf die Geschwindigkeit als auch auf das finanzielle Risiko des Projekts positiv aus.

Ein weiterer Faktor, der den Informationsfluß beschleunigt, ist die Verbreitung von Datenbanken und Telekommunikationssystemen.

Physische Nähe ist keine Voraussetzung für schnellen Informtionsaustausch mehr; wir kommunizieren weltweit in Minuten. Ein Unternehmen der Halbleiterindustrie arbeitet mit Entwicklungszentren in Europa und Amerika, um die täglichen Arbeitsstunden, die an die Entwürfe verwendet werden, zu verlängern. Dabei sind die Entwurfsarbeiten im einen Zentrum und Analyse sowie Simulation im anderen konzentriert, so daß die Entwickler ihre Testergebnisse vorfinden können, wenn sie am nächsten Morgen zur Arbeit zurückkommen. Je weniger wir auf Testergebnisse warten, desto schneller können wir entwickeln.

Dieser schnelle Informationsfluß bedeutet für das Entwicklungsteam schnelle Rückkopplungsschleifen. Wie wir in Kapitel 5 beobachtet haben, laufen geschlossene Regelkreissysteme tendenziell weit aus dem Ruder, wenn die Rückkopplung langsam ist. Betrachten wir ein Beispiel für die Anwendung dieses Prinzips. In seinem Buch *Microsoft Secrets* diskutiert Michael Cusumano die schnellen Rückkopplungsschleifen, die in den Programmierprojekten dieses Unternehmens realisiert wurden. Einige Programme haben tägliche "Zusammenbau-termine", das heißt, daß jeden Tag alle Module eines Systems integriert werden. Für die Programmierer ist es sehr wertvoll, eine schnelle Rückmeldung über die Qualität ihres Entwurfs zu bekommen, solange ihnen ihre Entwicklungsentscheidungen und die Logik ihres Programmcodes noch frisch im Gedächtnis haften. Wenn sie Monate auf Rückmeldungen warten müssen, haben sie in der Zwischenzeit an vielen anderen Aufgaben gearbeitet, was es ihnen schwer macht, sich wieder in die alten Programme hineinzufinden. Diese schnellen Rückkopplungsschleifen bedeuten direkt höhere Produktivität des Entwicklungsteams.

Verbesserte Produktivität

Bei aller Einzigartigkeit eines jeden Projekts sind dennoch nicht wenige Entwicklungs- und Konstruktionstätigkeiten repetitiv. Zur Bearbeitung solcher repetitiver Aufgaben stehen Automatisierungswerkzeuge zur Verfügung. Die manuelle Berechnung eines FEM-Modells ist langweilig und unbefriedigend. Entwicklungsarbeiten, die reich an repetitiven Berechnungen sind, bilden ideale Kandidaten für eine Automatisierung, die sowohl Geschwindigkeit als auch Genauigkeit verbessert.

Interessanterweise bedeutet Automatisierung nicht immer Zeit- oder Kostenersparnis. Viele rechnerbasierte Werkzeuge haben eine "steile Lernkurve". Die Produktivität ist anfangs gering, wächst jedoch rasch mit zunehmender Erfahrung. Anders ausgedrückt liegt ein sehr hoher

Fixkostenanteil vor, wenn man viele solcher Werkzeuge einsetzt, und zwar an Zeit und Aufwand. Manchmal kann eine kurze manuelle Berechnung eine Antwort schneller und billiger als das Hightech-Werkzeug produzieren.

Der zweite Grund für das Ausbleiben erwarteter Einsparungen ist, daß mit den neuen Werkzeugen oft mehr Berechnungen durchgeführt werden. Als die Berechnungen noch von Hand gemacht werden mußten, gingen wir sehr sparsam damit um und rechneten nur, wenn es wirklich nötig war. Wenn ein Werkzeug zur Verfügung steht, das die Berechnung viel leichter macht, wenden wir es auf alles an. Die steigende Zahl von Berechnungen kann oft die Produktivitätsverbesserungen durch das Werkzeug zunichte machen.

Auf der Habenseite kann der Computer viele Routinearbeiten wie etwa die Überprüfung von Konstruktionsregeln und Störungen zwischen mechanischen Komponenten übernehmen. Diese Arbeiten begeistern einen Konstrukteur selten, und er widmet ihnen oft nicht seine volle Aufmerksamkeit. Der Computer dagegen ist ein unermüdlicher Arbeiter, der jede Berechnung mit demselben Enthusiasmus ausführt.

Weniger Verspätungen

Technik kann Verzögerungen in unserem Prozeß auf zwei Arten reduzieren. Über die eine, Beschleunigung des Informationsflusses, haben wir bereits gesprochen. Die zweite Wirkung ist etwas subtiler: Technik kann auch Warteschlangen reduzieren. Um zu verstehen, wie dies geschieht, müssen wir uns einige der schon besprochenen Ideen in Erinnerung rufen.

In Kapitel 3 verwiesen wir auf vier allgemeine Methoden des Umgangs mit Warteschlangen: Kapazität steigern, Nachfrage senken, Varianz reduzieren und Steuerungssysteme verwenden. Technik hat primär die Funktion, Kapazität zu vergrößern und Varianz zu reduzieren. Wenn die Kapazität steigt – und wir klug genug sind, diese Kapazität nicht durch Überlastung der Organisation mit neuen Produkten zu verbrauchen –, werden wir eine Abnahme von Warteschlangen im Entwicklungsprozeß feststellen. Leider benutzen die meisten Unternehmen Produktivitätssteigerungen als Entschuldigung, neue Projekte zu beginnen, und ihre Warteschlangen bleiben die gleichen. Man kann dieses Problem vermeiden, indem man die richtigen Kennzahlen überwacht, was wir im nächsten Kapitel diskutieren werden.

Technik hilft uns auch, die Warteschlangen zu verkürzen, indem wir die Varianzen der Entwicklungstätigkeiten reduzieren. Technik treibt dem Prozeß die "Kunst" aus und ersetzt sie durch "Methode", die weniger Schwankungen erzeugt. Da Schwankungen in der Aufgabendauer ein wesentlicher Grund für Warteschlangen sind, hilft Technik uns, die Größe dieser Schlangen zu reduzieren.

Prinzipien der Implementierung

Zwei wichtige Prinzipien sind zu befolgen, wenn wir Technik in einem Prozeß einsetzen. Erstens müssen wir den Produktentwicklungsprozeß ändern, wenn wir das volle Potential der Technik ausschöpfen wollen. Wir können Technik ohne Änderung des Prozesses einsetzen, aber wir können sie niemals voll ausnützen, ohne unseren Prozeß zu ändern. Zweitens sollten wir Technik aus wirtschaftlichen Gründen verwenden, nicht einfach um der neuen Technik willen. Viele neue Systeme werden um ihrer selbst willen propagiert. Vermeiden Sie diese Falle – es gibt reichlich Möglichkeiten, Systeme einzusetzen, die beträchtliche Nutzeffekte erzielen.

Technik verändert den Prozeß

Betrachten wir das Zusammenspiel von Prozeß und Technik am Beispiel der Implementierung der CAD-Technik in einem Unternehmen. Gemeinhin durchläuft eine solche Systemeinführung drei Phasen. In der ersten Epoche, dem "finsteren Mittelalter vor CAD", führten Entwickler mit Rechenschiebern Analysen durch und entwarfen rohe Skizzen für die Konstruktion beziehungsweise das Zeichenbüro. Diese Gruppe erzeugte mit Reißbrett und Stift die endgültige Konstruktionszeichnung für das Produkt. Sie war traditionellerweise räumlich mit den Entwicklern zusammengefaßt, so daß zwischen beiden Gruppen eine enge Beziehung entstand. Die Zeichner trafen sogar vor dem Hintergrund ihrer Erfahrungen kleinere Konstruktionsentscheidungen selbst, so daß die Ingenieure nicht alles genau zu spezifizieren brauchten. Dennoch mußte ein Ingenieur letztlich jede Zeichnung freigeben.

Im nächsten Schritt wurde CAD eingeführt. Als CAD-Systeme aufkamen, waren sie teuer, langsam und schwer zu benutzen. Kein Ingenieur wollte zwei Minuten darauf warten, daß sich der Bildschirm neu aufbaute. Wenige hatten die Geduld, die komplexe Benutzungsschnittstelle des Systems zu erlernen. Selbst wenn sie es lernten, wäre ein CAD-Arbeitsplatz für jeden Ingenieur zu teuer gewesen. Die logische Antwort auf diese Probleme war, die CAD-Ressourcen in einer Gruppe zu konzentrieren, die damit Dienstleister für die Ingenieure wurde. Somit änderte eine neue Technik die ökonomische Struktur des Prozesses, und wir antworteten mit einer Änderung des Prozesses.

Diese Änderung des Prozesses hatte interessante organisatorische Auswirkungen. Die zentralisierte Gruppe arbeitete oft anderswo im Werk, weil sie für ihre Anlagen klimatisierte Computerräume brauchte. Ihre Kommunikation mit den Entwicklern war deutlich schlechter als in der "guten, alten Zeit". Die Reaktionsfähigkeit und die Qualität der Entwürfe litten darunter. Die Zeichner sprachen nicht mehr so viel mit den Entwicklern, und diese bekamen nicht mehr so viel Feedback. Da die Zeichner über einen Hort von Wissen verfügten, bedeutete die Schwächung der Kommunikation mit ihnen einen Verlust von wertvollem Feedback und somit einen Qualitätsverlust der Entwürfe.

In der dritten Phase der CAD-Technik wurde es attraktiv, CAD-Arbeitsplätze für alle Entwickler verfügbar zu machen. Der Grund hierfür war, daß die Benutzungsschnittstellen besser wurden, die Geschwindigkeiten stiegen und die Kosten pro Arbeitsplatz sanken. Dies erforderte jedoch wiederum Änderungen der Abläufe. Die CAD-Arbeitsplätze wurden zurück in den Entwicklungsbereich verlegt, und die Entwickler wurden in ihrer Anwendung geschult. Viele der Detaillierungsarbeiten, die vorher Zeichner durchgeführt hatten, erledigte das CAD-System jetzt automatisch. Designregeln konnten in der Software verankert anstatt in den Köpfen der Zeichner gespeichert werden. Die Zahl der Zeichner sank, und die Entwickler konnten ihre Entwürfe viel früher im Entwicklungsprozeß sehen. Indem sie ihren Entwurf bei der Entstehung betrachteten, ließen sich Änderungen viel eher durchführen.

Der entscheidende Punkt an diesem Beispiel ist, daß Technik die Organisation unseres Prozesses und unserer Mitarbeiter stark beeinflußt. Wenn wir nicht bereit sind, diese Dimensionen mit der Einführung der Technik zu ändern, zahlt sie sich nicht wirklich aus.

Achten Sie auf die Wirtschaftlichkeit

Das zweite wichtige Umsetzungsprinzip ist Wirtschaftlichkeit – *der* Kompaß, der uns stets auf Kurs hält. Die Wahl der Technik sollte immer von ihrer Auswirkung auf die Wirtschaftlichkeit des Entwicklungsprozesses abhängen.

Dieser Punkt ist kritisch, weil in den meisten Unternehmen viele Anforderungen um knappe Investitionsmittel streiten. Man kann sich vieles wünschen – bessere CAD-Systeme, größere Unterstützung für die

Entwickler, mehr Kapazität bei den Prüfeinrichtungen, mehr Allzweck-PCs für mehr Mitarbeiter, eine neue Teiledatenbank zur Förderung der Wiederverwendung von Komponenten, ein Produktdatenmanagementsystem und so weiter und so fort. Wie entscheidet man aber, was man tatsächlich kauft? Notwendig ist eine rationale Methode zur Entscheidung zwischen potentiellen Investitionen. Die Lösung liegt in der Analyse, die wir in Kapitel 2 entwickelt haben. Wie Sie sich erinnern, hat der Produktentwicklungsprozeß vier wirtschaftliche Schlüsselparameter: Entwicklungsaufwand, Stückkosten, Produktverhalten und Geschwindigkeit. Jede Veränderung eines dieser vier Prozeßparameter hat wirtschaftliche Auswirkungen. Wann immer wir eine potentielle Investition bewerten, müssen wir fragen, wie sie jeden dieser Faktoren beeinflußt.

Beachten Sie, daß dieser Ansatz sich radikal von der herkömmlichen Konzentration der kaufmännischen Abteilung auf nur einen dieser Parameter, nämlich den Entwicklungsaufwand, unterscheidet. Diese enge Sicht ist gefährlich, denn der Entwicklungsaufwand ist selten der wichtigste wirtschaftliche Faktor.

Betrachten wir zum Beispiel ein neues CAD-System. Unsere Analyse kann ergeben, daß die Konstruktion nur für einen sehr geringen Anteil des gesamten Entwicklungsprozesses im kritischen Pfad liegt, Tests dagegen einen großen Zeitanteil im kritischen Pfad beanspruchen. Wenn diese Zeit teuer ist, dann ist es klüger, am Testprozeß zu arbeiten, als Konstruktionstätigkeiten effizienter zu machen. Wir müssen unser Geld für die Dinge ausgeben, die sich am besten auszahlen. Natürlich kann eine solche Analyse schwierig sein, weil Technik die Wirtschaftlichkeit auf komplexe Weise beeinflussen kann. Beispielsweise können teure Änderungen spät im Entwicklungsprozeß ihren Ursprung in der Verwendung schlechter Werkzeuge in frühen Phasen des Prozesses haben.

Sehen wir uns ein Berechnungsmodell zur Bewertung der Anschaffung eines CAD-Arbeitsplatzes an. Wenn das CAD-System uns 100.000 Dollar kostet, es die Warteschlange im Konstruktionsbereich durchschnittlich von fünfzehn Tagen auf fünf verkürzt, könnten die jährlichen Gesamtkosten dieser Investition einschließlich Wartung und Abschreibung 35.000 Dollar betragen.

Betrachten wir nun die Verzögerungskosten. Zehn Tage zusätzlicher Wartezeit im CAD-Bereich könnten sich auf zehn Produkte auswirken, die im Laufe eines Jahres entwickelt werden. Als durchschnittliche Verzögerungskosten dieser Projekte nehmen wir 500.000 Dollar pro Monat an. Das bedeutet, daß die Verzögerungskosten auf Unternehmensebene in diesem Fall 166.000 Dollar pro "Warteschlangen-Tag" betragen würden. Ein Verzicht auf die Neuanschaffung würde also mit Gesamtverzögerungskosten von 1,66 Millionen Dollar zu Buche schlagen.

Vergleichen Sie dies mit den jährlichen Kosten der Investition: Das zusätzliche System erreicht bereits nach acht Tagen den Break-even-Point (s. Bild 10.1).

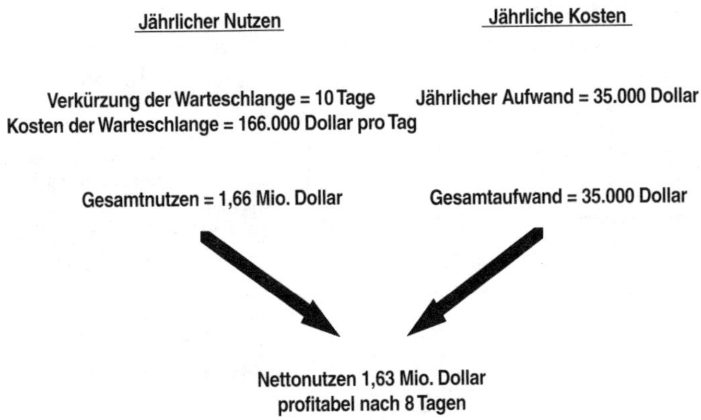

Bild 10.1: *Zukauf eines CAD-Arbeitsplatzes*

Festzuhalten ist, daß diese Analyse von den Verzögerungskosten auf Unternehmensebene abhängt. Wenn Sie keine von den Kaufleuten abgesegneten Verzögerungskosten auf Unternehmensebene haben, hat diese Analyse wenig Zweck.

Techniken

Die Techniken, welche die Produktentwicklung verändern, gliedern sich im großen und ganzen in vier Kategorien. Zur ersten gehören mit den meisten CAD-Systemen alle Werkzeuge, die Berechnungen und Entscheidungen in der Konstruktion automatisieren. Die zweite Kategorie bilden alle Techniken, die Testverfahren effizienter machen. Hierzu gehören Rapid Prototyping und automatisierte Testsysteme. Zum dritten gibt es Werkzeuge zur besseren Kommunikation in unseren Organisationen. Hierunter fallen Telefonanlagen, Netzwerke und Videokonferenzen. Schließlich verfügen wir über Werkzeuge zum einfacheren Speichern und Abrufen von Informationen. Im folgenden diskutieren wir diese Bereiche detaillierter.

Konstruktionsautomatisierung

Die Automatisierung von Berechnungen und Entscheidungen in der Konstruktion hat seit einiger Zeit gewaltige Auswirkungen auf die meisten Produktentwicklungsprozesse. Produktivitätssteigerungen von 10 zu 1 bei automatisierbaren Aufgaben sind keine Seltenheit. Berechnungen, die früher 20 Tage gedauert haben, lassen sich heute in 20 Stunden durchführen. Viele moderne Produkte wie etwa Mikroprozessoren setzen diese Werkzeuge absolut voraus.

Systeme zur Entwurfsautomatisierung haben vier wirtschaftliche Nutzeffekte. Erstens senken sie die Zeit, die wir für die Entwurfsanalyse brauchen. So hat sich etwa die Produktivität eines Entwicklers von ICs in den letzten zehn Jahren mindestens um den Faktor 100 gesteigert. Wir können heute Schaltkreisen entwerfen, die in der Vergangenheit unmöglich gewesen wären. Zweitens senken die Werkzeuge die Kosten dieser Analyse. Dieser Nutzen kommt zur Zeiteinsparung hinzu. Drittens systematisieren die Werkzeuge unseren Entwurfsprozeß, beispielsweise indem Entwicklungsregeln in die Berechnungen integriert werden. Somit lassen sich bessere Entwürfe produzieren als mit manuellen Methoden. Schließlich können wir dank der Werkzeuge viel mehr Lösungsalternativen in Erwägung ziehen und so die Lösung mit dem besten Kosten-Nutzen-Verhältnis finden.

Wir können uns die genauere Beschreibung dieser Werkzeuge ersparen, da sie von einer auskunftsfreudigen Branche fleißig vermarktet werden. Wenn Sie solch ein Werkzeug brauchen und es sich leisten können, ist es wahrscheinlich, daß die Verkäufer Ihnen bereits die Türen einlaufen. Ich will dazu nur auf zwei Dinge hinweisen.

Erstens: Zwar werden viele erfolgreiche Entwürfe mit sehr einfachen Werkzeugen erstellt, aber Sie arbeiten ohne gutes Werkzeug mit einem beträchtlichen Handicap. Selbst wenn mehr verkauft als tatsächlich gebraucht wird– diese Werkzeuge sind für den modernen Entwicklungsprozeß unerläßlich. Die Rendite spricht normalerweise eine deutliche Sprache.

Zweitens: Die Automatisierung sollte sich nicht auf die standardmäßig angebotenen Pakete beschränken. Viele Entwicklungsaufgaben können mit einfachen Werkzeugen wie Tabellenkalkulationsprogrammen, Datenbanken und mathematischen Programmen automatisiert werden. Beispielsweise senkte ein Hersteller von elektronischen Bauteilen die Kosten der Angebotserstellung für neue Entwürfe um den Faktor 100. Man erzeugte einfach eine Datenbank mit den Hunderten vorhandenen kundenspezifischen Entwürfen. Dann wurde ein einfaches Verfahren entwickelt, um zwischen diesen Entwürfen zu interpolieren, wenn die geforderte Lösung noch nicht existierte. Da die vorhandenen Entwürfe gut dokumentiert und ausgetestet waren, ließen sich signifikante Einsparungen bei der Dokumentation und beim Test erzielen. Im Ergebnis konnten die meisten Angebote in weniger als einem Tag erstellt werden.

Prototypen und Tests

Die zweite Gruppe von Werkzeugen erlaubt uns, Produkte früher, schneller und effizienter zu testen. Das Testen zu automatisieren ist sehr attraktiv, da die Arbeiten in diesem Bereich prinzipiell repetitiv sind und meist im kritischen Pfad des Projekts liegen. Leider investieren viele Unternehmen aggressiv in CAD und arbeiten in der Testautomatisierung mit zwanzig Jahre alten Systemen.

Im Prototypenbau können wir billige Methoden und Rapid-Prototyping-Systeme unterscheiden. Beide erlauben uns, früher im Prozeß das Produktverhalten zu überprüfen und schneller Antworten vom Kunden zu bekommen. Billige Verfahren setzen bei den Kosten des Prototypen an. Hierbei können wir unsere vorhandenen oder sogar Wettbewerbsprodukte verwenden. Ein Druckerhersteller benutzte ein Gerät von Digital Equipment, den LA-120, als Versuchsumgebung für sein Produkt. Man wollte ein neues Elektronikkonzept testen, bevor die eigene Mechanikentwicklung fertig war. Indem man den Mechanismus des LA-120-Druckers verwendete, fand man schnell heraus, daß das neue Konzept funktionierte, so daß man den Rest des Entwurfs beenden konnte. Wie wir in Kapitel 12 sehen werden, kann eine sorgfältig abgestimmte Teststrategie die Kosten früher Prototypen dramatisch reduzieren.

Rapid-Prototyping-Techniken sind genauso wertvoll, aber ihren Wert verdanken sie ihrer Geschwindigkeit. Sie erzeugen Informationen zu einem frühen Zeitpunkt, wenn wir noch billig Änderungen durchführen können. Dies kann zur Senkung von Marktrisiken und technischen Risiken beitragen. Werkzeuge wie die Stereolithographie bieten uns realistische Modelle früh im Prozeß. Zu oft glauben wir, Objekte aufgrund einer Blaupause visualisieren zu können. So bemerkte der Marketingleiter eines Herstellers von Telekommunikationsgeräten beim Anblick des ersten Prototypen eines neuen Produkts: "Eigentlich dachte ich, es wäre viel kleiner!" Blaupausen und Designerzeichnungen kommunizieren nie so viel wie ein 1:1-Modell.

Über frühe Prototypen hinaus können wir auch unsere Testprozesse automatisieren, was sich auf die Kosten und auf die Geschwindigkeit der Tests sehr positiv auswirkt. Wenn wir eine Prüfeinrichtung einmal automatisiert haben, können wir sie rund um die Uhr sieben Tage die Woche lang laufen lassen. Dies verkürzt die Zeit für bestimmte Tests erheblich, insbesondere für Zuverlässigkeitstests. Wir werden dieses Thema in Kapitel 12 im Rahmen einer besonderen Behandlung noch detaillierter betrachten.

Kommunikation

Eine dritte wesentliche Kategorie sind Werkzeuge zur Verbesserung der Kommunikation. Da die Produktentwicklung durch hohe Ungewißheit gekennzeichnet ist und Ungewißheit nur durch Information aufgelöst werden kann, besteht ein großer Bedarf an Übermittlung von Informationen während des Entwicklungsprozesses. Da Information, wie wir in Kapitel 1 herausgearbeitet haben, das primäre Ergebnis der Entwicklung ist, ist die Frage unseres Umgangs mit Information im Grunde wichtiger als die Handhabung des physischen Produkts.

Zum Glück entwickeln sich die Kommunikationswerkzeuge rapide (vielleicht fast so schnell wie die Komplexität unserer Projekte). Diese Werkzeuge beeinflussen Geschwindigkeit und Kosten des Informationsaustauschs. Nehmen wir das Beispiel eines amerikanischen Herstellers von elektronischen Produkten, der einen taiwanesischen Zulieferer hat, welcher Werkzeuge für ihn entwickelt. Früher wurden Konstruktionszeichnungen mit Kurieren geschickt, was mehrere Tage dauerte. Jetzt werden die Datenfiles elektronisch in weniger als einer Stunde übertragen. Das bedeutet, daß Änderungen viel schneller durchgeführt werden können. Ein weiterer Vorteil dieses elektronischen Datenaustauschs ist es, daß Daten nicht mehrfach in das System eingegeben werden müssen, was unnötige Fehler bei der Dateneingabe vermeidet.

Viele Unternehmen verwenden heute auch Videokonferenz-Systeme zur Verbesserung des Informationsflusses. Videokonferenzen scheinen gut zu funktionieren, wenn man die Personen am anderen Ende kennt und bereits mit ihnen zusammengearbeitet hat. Man fühlt sich wohler, wenn man schon einmal zusammen zu Mittag gegessen hat, als wenn man sich nur vom Bildschirm her kennt. Videokonferenzen können sehr sinnvoll sein, wenn eine Gruppe vielbeschäftigter Leute eine gemeinsame Entscheidung treffen muß. Beispielsweise verwendet ein Unternehmen Videokonferenzen, um seine ausländischen Verkaufsbüros mit der zentralen Marketingabteilung zu Hause zu verbinden. Wenn Feedback über einen Entwurf gebraucht wird, schließen sich die Regionalmanager per Video zusammen und fällen eine Entscheidung. Man braucht nicht zu warten, bis alle sich im Hauptquartier versammeln können.

E-Mail bietet das beste Preis-Leistungs-Verhältnis aller gegenwärtig verfügbaren Kommunikationswerkzeuge. Für weniger als 20 Dollar im Monat kann man Informationen mit Menschen auf der anderen Seite des Globus austauschen. Darüber hinaus hat E-Mail gegenüber anderen Formen wie verbaler Kommunikation und Videokonferenzen den außergewöhnlichen Vorteil, daß die Informationen permanent gespeichert werden. Diese Aufzeichnungen können nach Schlüsselwörtern durchsucht oder in andere Dokumente übertragen werden. Wahrscheinlich wird E-Mail für die meisten Entwicklungsteams so allgegenwärtig wie das Telefon werden.

Wir haben sogar Unternehmen gesehen, die mit so einfachen Werkzeugen wie Pagern die Kommunikation des Teams verbessern. Wenn eine Einkäuferin, die ein Team unterstützt, nicht an den Teamtreffen teilnehmen kann, wird sie angepiept, wenn ihr Beitrag erforderlich ist: sie kann die Angelegenheit entweder am Telefon klären oder persönlich ins Teamzimmer kommen.

Diese Kommunikationswerkzeuge verändern viele Entwicklungsteams. Sie sind preiswerter verglichen mit vielen anderen der erwähnten Techniken.

Speichern und Abrufen von Informationen

Techniken zum Speichern und Abrufen von Informationen sind wichtig, weil sie überflüssigen Overhead eliminieren und die Wiederverwendung fördern. In einem komplexen Projekt wird viel Zeit damit verschwendet, daß die Beteiligten nicht eine gemeinsame, zuverlässige Informationsquelle haben. Computer und Datenübertragung bieten uns eine leistungsfähige Möglichkeit, diese Situation zu verbessern. Neben komplexen Datenbanken mit ausgeklügelten Informationsmanagementsystemen können auch so einfache Lösungen wie eine von einer Person gepflegte, im Netz verfügbare Materialliste von großem Nutzen sein. Entscheidend ist, daß die jeweils aktuelle Version sofort in der gesamten Organisation verfügbar ist und daß es immer eine autorisierte Quelle der Daten gibt. Die Rechnertechnik ist hierzu besser als jedes manuelle Werkzeug geeignet.

Ein Schlüsselbereich des Speicherns und Abrufens von Informationen ist die Wiederverwendung von Entwürfen. Wir diskutierten die Bedeutung der Mehrfachverwendung von Modulen in Kapitel 8. Aber die Wiederverwendung von Informationen geht weit darüber hinaus. Wir können Spezifikationen, Prüfpläne, Marktstudien und viele andere Informationen wiederverwenden. Auf die Wiederverwendung greift man zurück, wenn es leichter wird, vorhandene Informationen abzurufen, als neue zu erzeugen. Mittlerweile stehen viele Produktdatenmanagementsysteme und Groupware-Produkte zur Verfügung.

Wir haben in diesem Kapitel einen Entwicklungsprozeß von Baugruppen erwähnt, der sechs Monate dauerte. Ein großer Teil dieser Zeit wurde für kundenspezifische Entwürfe und für das Testen dieser Entwürfe aufgewendet. Das Unternehmen hatte eine große Anzahl ähnlicher Entwürfe, führte aber für jeden Auftrag eine Neukonstruktion aus. Das Problem war, die Informationen über vorhandene Entwürfe wiederzufinden. Bei der Lösung des Problems erkannte man, daß die meisten Kundenaufträge durch Interpolation aus vorhandenen Entwürfen abgedeckt werden konnten. Die durchschnittliche Entwicklungszeit der Komponenten sank von rund sechs Monaten auf etwa sechs Tage. Diese dreißigfache Verbesserung der Zykluszeit wurde ohne Investitionen in CAD-Technik oder Konstruktionsautomatisierung erzielt. Es mußte nur der Zugang zu vorhandenen Entwürfen so gestaltet werden, daß die Entwickler neuer Lösungen gut darauf zugreifen konnten.

Zusammenfassung

Dieses Kapitel behandelte die Bedeutung der Technik für unseren Entwicklungsprozeß. Wir haben erläutert, wie Technik diesen Prozeß verbessern kann: durch Beschleunigung des Informationsflusses, durch Steigerung der Produktivität und durch Reduzierungen von Verzögerungen.

Technik kann jedoch nur voll ausgenutzt werden, wenn der Entwicklungsprozeß entsprechend geändert wird. Jede technologische Änderung zwingt uns, den Aufbau unseres Entwicklungsprozesses zu überdenken.

Wir haben beschrieben, wie die wirtschaftlichen Analysen aus Kapitel 2 zur Bewertung von Investitionen in diese Technik verwendet werden können. Viele Unternehmen machen den Fehler, nur die Kostenwirksamkeit neuer Techniken zu berücksichtigen. Damit konzentrieren sie sich nur auf einen der vier wirtschaftlichen Parameter – und gerade auf den, der gewöhnlich nicht der wichtigste ist.

Abschließend haben wir vier Schlüsselgebiete des Technikeinsatzes in der Produktentwicklung dargestellt. Die Konstruktionsautomatisierung ist wahrscheinlich zu Recht für die meisten Manager der sichtbarste Bereich, aber sie ist nur *ein* aussichtsreiches Handlungsfeld. Einen zweiten zentralen Bereich bilden Prototypen und die Testautomatisierung. Das Testen kann leicht die Hälfte oder mehr der Entwicklungszeit erfordern. Hier bietet sich ein attraktiver Ansatz, sowohl Zykluszeit als auch Effizienz zu verbessern. Die beiden letzten Schlüsselgebiete sind Kommunikation sowie Speicherung und Abruf von Informationen. Diese Techniken haben entscheidende Bedeutung, weil die Werkzeuge gemessen an ihrem Nutzen oft recht kostengünstig sind.

Abschließend ist nochmals zu betonen, daß bei der Investition in neue Techniken sorgfältig die Gesamtwirtschaftlichkeit zu bewerten ist. Viele potentielle Investitionen in hochkomplexe Systeme erreichen das Niveau von mehreren Millionen Dollar; sie sind zu wichtig, um mit einer schnellen qualitativen Rechtfertigung entschieden zu werden. Jedes Werkzeug ist sein Geld nur wert, wenn man seine *volle* wirtschaftliche Bedeutung betrachtet. Das heißt, daß wir die Auswirkungen einer Investition auf Entwicklungsaufwand, Stückkosten, Produktleistung und Zykluszeit quantitativ abschätzen müssen. Anderenfalls verpassen wir die Gelegenheit, in gute Technik zu investieren, oder wir verschwenden Geld für teure Technik, die nur marginale Verbesserungen bringt.

11 Die richtigen Größen messen

In diesem Kapitel diskutieren wir, wie ein Prozeß zu kontrollieren ist. Wir beginnen mit einigen generellen Prinzipien des Aufbaus von Überwachungssystemen. Dann behandeln wir die Realisierung von Kontrollmechanismen auf Projektebene unter dem Aspekt verschiedener wirtschaftlicher Zielsetzungen. Abschließend führen wir dieselbe Betrachtung für die Unternehmensebene durch.

Allgemeine Prinzipien

An den Anfang unserer Überlegungen müssen wir einige allgemeine Grundsätze zum Aufbau von Überwachungssystemen stellen. Wir untersuchen, wie wirtschaftliche Analysen uns beim Problem der Prozeßkontrolle helfen können. Dann diskutieren wir das Konzept des Kontrolldreiecks – ein einfaches, aber sehr wirkungsvolles Werkzeug, wenn wir Strategien zur Beherrschung multidimensionaler Kontrollprobleme entwickeln wollen. Danach fragen wir uns, an welchen Stellen der Organisation wir Kontrollpunkte einrichten sollten. Abschließend sprechen wir über einige Strategien der Auswahl von Kennzahlen.

Kennzahlen müssen wirtschaftlich begründet sein

Die erste Frage lautet: Warum den Prozeß kontrollieren? Wenn wir das *Warum* kennen, folgt das *Wie* fast automatisch. Ist ein kontrollierter Prozeß prinzipiell besser als ein eher unsicherer? Nein. Da der Zweck unseres Prozesses ist, Geld zu verdienen, muß der Zweck der Kontrollen sein, das wirtschaftliche Ergebnis zu verbessern. Es gibt *keinen* anderen Grund, an Prozeßkontrolle interessiert zu sein.

Das ist entscheidend – Kontrolle und Reduzierung von Schwankungen sind nur wertvoll, wenn sie wirtschaftliche Auswirkungen haben. Fragen Sie sich, ob Sie an der Kontrolle Ihres Prozesses Interesse hätten, wenn Ihr Profit von einer Versicherung gewährleistet würde.

Wenn also das eigentliche Ziel der Prozeßkontrolle eine Verbesserung des wirtschaftlichen Ergebnisses ist, verweist uns dies klar auf das zentrale Anliegen der Prozeßkontrolle. Wir müssen unsere Anstrengungen auf die Überwachungsparameter konzentrieren, die die größte wirtschaftliche Relevanz haben. Zum Glück haben wir eine hocheffiziente Methode, diese Parameter zu ermitteln: die in Kapitel 2 vorgestellte wirtschaftliche Analyse. Wenn unsere Analyse auf Unternehmensebene ergibt, daß der Zeitplan der, wirtschaftlich gesehen, wichtigste Parameter ist, sollten wir unsere Überwachungsbemühungen auf den Zeitplan konzentrieren. Wenn wir dagegen entdecken, daß die Kosten die größte wirtschaftliche Bedeutung haben, sollten wir uns entsprechend darauf einstellen. Wir können den Schwerpunkt unserer Kontrollstrategien nur bestimmen, indem wir herausfinden, welche Größen die Wirtschaftlichkeit des Projekts am stärksten beeinflussen.

Gegen dieses einfache Prinzip wird beim Entwurf von Kontrollsystemen für Produktentwicklungsprozesse wahrscheinlich am häufigsten verstoßen. Im typischen Unternehmen liegt der Schwerpunkt der Kontrollen eindeutig auf den Kosten, ganz gleich, ob dies wirtschaftlich entscheidend ist oder nicht. So verwies zum Beispiel der Entwicklungsleiter eines Unternehmens der Elektronikbranche darauf, daß er für die Entnahme von Büromaterial die Unterschrift seines Vorgesetzten brauchte, obwohl er millionenschwere Zulieferverträge in eigener Verantwortung unterzeichnete. Diese Betonung der Kostenkontrolle kommt wahrscheinlich daher, daß die Spezialisten für dieses Gebiet, unsere Kaufleute, hochentwickelte Systeme zur Kostenkontrolle entwickelt haben. Die größten Lücken weisen Kontrollsysteme für Stückkosten, Produktleistung und Entwicklungsgeschwindigkeit auf.

Das Kontrolldreieck

Auch wenn wir unsere Überwachungsbemühungen auf den wirtschaftlich wichtigsten Parameter konzentrieren, können wir uns nicht den Luxus erlauben, andere Prozeßgrößen zu ignorieren. Wenn wir für diese anderen Variablen keine Randbedingungen setzen, könnten wir unangenehme Überraschungen erleben. Wir brauchen vielmehr einen rationalen Ansatz, unsere Projekte bestimmten Randbedingungen zu unterwerfen.

Ein leistungsfähiges Werkzeug hierfür ist das sogenannte Kontrolldreieck (s. Bild 11.1). Wir können uns jedes Projekt als grundsätzlich von drei Randbedingungen bestimmt vorstellen. Die erste ist der Arbeitsumfang. Dieser hängt vom Niveau der Produktleistung und von den angestrebten Stückkosten ab. Die zweite Randbedingung ist die Menge von Ressourcen, die wir dem Projekt zuweisen. Die dritte Randbedingung ist der Zeitplan, das heißt die Dauer, für die wir diese Ressourcen einsetzen. Einfach ausgedrückt, müssen wir den Faktor aus Ressourcen und Zeitplan gleich dem erforderlichen Arbeitsaufwand setzen, sonst ist das Projekt unvollständig. Eine klare Darstellungsmöglichkeit dieser Beziehung ist das Bild der drei Randbedingungen in einem Dreieck.

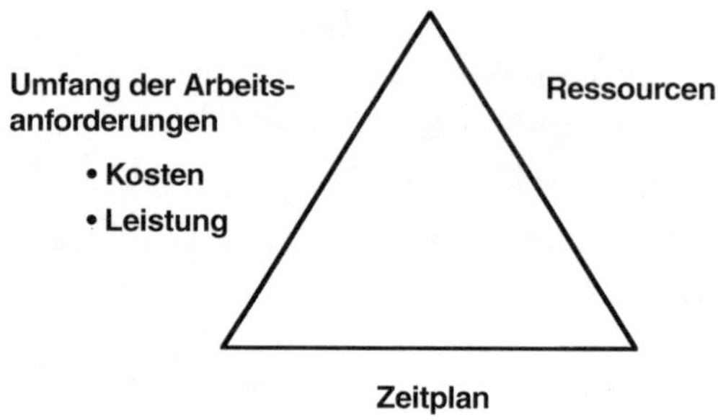

Bild 11.1: *Kontrolldreieck für Projekte*

Wie wir in Kapitel 1 sahen, ist eine der interessanten Tatsachen der Produktentwicklung die Variabilität in diesem Prozeß: Wir können nicht auf allen drei Seiten des Dreiecks die Randbedingungen festsetzen. Statt dessen müssen wir uns bewußt entscheiden, welche Seite des Dreiecks die prinzipielle Variabilität des Projekts tragen soll. Wir legen zwei Seiten des Dreiecks fest, und die Variabilität wird in die dritte Seite getrieben.

In den meisten Unternehmen wird die Entscheidung über diese Festlegung unbewußt getroffen. Das Standardvorgehen ist, zuerst den Arbeitsumfang und dann die Ressourcen zu bestimmen. Das treibt die Variabilität in die Zeitplanachse. Dieser Ansatz ist so häufig, daß die meisten Unternehmen ihn benutzen, ohne überhaupt darüber nachzudenken. Das Prinzip ist in Normen wie ISO 9000 verankert, wo zuerst alle Entwicklungsaufgaben definiert sein müssen und dann die zur Bearbeitung des Projekts erforderlichen Ressourcen ermittelt werden. Auf demselben Prinzip fußt das Modell des *Software Engineering Institute*, das zuerst die Anforderungen definiert. Für nachdenkliche Produktentwickler ist dies jedoch nicht die einzige Möglichkeit. Betrachten wir zwei weitere Ansätze.

Eine Alternative ist, Zeitplan und Ressourcen festzulegen und die Anforderungen als Sicherheitsventil fungieren zu lassen. Diese Technik gewinnt besonders bei Software-Produkten zunehmend Verbreitung. Zum Beispiel pflegten Hersteller von CAD-Software bislang eine neue Version ihres Produkts zu definieren und das Release-Datum im voraus anzukündigen. Es bestand ein großer Anreiz, bei der Festsetzung dieses Datums aggressiv zu sein – kaum überraschend, daß die Software fast nie rechtzeitig herauskam. Jetzt setzen die Unternehmen das Release-Datum der Software fest und lassen den Leistungsumfang variieren. Die Software wird zum angekündigten Termin ausgeliefert, obwohl manchmal einige Leistungsmerkmale fehlen. Man könnte den Schluß ziehen, daß die Anbieter erkannt haben, daß die Strafe für eine Terminüberziehung höher ist als diejenige für das Fehlen von Merkmalen. Wenn die Software drei Tage nach der *Design Automation Conference*, einer großen Messe der Branche, verfügbar ist, erhalten die Anbieter keine teilweise Anerkennung dafür. Wenn sie einige Features weglassen, ziehen sie dennoch den größten Teil des Nutzens aus der Produkteinführung. Daher haben sie mit der Wahl des Leistungsumfangs als Sicherheitsventil ihres Projekts die richtige Unternehmensentscheidung getroffen.

Wie wäre es, wenn Sie künstliche Herzklappen entwickelten? Würden Sie Ihrem Team einen Zeitplan und ein Budget geben und den Mitarbeitern sagen, sie sollten damit die Anforderungen so gut sie können erfüllen? Wohl kaum! In diesem Fall wäre eine teilweise Erfüllung der Anforderungen ein teurer Fehler. Andererseits wäre auch eine Abweichung vom Zeitplan teuer, weil in der Medizintechnik die Markteinführungszeiten erfolgskritisch sind. Somit wäre hier die beste Strategie, Anforderungen und Zeitplan festzusetzen und die Ressourcen als Sicherheitsventil zu benutzen. Dies ist aus Sicht des Managements vielleicht einer der schwierigsten Ansätze, weil die Ressourcen ein sehr unangenehmer Kontrollfaktor sind. In der Praxis müssen wir das Projekt fast immer von Anfang an mit überdimensionierten Ressourcen ausstatten, weil es für gewöhnlich schwer ist, in späten Projektphasen noch Ressourcen hinzuzufügen.

In beiden Beispielen setzen die Unternehmen die Seiten des Dreiecks fest, wo Variabilität den meisten Schaden anrichten. Das ist ein fundamentales Prinzip der Projektkontrolle. Diese Entscheidung ist nicht eine Frage der Philosophie oder der Tradition; sie sollte wirtschaftlich motiviert sein. Wenn beispielsweise unsere wirtschaftliche Analyse zeigt, daß eine Überschreitung des Aufwands insgesamt geringe wirtschaftliche Auswirkungen hat, legen wir unsere Abweichungsmöglichkeiten in diesen Parameter. Wir übernehmen niemals die traditionelle Reihenfolge, Aufgabenumfang und Ressourcen festzulegen und die Abweichungen in den Zeitplan zu verlagern, wenn dies nicht wirtschaftlich sinnvoll ist.

Kontrolle dezentralisieren

Die dritte Grundsatzfrage beim Entwurf eines Kontrollsystems ist, wie stark wir die Kontrollstrukturen dezentralisieren sollen. Um diese Entscheidung zu treffen, müssen wir verschiedene Kontrollereignisse in einem geschlossenen Regelkreis unterscheiden. Der erste Fall ist die Anpassung des gegenwärtigen Verhaltens als Reaktion auf ein Kontrollsignal. Beispielsweise springt die Heizung an, weil die Raumtemperatur zu niedrig ist. Dieses Kontrollereignis tritt sehr häufig auf. Der zweite Fall ist eine Anpassung der Stellgröße, in diesem Fall die erwünschte Raumtemperatur. Dieses Ereignis tritt viel seltener ein. Der dritte Fall ist die Wahl des Steuerungssystems, zum Beispiel die Frage, ob wir für die Temperaturüberwachung einen offenen oder einen geschlossenen Regelkreis wählen. Dies ist die seltenste Entscheidung. Bild 11.2 zeigt die drei Typen von Ereignissen.

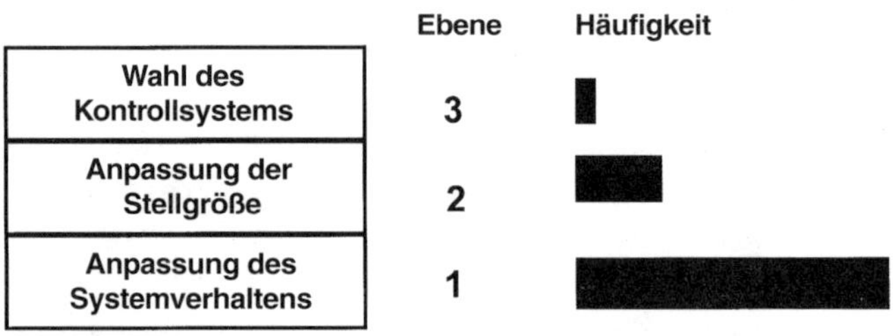

***Bild 11.2:** Ebenen von Kontrollereignissen*

Da Ereignisse der Ebene 1 häufig und zahlreich auftreten, sollten wir sie auf niedrigen Ebenen unser Organisation kontrollieren. So können wir sie schnell und billig erledigen. Kontrollereignisse der Ebene 2 erfordern Anpassungen der Stellgröße. In vielen Fällen ist es möglich, diese Entscheidungen mittleren Ebenen des Unternehmens zu überlassen, weil sie seltener auftreten und eine große Bedeutung für das Systemverhalten haben. Manchmal ist es sogar nützlich, solche Entscheidungen hinunter auf die Teamebene zu verlagern, wenn das Team ein besseres Verständnis für die Konsequenzen auf Systemebene hat als höhere Ebenen des Managements. Beispielsweise kann es eine Regel geben, die besagt, daß der Prototypenbau externe Hilfe erhält, sobald die Wartezeit auf Prototypen-Teile zwei Wochen überschreitet. Hier kann es besser sein, den Entwicklungsleiter bestimmen zu lassen, ob zwei Wochen der richtige Zeitraum sind, als den Geschäftsführer diese Entscheidung treffen zu lassen.

Kontrollereignisse der Ebene 3 betreffen die Gestaltung des Überwachungssystems. Diese Entscheidungen sollten generell vom mittleren und leitenden Management gemeinsam getroffen werden, da sie breite und dauerhafte Auswirkungen haben. Die Anwender des Kontrollsystems müssen bei seiner Gestaltung beteiligt werden, damit sie sich mit dem System identifizieren. Wenn sie an seiner Entwicklung beteiligt sind, verstehen die Anwender die Ziele des Systems besser, können Aktivitäten reduzieren, die nicht zu einer Erhöhung der Wertschöpfung beitragen, und sind insgesamt glücklicher mit dem System. Darüber hinaus können sie erkennen, wann das Kontrollsystem sich überlebt hat, weil sie die Annahmen kennen, die seiner Gestaltung und Auswahl zugrunde lagen.

Ein interessantes Beispiel für diese Kontrollstrategie bietet die Entwicklung der Boeing 777. Das Gewicht des Flugzeugs war erfolgskritisch für das Projekt. Bei Übergewicht hätte Boeing für das gesamte Produktleben die Mehrkosten des Treibstoffverbrauchs bezahlen müssen. Also bestand ein enormer wirtschaftlicher Anreiz, das Gewichtsziel zu erreichen. Das Management erkannte, daß ein Kontrollsystem für diesen Parameter erforderlich war.

Ein klassisches Managementverhalten wäre gewesen, den Projektleiter alle Entscheidungen im Zusammenhang mit dem Gewicht überwachen zu lassen. Dieses Vorgehen bedeutet, Kontrollereignisse der Ebene 1 auf eine hohe Ebene der Organisation zu verlagern. Die Gefahr dabei sind die beträchtlichen Verzögerungen, die dadurch entstehen, daß so viele Entscheidungen von der höheren Instanz freigegeben werden müssen.

Ein geschickterer Ansatz, der übrigens in der Luftfahrtindustrie sehr verbreitet ist, besteht in der Festsetzung eines Gewichtsbudgets für jedes Subsystem. Dann verfolgt das Management, wie jedes Team sein Gewichtsbudget einhält. Damit wird über Ereignisse der Ebene 2 auf einer hohen Ebene der Organisation entschieden, während Ereignisse der Ebene 1 relativ weit "unten" verbleiben.

Boeing verwendete einen noch weitergehenden Ansatz. Man bestimmte die Kosten der Nichterreichung des Gewichtsziels und entwickelte Entscheidungsregeln bis hinunter zur Ebene der Arbeiter. Wie berichtet wird, konnte ein einzelner Konstrukteur bis zu 300 Dollar pro Pfund ohne Zustimmung von oben für Gewichtsreduktionen ausgeben, 600 Dollar pro Pfund mit Zustimmung des direkten Vorgesetzten und 2.500 Dollar pro Pfund mit Zustimmung des Projektleiters.

Ein derartiges Vorgehen hat gegenüber der traditionellen Budgetüberwachung große Vorteile. Wenn Sie in einem Gewichtsbudget-System an einer Baugruppe arbeiten würden, die im gesetzten Rahmen wäre, würden Sie sich nicht weiter anstrengen. Wenn Sie Ihr Gewichtsbudget überschritten hätten, würden Sie auch teure Maßnahmen ergreifen, um wieder in den grünen Bereich zu kommen. Dies könnte bedeuten, daß das Team, das die Flügel entwickelt, für Gewichtseinsparungen 3.000 Dollar pro Pfund ausgibt, während die Motoren-Leute Möglichkeiten vernachlässigen, die nur 300 Dollar pro Pfund kosten, weil sie noch in ihrem Budgetrahmen liegen.

Dieses Beispiel illustriert zwei mögliche Strukturen für Kontrollen auf der Ebene 2. Im ersten Fall führt der Gebrauch des Gewichtsbudgets zu Einzelzielen für die Teams. Diese Ziele ermöglichen lokale Optima des Gewichts der Unterbaugruppen. Ein globales Optimum des Systems wird damit jedoch nicht immer erreicht. Im zweiten Fall werden Entscheidungsregeln eingesetzt. Entscheidungsregeln führen zu einer Optimierung auf Systemebene; das Problem lokal optimaler, aber global suboptimaler Entscheidung wird vermieden.

Wahl der Kennzahlen

Ein viertes Prinzip des Entwurfs von Kontrollsystemen ist es, Kennzahlen zu wählen, die zur Erreichung der Kontrollziele gut geeignet sind. Dabei sind normalerweise drei Merkmale zu beachten: Die Kennzahlen sollten erstens einfach und zweitens relevant sein, drittens sollten sie sich auf Vorlaufindikatoren konzentrieren.

Einfache Kennzahlen sind leicht zu erzeugen und zu verstehen. Durch bessere Verständlichkeit erhöhen wir den Wert einer Kennzahl. Ein "Verkaufsgewichteter mittlerer F&E-Gewinn-Durchlaufindex" sagt niemandem etwas – außer dem, der ihn sich ausgedacht hat. Meßgrößen wie die Gesamtausgaben eines Projekts sind dagegen leicht zu verstehen. Wir erhalten zudem genauere und frühere Informationen, wenn wir das Erstellen der Kennzahl leicht machen. Ideale Kennzahlen sind "selbsterzeugend" in dem Sinne, daß sie ohne zusätzlichen Aufwand im normalen Geschäftsablauf anfallen.

Das zweite Merkmal ist die Relevanz der Kennzahl für das angestrebte Ziel. Viele Dinge, die leicht zu messen sind, haben geringe Relevanz. So könnten wir dem Beispiel eines Unternehmens folgen und die Ausgaben für Kurierdienste in einem Projekt messen. Das Beispielunternehmen implementierte strenge Kontrollen, weil die Ausgaben in diesem Bereich explodierten. Allerdings haben diese Kosten kaum Auswirkungen auf die Gesamtwirtschaftlichkeit eines Projekts. Man könnte nun mit diesem Unternehmen argumentieren, daß die Beachtung dieses sichtbaren Kostenpunkts von symbolischem Wert ist und das allgemeine Kostenbewußtsein steigert. Den gleichen symbolischen Wert hätten viele andere Faktoren gehabt, von denen keiner so kritisch für den Entwicklungsprozeß ist. Kurierdienste werden schließlich beansprucht, weil entscheidende Vorgänge zeitkritisch sind. Wenn solche Aktivitäten genehmigungspflichtig gemacht werden, wird der Vorteil der Verwendung von Kurierdiensten eliminiert. Es wäre weit klüger gewesen, das geschärfte Bewußtsein für Kosteneffizienz durch Maßnahmen wie die Verwendung billigerer Mietwagen zu kommunizieren.

Ein Test für die Relevanz von Kennzahlen ist die Frage, ob die jeweils beurteilten Mitarbeiter auf die gemessenen Größen überhaupt einen Einfluß haben. Psychologen haben herausgefunden, daß Menschen stärker motiviert sind, eine Situation zu überwachen, wenn sie das Gefühl haben, diese Situation beeinflussen zu können. Mitarbeiter aufgrund von Größen zu bewerten, die sie nicht kontrollieren können, verursacht Streß, Unzufriedenheit und Entfremdung. Hier tritt eine interessante Spannung zwischen zwei Anforderungen auf: Kennzahlen sollen einerseits überprüfbar und andererseits umfassend sein. Unser Interesse an Überprüfbarkeit lenkt die Aufmerksamkeit auf lokale Parameter. Diese Betrachtung kann zu global suboptimalen Entscheidungen führen. Wenn wir dagegen globale Parameter messen, können die beurteilten Mitarbeiter das Gefühl haben, auf die gemessenen Größen keinen Einfluß zu haben. Dies spricht für eine gemischte Strategie, bei der wir den Großteil unserer Kennzahlen aus kontrollierbaren lokalen Faktoren und als Gegengewicht einige Kennzahlen aus globalen Parametern ableiten.

Ein drittes Merkmal einer guten Kennzahl ist, daß sie sich auf Vorlaufindikatoren bezieht. Buchhalter bevorzugen im allgemeinen Nachlaufindikatoren, weil sie genauere Informationen liefern. Ein Buchhalter möchte die monatlichen Lieferungen auf den Pfennig genau angeben können, auch wenn der Monatsabschluß drei Wochen dauert. Ein Manager dagegen zieht einen fehlerhaften Blick in die Zukunft dem perfekten Bericht über die Vergangenheit vor. Betrachten wir einige Beispiele aus dem alltäglichen Leben. So können wir etwa in einer Prüfabteilung die Produktivität in Teststunden pro Produkt messen. Dies gibt uns ein Gefühl dafür, ob der Prüfprozeß effizient ist oder nicht, aber wir haben einen Nachlaufindikator. Vergleichen Sie dies mit einer Kennzahl wie dem Personalwechsel in der Prüfabteilung. Ein hoher Wechsel von Prüfern kann in der Zukunft zu einer geringeren Produktivität führen. Der Personalwechsel in diesem Bereich kann ein wirksamer Vorlaufindikator für zukünftige Produktivitätsprobleme sein.

Ein anderes Beispiel für einen Vorlaufindikator sind Prozeßwarteschlangen. Wie wir in Kapitel 3 gesehen haben, sind Warteschlangen ein sehr frühes Warnsignal für Zykluszeitprobleme. Somit ist es besser, Warteschlangen im Prüfprozeß zu messen als einzelne Prüfvorgänge, weil die Größe der Warteschlangen ein Frühwarnsignal für zukünftige Verzögerungen in diesem Prozeß ist.

Ein weiterer Vorlaufindikator für Zeitprobleme ist die Personalausstattung des Teams. Wenn wir das geplante mit dem tatsächlichen Personal vergleichen, stellen wir oft fest, daß das Team in der Frühphase des Projekts nicht mit voller Kraft arbeitet. Dies ist gefährlich, weil genau dann die kritischen Konzeptions- und Architekturentscheidungen getroffen werden. Bild 11.3 zeigt, wie wir den Prozentsatz des bewilligten Personals früh im Projekt verfolgen können.

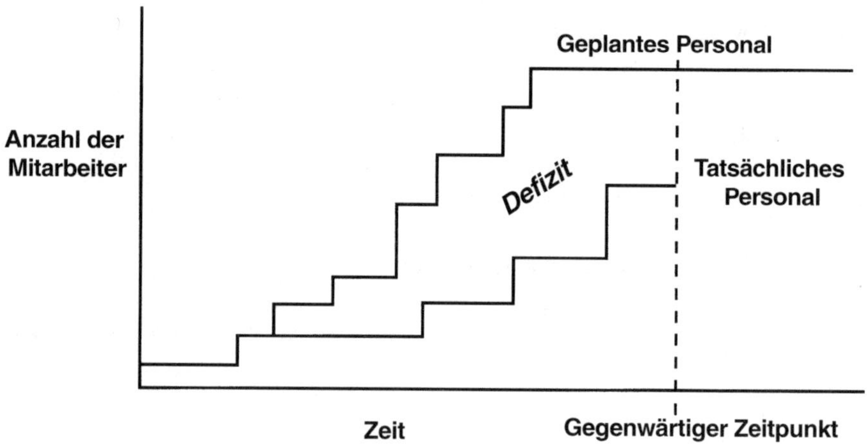

***Bild 11.3:** Geplantes vs. tatsächliches Personal*

Die Festschreibung der Spezifikation, die wir in Kapitel 9 behandelt haben, kann ebenfalls ein wichtiger Vorlaufindikator für Nacharbeit im Prozeß sein. Wenn die Hälfte der Spezifikation noch nicht eingefroren ist, wird normalerweise später im Prozeß teure Nacharbeit erforderlich. Die Prozeßfähigkeit wird oft über den gesamten Entwicklungsprozeß verfolgt, weil sie ein Vorlaufindikator späterer Kosten- und Qualititätsprobleme ist. Diese Kennzahl warnt uns, lange bevor der Entwurf die Werkstatt erreicht, vor Fertigungsproblemen. Andererseits sind Konstruktionsänderungen nach Fertigungsfreigabe ein mächtiges diagnostisches Werkzeug, aber sie liefern eine nacheilende Kennzahl.

Zusammengefaßt müssen wir einige wenige Grundprinzipien befolgen, wenn wir unser Kontrollsystem schaffen. Unsere Kennzahlen müssen sich an der Wirtschaftlichkeit des Projekts orientieren. Wir sollten bewußt entscheiden, wo wir Schwankungen im Prozeß zulassen, und sie dorthin verlagern, wo sie den geringsten wirtschaftlichen Schaden anrichten. Um die Kontrolle so weit wie möglich zu dezentralisieren, werden die häufigsten Entscheidungen auf die Teamebene verlagert. Schließlich sollten wir einfache, relevante und in die Zukunft weisende Indikatoren wählen.

Kontrollen auf Projektebene

Betrachten wir nun, wie diese Prinzipien auf jedes unserer vier kritischen Ziele, nämlich Entwicklungsaufwand, Produktkosten, Produktleistung und Entwicklungsgeschwindigkeit, anzuwenden sind. Wir beginnen mit Projektkontrollen und gehen dann zu Prozeßkontrollen über.

Aufwandsorientierte Kontrollen

Es gibt primär drei Methoden, um den Projektaufwand zu kontrollieren: Einschränkung des Delegationsprinzips, Verwendung von Ausgabenbudgets und schrittweise Finanzierung der Projekte. Im folgenden diskutieren wir jede dieser Methoden, die in der ersten Säule von Tabelle 11.1 aufgelistet sind. Auf diese Tabelle kommen wir noch mehrfach zurück.

Tabelle 11.1: *Wirtschaftlich orientierte Kontrollen*

Aufwand	Stückkosten	Leistung	Geschwindigkeit
Begrenzung von Delegation	Begrenzung von Delegation	Begrenzung von Bevollmächtigung	Überwachung des Zeitplans
Ausgabenbudgets	Ausgaben-budgets	Leistungsbudgets	Zeitbudgets
Schrittweise Finanzierung	Design Reviews	Design Reviews	Zeitplan-Reviews
		Entscheidungsregeln	Prioritätssysteme
		Überwachung von Konstruktions-mängeln	Überwachung von Warte-schlangen
		Kundenwunsch-getriebener Prozeß	

Diskutieren wir als erstes die Begrenzung von Delegation – vielleicht das einfachste Mittel überhaupt. Dieser Ansatz betrifft Rechtfertigung und Zustimmung beim Verbrauch von Investitionsmitteln. Das eingeschränkte Deligieren von Entscheidungen kann effektiv sein. Der Nachteil ist, daß viele Ausgaben genehmigungspflichtig werden und die Entscheidungen darüber sich typischerweise erheblich verzögern. Die meisten Unternehmen vermeiden es, jede Entscheidung im voraus vom Management genehmigen zu lassen. Die wichtigste Ausnahme betrifft den Verbrauch von Kapital; meist wird jeder Wunsch, Geld auszugeben, sorgfältig an dem vorhandenen Kapitalbudget überprüft.

Eine zweite Methode zur Kontrolle des Aufwands ist die Einrichtung von Aufwandsbudgets. Dieser Ansatz wird in fast allen Unternehmen verwendet. Für jeden Bereich wird am Anfang der Arbeiten ein Ausgabenbudget geschaffen. Zur Überschreitung dieses Budgets müssen die Mitarbeiter eine Zustimmung einholen. Da die meisten Entscheidungen innerhalb des Budgets liegen, können sie schnell getroffen werden.

Ein Problem des Budget-Ansatzes ist die Verstärkung von Variabilität, die wir in Kapitel 5 besprochen haben. Immer, wenn ein zusammengesetztes, übergeordnetes Ziel in Teile heruntergebrochen wird, vergrößert sich die Variabilität jedes dieser Teile. Mit anderen Worten: Jede weitere Aufteilung des Budgets führt zu einem zunehmenden Rauschen. Daher sollten wir, auch wenn wir das Budget in viele kleine Stücke teilen, nicht jedes dieser kleinen Teile zu kontrollieren versuchen. Tun wir dies, so verschwenden wir unsere ganze Zeit damit, zufälligen Schwankungen im Verbrauch nachzujagen. Es ist viel besser, Kontrollen auf einer höheren Aggregationsebene durchzuführen.

Eine dritte Technik zur Kontrolle des Aufwands ist die schrittweise Finanzierung eines Projekts. In großen Unternehmen ist dies wohl der seltenste Ansatz; bei jungen, mit Wagniskapital finanzierten Firmen ist er dagegen sehr häufig. Die meisten dieser Unternehmen sind nicht mit dem gesamten Geld finanziert, das sie zur Entwicklung ihrer Produkte brauchen. Statt dessen bekommen sie eine Anschubfinanzierung und arbeiten damit, bis das Geld zur Neige geht. Wenn sie dann etwas Nützliches mit dem Geld gemacht haben, bekommen sie mehr Kapital zu einem attraktiven Preis. Wenn nicht, bekommen sie entweder kein Geld mehr, oder sie müssen teuer dafür bezahlen. Dieses Vorgehen stellt sicher, daß nicht gutes Geld in scheiternde Projekte gesteckt wird.

Dieser Ansatz steht in krassem Gegensatz zu der Einmal-Finanzierung der meisten Großunternehmen. In manchen Firmen gibt es nur zwei

Arten von Geldsäcken: dicke und leere. Da der Weg zu einem dicken Geldsack lang und anstrengend ist, verlangt man soviel, wie man bekommen kann. Man erzeugt wundervolle, detaillierte Prognosen von hohen Profiten und riesigen Verkaufsvolumen. Das Management rückt diese Prognosen zurecht, aber entscheidet schließlich, das Geld zur Verfügung zu stellen. Wenn man dieses Geld einmal hat, gibt man es nie zurück, egal, wie schlecht das Projekt wird.

Kostenorientierte Kontrollen

Die drei wichtigsten Methoden zur Überwachung der Stückkosten des Produkts entsprechen denen, die wir zur Kontrolle der Ausgaben verwenden. Es sind dies Begrenzung von Delegation, Ausgabenbudgets und Design Reviews (vgl. Tab. 11.1).

Eine eingeschränkte Delegierung von Verantwortung für Entscheidungen, die Stückkosten beeinflussen, kann viele Formen annehmen. Welche Entscheidungen wir überwachen, hängt davon ab, ob mehr Kostenanteile aus externen Zukäufen oder aus unternehmenseigener Herstellung kommen. Um die Zulieferkosten zu kontrollieren, setzen einige Unternehmen Verzeichnisse von Komponenten und Zulieferern ein, die vom Management empfohlen werden. Diese "Empfehlung" bedeutet, daß man als Konstrukteur den entmutigenden Papierkrieg vermeidet, den die Verwendung eines neuen Teils im Produkt erfordern würde. Andere Unternehmen empfehlen ihren Konstrukteuren, auf bestehende Prozesse hin zu entwickeln, damit sie nicht Teile konstruieren, die mit vorhandenen Fertigungsprozessen nicht hergestellt werden können.

Im allgemeinen sind diese expliziten Einschränkungen der Verantwortung schwer zu handhaben. Sie sind häufig in der Verteidigungsindustrie anzutreffen, die nicht gerade für ihre Kosteneffektivität bekannt ist. Oft sind die Konstrukteure gezwungen, teure und fast obsolete Bauteile und Prozesse zu verwenden, weil sie nun einmal bewilligt sind. In der Praxis ist es unklar, ob die Einschränkung der Verantwortung für Konstruktionsentscheidungen tatsächlich wirksam zu kostengünstigen Produkten führt.

Die zweite Methode zur Überwachung der Stückkosten ist dagegen effektiver und wird häufig verwendet. Für Schlüsselmodule werden Kostenbudgets geschaffen, die jedem Modul einen Anteil der Gesamtkosten des Produkts zuweisen. Dann werden die Kosten des tatsächlichen Entwurfs über den Entwicklungsprozeß verfolgt. Dies ist eine wirkungsvolle Methode, weil sie ein klares Ziel bietet, ohne jede einzelne Konstruktionsentscheidung zu kontrollieren und damit zu verzögern.

Die dritte Methode der Kontrolle sind Design Reviews, die sich auf die Erreichung von Kostenzielen konzentrieren. Diese Besprechungen, auch als DFM-Reviews (DFM = *Design for Manufacturing*) bezeichnet, finden über den gesamten Entwicklungsprozeß statt. Fertigungsexperten kritisieren den Entwurf, indem sie auf Prozeßeinschränkungen verweisen und Entwicklungsentscheidungen identifizieren, die die Fertigungskosten erhöhen. Diese Besprechungen sind im ersten Fünftel des Entwicklungszyklus am produktivsten, wenn das Produkt spezifiziert wird und konzeptionelle Entwicklungsentscheidungen getroffen werden. Die hier getroffenen Entscheidungen bestimmen über den Großteil der Produktkosten.

Leistungsorientierte Kontrollen

Die dritte Säule von Tabelle 11.1 listet sechs Kontrollmöglichkeiten zur Produktleistung auf. Erstens können wir die Bevollmächtigung zur Veränderung von Leistungsmerkmalen einschränken. Zweitens können wir Leistungsbudgets verwenden. Drittens können wir mit Design Reviews arbeiten. Viertens können wir Entscheidungsregeln nutzen. Fünftens können wir Systeme zum Aufspüren von Mängeln im Entwurf einsetzen, und sechstens können wir einen kundenwunschgetriebenen Entwicklungsprozeß installieren.

Die erste Methode ist, die Möglichkeiten der Abweichung von einem gesetzten Leistungsziel zu begrenzen. Typischerweise verwenden wir bei dieser Methode die Produktspezifikation als Kontrollinstrument. Beispielsweise würden wir einem Team, das eine künstliche Herzklappe entwickelt, keine autonome Verantwortlichkeit über die Produktanforderungen einräumen. Statt dessen würden wir zu Beginn des Projekts die Spezifikation formal freigeben und sie einer Konfigurationskontrolle unterwerfen. Somit müßten alle zukünftigen Änderungen von denselben Leuten freigegeben werden, die die ursprüngliche Spezifikation verabschiedet haben.

Auch wenn solch rigide Kontrollen jedes einzelnen Merkmals in einer Spezifikation attraktiv erscheinen mögen, sind sie doch im allgemeinen unhandlich. Es schwächt die Aufmerksamkeit, wenn man versucht, sich auf alles zu konzentrieren, statt sich auf die wesentlichen Merkmale zu beschränken. Wir verfügen aber über einige pragmatische Abwandlungen dieser Methode. Zum einen können wir mit "Tabu-Merkmalen" arbeiten. Das Produktlogo und die farbliche Erscheinung könnten beispielsweise solche "unantastbaren" Features sein. Wenn sie auch arbiträr sein mögen, so unterliegen sie doch strengen Einschränkungen und dürfen ohne Zustimmung der Geldgeber des Projekts nicht geändert werden. Über "normale" Merkmale kann das Team selbst entscheiden. Dieser Ansatz funktioniert gut, weil die Kontrollanstrengungen sich auf die wichtigsten Features konzentrieren. Ein zweites Verfahren der Spezifikationskontrolle ist, nicht mit Features, sondern mit Funktionen zu arbeiten. Eine funktionale Anforderung ist etwas, was das Produkt tut, zum Beispiel die Beschleunigung eines Autos von Null auf Hundert in zehn Sekunden. Funktionale Anforderungen erlauben dem Entwickler, individuelle Merkmale zu ändern, solange die spezifizierte Gesamtleistung erbracht wird.

Ein zweites Werkzeug der Leistungskontrolle ist das Leistungsbudget, das einen für die Gesamtleistung bedeutenden Schlüsselparameter enthält. So ist für Luftfahrtsysteme das Gewichtsbudget besonders wichtig. Für Radarsysteme ist die Lagerabweichung ein Schlüsselparameter der Leistung; daher haben sie ein Abweichungsbudget, das den Systemelementen zugewiesen wird. Beim IC-Entwurf ist ein häufiger Zielparameter die Größe des Chips, weil diese Größe eine enorme Bedeutung für die Anzahl funktionsfähiger Chips hat, die man aus einem Silikonwafer gewinnen kann. In der Chip-Entwicklung werden daher den verschiedenen Subsystemen bestimmte Anteile an dem Chip-"Grundstück" zugewiesen, so daß das Gesamtsystem im Zielrahmen bleibt.

Ein drittes Werkzeug zur Kontrolle der Leistung sind Design Reviews. Bei diesen Besprechungen werden ausgewählte Entwürfe daraufhin untersucht, ob sie die besten Lösungen für die Entwicklungsprobleme bieten. Um ein unabhängiges Urteil zu erhalten, werden hierzu Mitarbeiter herangezogen, die das nötige Know-how haben, jedoch nicht Mitglieder des Teams sind. Solche Unabhängigkeit ist wichtig, weil das Projektteam sich automatisch mit der Lösung identifiziert, in die die größte Anstrengung investiert wurde. Diese Reviews können formeller oder auch informeller Natur sein. Formelle Reviews werden von Qualitätsverfahren wie ISO 9000 verlangt – und sie sind wertvoll und notwendig. Einige Unternehmen ergänzen diese formellen Reviews jedoch um informelle Sitzungen, bei denen sich einige Entwickler aus verschiedenen Teams treffen, um über ein schwieriges Problem und die vorgeschlagene Lösung nachzudenken. Der Vorteil informeller Treffen ist, daß sie weniger Vorbereitungszeit und keine Dokumentation erfordern, so daß die Mitarbeiter sich fast ausschließlich auf die Problemlösung konzentrieren können.

Ein viertes Werkzeug der Leistungskontrolle sind Entscheidungsregeln. Ein exzellentes Beispiel hierfür ist die bereits diskutierte Verwendung von Entscheidungsregeln bei der Entwicklung der Boeing 777.

Ein fünftes Werkzeug ist ein effektives Überwachungssystem für Konstruktionsmängel. Diese Systeme verzeichnen jeden Mangel in einer Datenbank und klassifizieren ihn hinsichtlich seiner Bedeutung und seines Status. Mängel durchlaufen verschiedene Stufen. Nachdem ein Mangel entdeckt ist, wird er auf seine Ursache hin analysiert. Dann wird eine Lösung entworfen und schließlich implementiert und getestet. Ein solches Werkzeug dient nicht nur der effizienten Verfolgung individueller Mängel. Die aggregierten Daten aus einer solchen Datenbanken bieten darüber hinaus auch sehr wertvolle Einblicke in den Entwicklungsprozeß. Wenn wir beispielsweise Mängel mit einer höheren Rate finden, als wir sie beheben, ist die Qualität des Produkts außer Kontrolle geraten. Schließlich erreichen wir einen Punkt, an dem die Defekte schneller behoben als gefunden werden, und ab diesem Punkt beginnt die Qualität sich zu verbessern. Indem wir die Rate überwachen, mit der Defekte gefunden und behoben werden, können wir jedem Schritt des Prozesses unsere Ressourcen optimal zuordnen. Es hat wenig Zweck, eine lange Schlange von wartenden Problemen zu erzeugen, wenn die Behebung der Probleme den Flaschenhals bildet.

Alle diese fünf Werkzeuge basieren auf einem spezifikationsgetriebenen Entwicklungsprozeß. Das letzte Werkzeug zur Kontrolle der Leistung ist die Verwendung eines kundenwunschgetriebenen Prozesses, wie er in Bild 9.1 dargestellt ist. Dabei fungiert der Wunsch des Kunden als Referenzgröße, an der wir den Entwurf messen. Diese Referenzgröße erzeugt eine Rückkopplungsschleife, mit der sowohl Fehler bei der Formulierung der Spezifikation als auch Veränderungen der Kundenanforderungen kompensiert werden können. So wird sichergestellt, daß die Produktleistung die Anforderungen der Kunden erfüllt und nicht die zum Zeitpunkt der Spezifikation festgeschriebenen unvollkommenen Anforderungen.

Geschwindigkeitsorientierte Kontrollen

Auch bei der Kontrolle des Zeitplans steht uns eine Reihe von Möglichkeiten zur Verfügung. Erstens können wir Abweichungen vom Zeitplan strengen Kontrollen unterwerfen. Zweitens können wir ein Zeitbudget für das Projekt schaffen, das einfach ein detaillierter Zeitplan ist. Drittens können wir Zeitplan-Reviews durchführen, um Abweichungen zu entdecken und Korrekturen durchzuführen. Viertens können wir ein Prioritätssystem einrichten. Schließlich können wir Warteschlangen in unserem Prozeß überwachen.

Das erste Werkzeug zur Geschwindigkeitsüberwachung ist, Abweichungen vom Zeitplan streng zu kontrollieren. So bestimmte in einem Unternehmen der Geschäftsführer, daß er persönlich zu informieren sei, wenn sein "Lieblingsprojekt" vom Zeitplan abweichen sollte. Das Projekt rauschte mit Blaulicht an den Anfang jeder Warteschlange – überflüssig zu erwähnen, daß es in Rekordzeit abgeschlossen wurde. Dies ist eine wirksame Möglichkeit, ein einzelnes Projekt auf Kurs zu halten, allerdings auf Kosten anderer Projekte. Wenn wir den Zeitplan festsetzen, müssen wir sicherstellen, daß der Prozeß über ein anderes Sicherheitsventil verfügt. Wir können nicht Budget, Arbeitsumfang und Zeitplan gleichermaßen einschränken.

Ein zweites Werkzeug zur Geschwindigkeitsüberwachung ist das Zeitbudget – ein detaillierter Zeitplan für die Projektaktivitäten. Solche Pläne werden am besten von den Projektbeteiligten entwickelt. Ein aggressiver Zeitplan entsteht für gewöhnlich in drei Schritten. Zuerst liefert das Management allgemeine Richtlinien. Diese enthalten das Zieldatum des Projektabschlusses, akzeptable Risiken und die Erlaubnis, grundsätzliche Vorgehensweise zu kritisieren, wenn sie keinen Sinn machen. Dann entwickelt das Team auf Grundlage dieser Richtlinien einen Bottom-up-Zeitplan. Im dritten Schritt gibt das Management diesen Zeitplan frei und ändert, falls nötig, auch die Regeln.

Wie wir in Kapitel 5 erwähnten, beeinflußt der Aufbau eines Zeitplans aus individuell veränderlichen Aktivitäten die Variabilität des Gesamtzeitplans. Die Variabilität des Gesamtpakets hängt davon ab, wie die einzelnen Komponenten kombiniert werden (vgl. Bild 11.4).

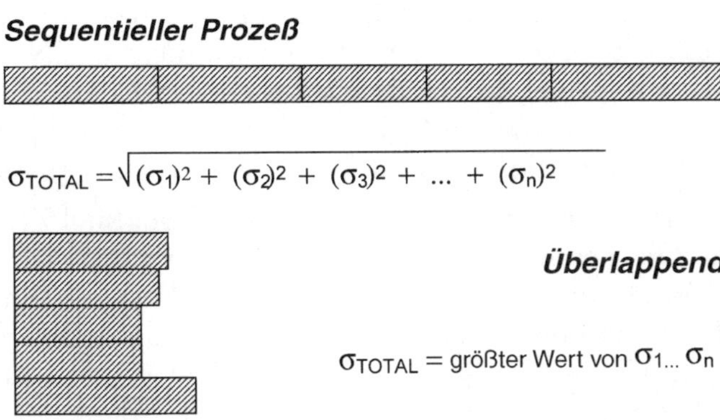

Bild 11.4: *Variabilität und Zeitplanentwicklung*

Wenn Tätigkeiten sequentiell kombiniert werden und die Schwankungsbreiten aller Einzelaktivitäten unabhängig voneinander sind, entspricht die Gesamtvariabilität der Wurzel aus der Summe aller Quadratwerte der Variabilität der Einzelaktivitäten. Praktisch bedeutet dies, daß seriell einander folgende Aktivitäten prozentual weniger Variabilität aufweisen als jede Einzelaktivität. Somit reduzieren wir auf magische Weise Ungewißheit, wenn wir ungewisse Dinge kombinieren. Wenn wir dagegen Einzelaktivitäten parallel schalten, wird die Gesamtvariabilität von der Variabilität der "schlechtesten" Einzelaktivität bestimmt. Stark überlappende Aktivitäten weisen implizit größere Schwankungen auf als sequentielle.

Variabilität hat weitere interessante Auswirkungen auf unseren Zeitplan, wenn sie in Verbindung mit der expansiven Natur der Entwicklungsarbeit auftritt, über die wir in Kapitel 1 gesprochen haben. Wir sind manchmal versucht zu glauben, die Erstellung von Zeitplänen und ihre rigorose Einhaltung wären geeignet, Mitarbeiter zum besseren Planen zu erziehen. Dies ist nur in einem begrenzten Maße richtig. Wenn wir Entwickler dazu bringen, hochgenaue Zeitpläne zu produzieren, zwingen wir sie, Margen für jede Einzelaktivität einzukalkulieren. Diese Margen bieten uns eine hochwahrscheinliche Abschätzung, aber sie garantieren geradezu eine langsame Entwicklung, weil die Toleranzen unweigerlich zur Verfeinerung des Entwurfs verwendet werden. Normalerweise ist es am besten, in einem Projekt zwei Zeitpläne zu verwenden. Das Team arbeitet mit einem knappen Zeitplan – nach außen hin gilt ein "Hochsicherheitszeitplan". Beide Zeitpläne sind offizielle Projektpläne. Die normale Sicherheitsmarge zwischen internem und externem Zeitplan beträgt etwa 20 bis 30 Prozent der Projektdauer. Das Projektteam sollte diesen Sicherheitsabstand überwachen, um sicherzustellen, daß er nicht zu früh im Projekt dahinschmilzt. Die Notwendigkeit von zwei Zeitplänen ist fast nur in der hochvariablen Welt der Produktentwicklung zu finden. Ohne Variabilität und expandierende Arbeit könnten wir einen einzigen Zeitplan für das Projekt verwenden.

Ein drittes Werkzeug zur Geschwindigkeitsüberwachung sind Zeitplan-Besprechungen. Diese entsprechen den Design Reviews, betreffen allerdings zukünftige anstatt bereits abgelaufene Aktivitäten. Die Besprechungen gelten der unmittelbaren Zukunft des Projekts und erörtern Fragen nach möglichen Veränderungen im kritischen Pfad, problematischen Aktivitäten und eventuellen Neuzuordnungen von Ressourcen. Je nach Projektgeschwindigkeit sollten diese Besprechungen vierzehntägig oder monatlich stattfinden; gelegentlich werden sie sogar täglich durchgeführt.

Ein viertes Werkzeug zur Geschwindigkeitsüberwachung ist ein Prioritätssystem, das bestimmt, in welcher Reihenfolge miteinander in Wettbewerb stehende Tätigkeiten abgearbeitet werden. Solche Systeme sind besonders beim Auftreten von Warteschlangen im Produktentwicklungsprozeß wichtig, weil Warteschlangen eine Hauptquelle von Verzögerungen sind. Prioritäten sollten auf der Basis der Verzögerungskosten gesetzt werden, deren Berechnung in Kapitel 2 erläutert wurde.

Ein letztes Werkzeug zur Kontrolle des Zeitplans ist die Überwachung von Warteschlangen. Wie wir in Kapitel 3 gezeigt haben, vermitteln uns die Meßwerte von Warteschlangen dieselben Informationen über die Gesundheit des Prozesses wie die Messung der Zykluszeiten, erstere erhalten wir jedoch wesentlich schneller. Der leichteste Weg, Warteschlangen zu entdecken, ist, das Entwicklungsteam zu fragen. Sehr häufig treten Schlangen im Zeichenbüro, bei der Beschaffung, im Prototypenbau und beim Testen auf. Warteschlangen, diese Schlüsseldeterminante der Zykluszeit, können wir durch Messen und Managen unter Kontrolle halten.

Kontrollen auf Unternehmensebene

Bis jetzt haben wir uns auf die Ebene des einzelnen Projekts konzentriert. Analoge Kontrollen können wir auch im Gesamtunternehmen durchführen. Diese Kontrollen messen das Funktionieren des Gesamtentwicklungsprozesses. Sie sollten sich wiederum auf unsere vier wirtschaftlichen Schlüsselziele richten.

Aufwandsorientierte Kontrollen

Aufwandsorientierte Kontrollen messen die relative Effizienz unseres Entwicklungsprozesses. Sie sagen uns, wie gut wir in der Umwandlung von F&E-Aufwand in Produkte sind. Wir können uns dabei an unseren eigenen Produkten oder an Produkten von Wettbewerbern messen.

Eine typische Meßgröße der Effizienz ist zum Beispiel der F&E-Aufwand pro auf den Markt gebrachtem Produkt. Wenn ein Produkt doppelt so viel wie ein vergleichbares kostet, sind bei der Entwicklung schwere Fehler unterlaufen. Wenn es uns mehr als unseren Wettbewerber kostet, ein Produkt zu entwickeln, ist unsere Entwicklungsorganisation weniger effizient.

Eine Schwäche der Größe "Kosten pro Produkt" ist natürlich, daß einige Produkte viel höhere Einkünfte als andere erzielen. Dies verweist uns auf eine verfeinerte Meßgröße für Effizienz: das Verhältnis von

Einnahmen aus Verkäufen zum Aufwand für die Entwicklung. Diese Zahl entspricht grob gerechnet dem Kehrwert der gebräuchlichen Verhältnisgröße "F&E-Ausgaben als prozentualer Anteil der Verkaufserlöse". Eine genauere Variante dieser Zahl setzt die Ausgaben für ein bestimmtes Produkt beziehungsweise eine Produktfamilie in Beziehung zu den entsprechenden Erlösen. Allerdings ist festzuhalten, daß es für uns in dem Maße schwerer wird, Wettbewerbsinformationen als Vergleichsgrößen zu erhalten, wie wir uns von einfachen Größen wie Ausgaben pro Produkt entfernen.

Schließlich können wir unsere Messung weiter verfeinern, indem wir die Bruttogewinne in Beziehung zu den F&E-Ausgaben setzen. Diese Kennzahl weist uns höheren Verdienst zu, wenn unser Produkt höheren Profit generiert. Die Kennzahl kann entweder auf einen Zeitraum oder auf ein Produkt bezogen berechnet werden. Wenn wir den Zeitraum betrachten, bekommen wir eine schnelle Antwort, die jedoch ungenau ist, weil die F&E-Ausgaben mit den erzielten Bruttogewinnen zeitlich nicht abgestimmt sind. Wenn wir die Berechnung auf der Grundlage von Produkten anstellen, erhalten wir genaue Zahlen, müssen aber mehrere Jahre warten, um ein klares Bild der Gewinne zu erhalten. Ein guter Kompromiß ist, die mit einem Produkt erzeugten Bruttogewinne während einer begrenzten Zeit zu messen, zum Beispiel die ersten zwei Jahre nach Produkteinführung. Dies bietet uns eine relativ schnelle Rückkopplung mit hinreichender zeitlicher Abstimmung.

Kostenorientierte Kontrollen

Es gibt zwei grundsätzliche Methoden, die Stückkosten-Leistungen des Entwicklungsprozesses zu messen. Die erste, intern ausgerichtete, mißt das Kosten-Leistungs-Verhältnis des Produkts. Beispielsweise können sich integrierte Schaltkreise mit einer jährlichen Rate von 20 bis 30 Prozent verbessern. Wenn wir feststellen, daß sich unsere Entwürfe in den Kosten-Leistungs-Verhältnissen nicht verbessern, dann erzeugen unsere Entwicklungsanstrengungen keinen wirtschaftlichen Nutzen.

Die zweite Methode ist, Stückkosten an vergleichbaren Wettbewerbsprodukten zu messen. Dies geschieht im allgemeinen durch eine Art *Reverse Engineering*, das die Herstellungskosten des Wettbewerbsentwurfs sorgfältig berechnet. Einige der Kostenvorteile werden auf fertigungstechnischen Fähigkeiten beruhen, andere werden den Entwurfsentscheidungen zuzuschreiben sein. Durch sorgfältige Analyse können wir uns diese Anteile genau klar machen und unsere Anstrengungen auf den Bereich mit dem größten Nutzenpotential konzentrieren.

Leistungsorientierte Kontrollen

Wie Sie sich vielleicht erinnern, wurde in Kapitel 2 ausgeführt, daß wir normalerweise die Leistung messen, indem wir die Einkünfte aus dem Produkt betrachten. Das heißt, daß ein Leistungsvorteil mit Hilfe der Meßgrößen "Steigerung des Marktanteils", "Anstieg der Verkaufszahlen" oder "erzielbarer Aufpreis" bestimmt werden sollte.

Manchmal können wir auch technische Größen zur Messung unseres Erfolgs verwenden. Dabei sollten wir aber Vorsicht walten lassen. So kann etwa ein Hersteller von Netzteilen den Kundennutzen mit der Größe "Watt pro Dollar" messen. Es kann jedoch gefährlich sein, sich auf eine einzige Produktkennzahl zu versteifen, statt alle Bedürfnisse des Kunden zu betrachten. Beispielsweise entdeckte die Firma Connor Peripherals zu einer Zeit, als die gesamte Branche sich ausschließlich auf die Kosten pro Megabyte ihrer Laufwerke konzentrierte, eine Nische im Markt für Laptop-Computer, wo ein Schlüsselkriterium geringer Leistungsverbrauch ist. Im Ergebnis dominierte dieser Anbieter ein profitables Marktsegment, während andere, die ausschließlich die Kosten pro Megabyte betrachtet hatten, sich mörderische Preiskämpfe liefern mußten.

Geschwindigkeitsorientierte Kontrollen

Der zentrale Punkt bei der Messung der Entwicklungsgeschwindigkeit ist, eine Zykluszeit-Kennzahl für den Produktentwicklungsprozeß zu definieren. Unternehmen haben mit verschiedenen Kennzahlen experimentiert, wie Bild 11.5 zeigt.

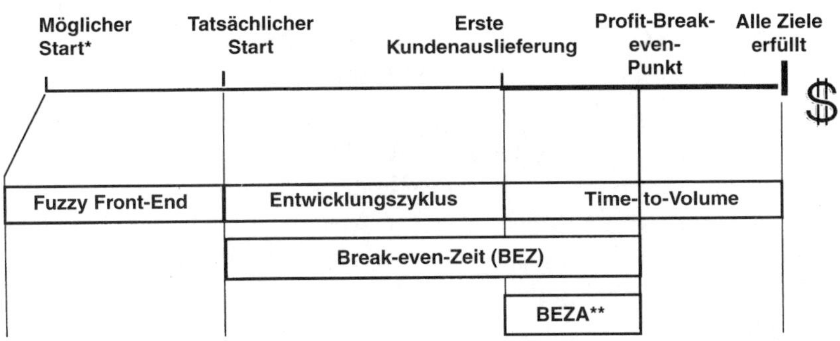

***Bild 11.5:** Zykluszeit-Kennzahlen*

* Dieser Starttermin erfordert das Vorhandensein der Technologie und der sicheren Kenntnis der Kundenanforderungen an das Produkt;

** BEZA = Break-even-Zeit ab Auslieferung.

Betrachten wir zunächst eine intern ausgerichtete Kennzahl. Wir können den Gesamtprozeß in kleinere Teile gliedern und jedes getrennt messen. Dies erlaubt uns, Zykluszeitprobleme schneller zu bemerken und entsprechend gegenzusteuern. Drei logische Teile sind der "unscharfe" Eingangsbereich (*fuzzy front-end*), der eigentliche Entwicklungsprozeß und die Auslieferung des Produkts in Stückzahlen. Es gibt verschiedene Möglichkeiten, diese drei Teile abzugrenzen. Normalerweise beginnen wir, die unscharfe Eingangsphase zu messen, wenn wir einen Projektvorschlag erhalten, der so aussichtsreich erscheint, daß er das Auslösen des Geschäftsplanungsprozesses rechtfertigt. Das reguläre Ende dieser ersten Phase setzen wir dann, wenn die erforderliche Technik vorhanden ist und wir die Kundenbedürfnisse kennen. Dies zwingt uns, die Technologieentwicklung von der Produktentwicklung zu trennen, was grundsätzlich gut ist (vgl. Kapitel 7). Der unscharfe Einstieg ist abgeschlossen, wenn wir eine Verrechnungsstelle für das Projekt vergeben. Damit beginnt der eigentliche Entwicklungsprozeß. Dieser endet, wenn die erste gewinnbringende Einheit unseres Produkts an den Kunden ausgeliefert wird. Dieser Zeitpunkt leitet die Stückzahlenphase (*time-to-volume*) ein, welche die Zeit von der Auslieferung der ersten gewinnbringenden Einheit bis zur Erfüllung aller Projektziele umfaßt. Zu diesen Zielen können Stückkosten, Fertigungsausbringung, Produktverfügbarkeit, Gewährleistungsfehlerraten und dergleichen gehören.

Eine andere Variante, den Entwicklungszyklus zu messen, ist die Break-even-Zeit (BEZ), die erstmals von Hewlett-Packard verwendet wurde. Sie mißt die Zeit von der Investition des ersten Dollars bis zur Wiedergewinnung der Entwicklungsinvestitionen. Eine Untermenge der BEZ, die Break-even-Zeit ab Auslieferung (BEZA), mißt die Zeit von der ersten Auslieferung des Produkts bis zum Profit-Break-even-Punkt.

Eine andere Möglichkeit, die Zykluszeit zu messen, ist die Verwendung einer externen Vergleichsgröße. Entscheidend dabei ist, ob ein Produkt vor oder nach den entsprechenden Produkten der wichtigsten Wettbewerber auf den Markt kommt. Aus unternehmerischer Sicht hat diese Größe mehr Bedeutung als eine intern ausgerichtete Meßgröße. Es ist egal, ob wir schneller als der Wettbewerber laufen, so lange wir nur jedes Rennen gewinnen. Wir können auch einfach früher starten.

Zusätzlich zu den Zykluszeiten können wir auch unsere Warteschlangen im Entwicklungsprozeß messen. Wir haben dies in Kapitel 3 besprochen. Der entscheidende Vorteil der Überwachung der Warteschlangen ist, daß wir damit umgehende Informationen über die

Gesundheit des Prozesses erhalten. Zykluszeit-Kennzahlen haben einen viel längeren Rückkopplungszyklus, was wiederum zu weniger effektiven Kontrollen des gesamten Entwicklungsprozesses führt.

Zusammenfassung

In diesem Kapitel haben wir zunächst einige allgemeine Prinzipien der Gestaltung von Kennzahlen skizziert. Wir haben betont, daß Kennzahlen wirtschaftlich motiviert sein müssen, damit sich die Überwachungsanstrengungen auf die wirklich wichtigen Projekt- und Unternehmensparameter richten. Wir haben das Konzept des Kontrolldreiecks vorgestellt und gezeigt, wie jeweils eine Seite dieses Dreiecks als Sicherheitsventil bei der in jedem innovativen Prozeß unvermeidlichen Variabilität fungieren kann.

Wir haben drei Ebenen von Kontrollentscheidungen betrachtet. Dabei sind die besonders häufigen Kontrollentscheidungen der Ebene 1 zu dezentralisieren. Entscheidungen der Ebenen 2 und 3 müssen auf höheren Niveaus der Organisation gefällt werden. Eine typische Strategie hierzu ist, dem Team statt Leistungsstandards Entscheidungsregeln an die Hand zu geben. Als Fazit der Darstellung allgemeiner Prinzipien von Kennzahlen haben wir die Forderung aufgestellt, daß gute Kennzahlen einfach und relevant sein sowie als Vorlaufindikatoren dienen müssen.

Im Rest dieses Kapitel haben wir spezielle Kontrollwerkzeuge für die Projekt- und die Unternehmensebene diskutiert. Diese Werkzeuge konzentrieren sich auf die vier wirtschaftlichen Schlüsselziele Entwicklungsaufwand, Stückkosten, Produktleistung und Entwicklungsgeschwindigkeit. Die wichtigste Aussage dieses Kapitels lautet: Verwenden Sie Ihre kostbare Zeit und Aufmerksamkeit auf die Kontrolle der wirtschaftlich entscheidenden Größen. Verschwenden Sie keine Ressourcen mit der Überwachung von Dingen, die die Gesamtwirtschaftlichkeit des Unternehmens nicht beeinflussen.

12 Unsicherheit und Risiko managen

Im vorigen Kapitel haben wir erklärt, daß der einzige Grund, Ungewißheit zu kontrollieren, die Verbesserung der Wirtschaftlichkeit ist. Wir wollen die Faktoren kontrollieren, die uns an der Erreichung unserer wirtschaftlichen Ziele hindern. Eine vereinfachte Version dieses Problems läßt sich als Entscheidungsbaum darstellen (s. Bild 12.1). Nehmen wir zum Beispiel an, daß wir vor der Wahl stehen, eine neue oder eine herkömmliche Technologie einzusetzen. Wenn wir die alte Technologie verwenden, haben wir dieselben Kosten wie bislang. Wenn wir die neue Technologie wählen und sie funktioniert, können wir eine Million Dollar sparen. Gesetzt den Fall, es würde uns 100.000 Dollar kosten, die neue Technologie zu entwickeln und zu testen, wäre unser Gewinn die wahrscheinlichkeitsgewichtete Einsparung der neuen Technologie abzüglich ihrer Entwicklungskosten. In Zahlen: eine Million Dollar minus 100.000 Dollar multipliziert mit der Chance, daß die neue Technologie funktioniert. Der gegenteilige Fall, daß wir Geld mit einer unbrauchbaren Entwicklung verschwenden, kostet 100.000 Dollar multipliziert mit der Chance, daß die neue Technologie nicht funktioniert.

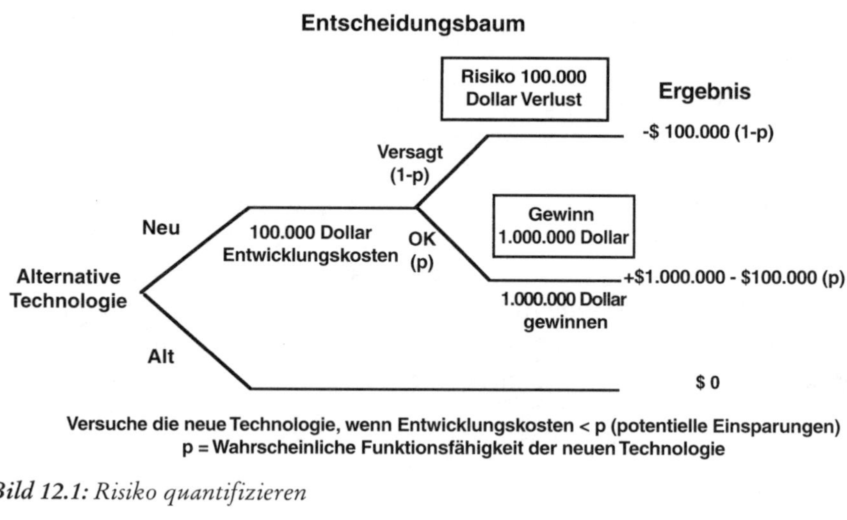

Bild 12.1: Risiko quantifizieren

Wenn wir über Risiko sprechen, konzentrieren wir uns auf diesen gegenteiligen Fall. Um Risiko zu senken, müssen wir entweder das Ausmaß des Versagens begrenzen oder die Wahrscheinlichkeit seines Eintreffens reduzieren. Der sicherste Weg, jegliches Risiko zu vermeiden, ist, immer die alte Technologie zu wählen. Leider bedeutet das, daß wir uns nie der Vorteile der neuen Technologie erfreuen können. Ich erwähne diesen trivialen Punkt überhaupt nur, um zu betonen, daß es mir nicht nur um die Ausschaltung von Risiko geht. Ganz im Gegenteil. Wie wir in Kapitel 4 gesehen haben, bedeutet das Eliminieren jeglicher Fehler, die Informationserzeugung aus dem Produktentwicklungsprozeß zu beseitigen. Statt dessen müssen wir Risiko in dem Sinne "managen", daß wir bewußt vernünftige Risiken eingehen. Das heißt, wir akzeptieren eine mögliche Fehlentscheidung, wenn der potentielle Gewinn hoch genug ist.

Hieraus folgt weiter, daß es drei Faktoren gibt, die ein Risiko attraktiver machen können. Erstens können wir die Ausmaße des Versagensfalls begrenzen, zweitens seine Wahrscheinlichkeit reduzieren und drittens die Größe des potentiellen Gewinns steigern. Gewöhnlich stellen wir fest, daß die besten Möglichkeiten des Risikomanagements eher in einer Begrenzung der Schadensgröße liegen als in einer Senkung der Versagenswahrscheinlichkeit.

In diesem Kapitel diskutieren wir ein nützliches Modell des Umgangs mit Risiko, die Trennung von Marktrisiko und technischem Risiko. Hierauf betrachten wir, wie jedes dieser Risiken zu managen ist. Anschließend gehen wir vertieft auf das Management des Versuchswesens ein, das in den meisten Entwicklungsprozessen ein Hauptansatzpunkt ist.

Marktrisiko und technisches Risiko

Wie Bild 12.2 zeigt, besteht das zu beherrschende übergeordnete Risiko darin, daß der Produktentwurf die Marktanforderungen nicht erfüllt. Das Risiko eines Produktversagens können wir entlang der Produktspezifikation in zwei Bereiche unterteilen. Wir definieren das technische Risiko als das Risiko, daß der Entwurf die Spezifikation nicht erfüllt. Als Marktrisiko bezeichnen wir das Risiko, daß die Spezifikation die Marktanforderungen nicht erfüllt.

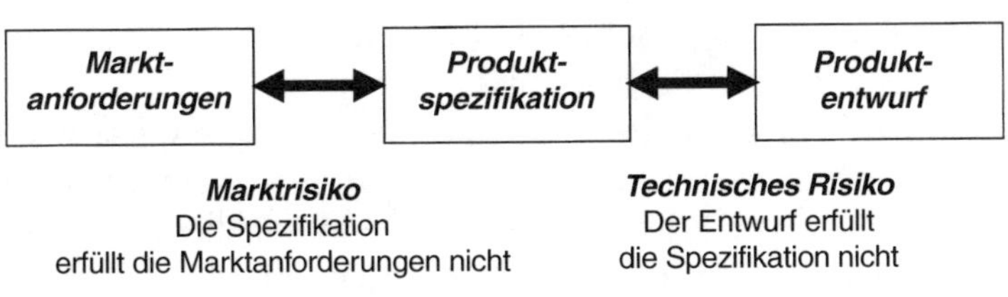

Bild 12.2: Typen von Risiko

Generell versagen die meisten Produkte aufgrund des Marktrisikos. Das liegt nicht daran, daß Marketingfachleute weniger kompetent als Produktentwickler wären, sondern daran, daß das Marktrisiko viel schwerer als das technische Risiko zu beherrschen ist. Letzteres wird von den Gesetzen der Physik bestimmt, die sich nicht sehr oft ändern. Im Gegensatz dazu bedeutet das Management des Marktrisikos, die Bedürfnisse einer divergierenden Gruppe von Anwendern zu befriedigen. Wie wir in Kapitel 9 gesehen haben, können Kunden unterschiedliche Bedürfnisse ebenso wie Schwierigkeiten haben, diese Bedürfnisse zu artikulieren. Zudem können sich diese Bedürfnisse im Laufe der Zeit ändern. Dies macht das Marktrisiko zu einer so großen Herausforderung.

Wir können sogar versuchen, die Fähigkeit von Unternehmen im Umgang mit verschiedenen Arten von Risiko zu messen. Unternehmen wie Motorola berichten, daß ihre Entwürfe die Produktspezifikationen mit einem Wert von sechs Sigma erfüllen. Das heißt, daß die Fehlerrate bei der Erfüllung der Spezifikation 3,4 Teile pro Million beträgt. Im Gegensatz dazu wären selbst die meisten erfolgreichen Unternehmen hoch erfreut, wenn sie einen Marktanteil von 50 Prozent hätten. Dies entspräche einer Fehlerrate von weniger als einem Sigma. Für die meisten Unternehmen bestimmt das Marktrisiko das Gesamtrisiko.

Dennoch konzentrieren ironischerweise die meisten Unternehmen ihre Bemühungen um Risikoreduktion auf das technische Risiko. Sie geben Millionen von Dollar aus, um zu testen, ob ihre Produkte die technischen Spezifikationen erfüllen, und sparen an einigen hundert Dollar, wenn es zu überprüfen gilt, ob die Spezifikationen tatsächlich die Marktanforderungen widerspiegeln. Die größten Möglichkeiten des Risikomanagements bietet für die meisten Unternehmen die Kontrolle des Marktrisikos, auch wenn es beträchtliche Möglichkeiten gibt, auch das technische Risiko besser zu beherrschen.

Um Risiko in finanzieller Hinsicht managen zu können, brauchen wir bessere Informationen über Versagen, Gewinn und Wahrscheinlichkeit. Das versetzt uns in die Lage, intelligente "Wetten" abzuschließen. Grundsätzlich ist unsere Position besser, wenn wir diese Informationen früh erhalten, weil dies die Versagenswahrscheinlichkeit senkt und die Erfolgsaussichten steigert. Wenn wir beispielsweise mit einer neuen Abdeckungstechnik für unsere elektronischen Schaltkreise experimentieren, wollen wir so früh wie möglich wissen, ob sie funktioniert. Wenn sie besser als erwartet funktioniert, können wir sie breiter einsetzen, wenn wir diese Tatsache früher kennen. Wenn sie nicht funktioniert, möchten wir das auch früh wissen, solange die Änderungskosten des Entwurfs noch niedrig sind. Wenn wir eine nach unserem Dafürhalten aussichtsreiche Wette abschließen und verlieren, brauchen wir einen alternativen Weg oder Ersatzplan.

Unsere Strategie des Risikomanagements besteht somit gewöhnlich aus drei Teilen (s. Bild 12.3). Erstens müssen wir uns Informationen verschaffen, so daß wir intelligent wetten können. Zweitens müssen wir entscheiden, ob wir mit der Wette gewonnen haben, und drittens müssen wir für den Fall des Verlusts einen Alternativplan haben.

Betrachten wir in diesem Sinne das Management von Marktrisiko und technischem Risiko.

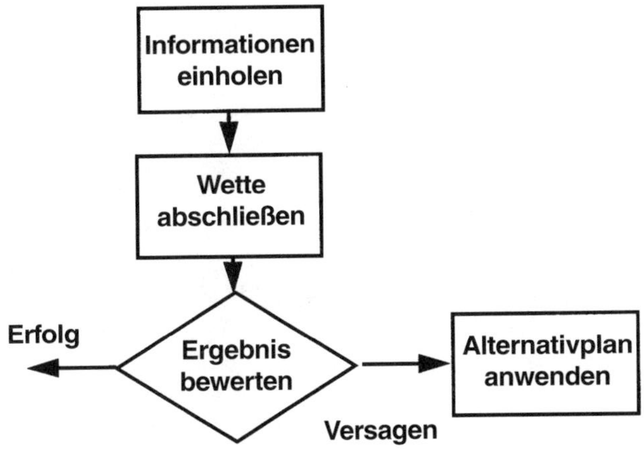

Bild 12.3: Schritte des Risikomanagements

Management des Marktrisikos

Wie bereits erwähnt, hängt das Marktrisiko davon ab, wie gut die Produktspezifikation die Kundenanforderungen erfüllt, wenn wir das Produkt einführen. Zwei Faktoren, die das Risiko erhöhen, sind, daß Kunden oft nicht wissen, was sie wollen, und daß ihre Anforderungen sich während des Entwicklungsprozesses ändern.

Unser erster Schritt ist daher abzuschätzen, welche Bereiche der Produktspezifikation einem Risiko unterliegen. Dies können entweder offene Widersprüche oder aber Punkte sein, an denen die Kunden offensichtlich Schwierigkeiten haben, ihre Anforderungen zu definieren. Wenn Sie beispielsweise einen Fünfjährigen auffordern würden, seine Anforderungen an ein Videospiel zu beschreiben, würden Sie kaum eine nützliche Antwort bekommen. Risikobehaftet sind auch Bereiche der Spezifikation, die bekanntermaßen für Änderungen empfindlich sind, die ein Wandel der Marktanforderungen mit sich bringt. Wir müssen uns die bestmöglichen Informationen auf diesen Risikogebieten verschaffen, bevor wir unsere Wetten abschließen. Betrachten wir hierzu einige Techniken.

Arbeiten Sie mit einem Ersatzprodukt

Ein Hersteller von Konsumgütern untersuchte eine attraktive Marktnische im oberen Preissegment, die ein Wettbewerber mit einem Spitzenprodukt dominierte. Das Unternehmen erwog, ein Produkt für diese Nische zu entwickeln. Die Entwicklung hätte Millionen gekostet. Ein kluger, erfahrener F&E-Manager sagte: "Vielleicht gibt es eine andere Lösung für dieses Problem, als das Produkt zu entwickeln."

Das Unternehmen entwarf ein neues Verpackungskonzept und eine blinde Anzeigenkampagne, um das Produkt zu positionieren. Man steckte das Wettbewerbsprodukt in die neue Verpackung und erprobte es auf einem Testmarkt. Das Ergebnis war faszinierend. Das Unternehmen stellte fest, daß seine Kunden von ihm stets Niedrigpreisprodukte erwarteten und nicht bereit waren, für das Hochleistungsangebot einen entsprechenden Preis zu zahlen. Das Unternehmen hätte Millionen für die Produktentwicklung ausgeben können, um dann beim Test-Marketing festzustellen, daß eine marktgerechte Preisgestaltung unmöglich gewesen wäre.

Dieses Beispiel illustriert eine der wirkungsvollsten Techniken, Marktrisiko früh im Entwicklungsprozeß zu beseitigen. Wir brauchen dazu kein neues Produkt, sondern wir können ein Wettbewerbsprodukt oder die modifizierte Version eines alten eigenen Produkts verwenden.

Simulieren Sie riskante Merkmale

Ein anderes Beispielunternehmen will eine neue Maschine auf den Markt bringen, die aber anders klingt als das vorherige Produkt, das ein andauernd summendes Geräusch machte. Den Anwender wird wahrscheinlich sowohl die Lautstärke als auch die Art des Geräuschs stören. Wieviel Dämpfung braucht das System? Ein Ansatz wäre, einen Satz Prototypen mit verschiedenen Niveaus von Geräuschdämpfung zu bauen, um zu testen, welches Gerät die größte Akzeptanz hat. Damit erhält man jedoch die Anwort erst spät im Entwicklungsprozeß, wenn Änderungen teuer sind. Eine andere Möglichkeit ist, lediglich ein bestimmtes Merkmal zu testen. Wir brauchen nicht das gesamte Produkt zu erproben. Eine Tonbandaufnahme mit Lautstärkeregelung genügt, um herauszufinden, welcher Geräuschpegel akzeptabel ist. Dieser Test ist genauer und kann früher durchgeführt werden, weil er kein fertiges Produkt erfordert.

Machen Sie den Entwurf flexibel

Eine dritte Methode, Marktrisiko zu vermeiden, ist die Beschränkung auf ein einziges Marktsegment. Das entspricht dem Ansatz, den Alternativplan schon zu einem Bestandteil des Produktentwurfs zu machen. Betrachten Sie zum Beispiel ein Software-System, bei dem einige Kunden die Icons am oberen Rand des Bildschirms wünschen, andere dagegen den unteren Rand bevorzugen. Eine Möglichkeit, mit diesem Problem umzugehen, ist nach sorgfältiger Marktforschung die bevorzugte Alternative zu realisieren. Ein anderer Ansatz ist, beide Alternativen anzubieten und dem Anwender die Wahl zu überlassen.

Derartige Flexibilität müssen wir aber mit Bedacht einbauen, da sie Kosten und Komplexität erhöhen kann. Dennoch können Produkte, die so flexibel sind, daß sie sich den Bedürfnissen einzelner Kunden anpassen lassen, sehr erfolgreich sein.

Seien Sie schnell

In Märkten, die sich schnell ändern, ist das Risiko prinzipiell hoch, weil die Evolution der Anforderungen so schnell verläuft. Wie wir in Kapitel 7 gesehen haben, steigt das Risiko exponentiell mit der Länge des Entwicklungszyklus. *Wenn wir unseren Entwicklungszyklus verkürzen, können wir das Marktrisiko dramatisch reduzieren.*

In einem kommunikationstechnischen Unternehmen, in dem gerade ein Entwicklungsprojekt in der Rekordzeit von sechs Monaten abgeschlossen worden war, kommentierte der Teamleiter: "Wir haben dieses Projekt so schnell durchgezogen, daß das Marketing keine Zeit hatte, sich irgend etwas anders zu überlegen." Eine andere Art, dies zu sehen, ist, daß die Entwicklung so schnell war, daß das Marketing sich nichts anders zu überlegen *brauchte*. Je schneller wir das Produkt entwickeln, desto stabiler werden die Anforderungen.

Management des technischen Risikos

Wenden wir uns nun dem technischen Risiko zu – der Möglichkeit, daß der Entwurf die Spezifikation nicht erfüllt. Da die Spezifikation Ziele hinsichtlich Aufwand, Stückkosten, Leistung und Zeit setzt, gehört eine negative Abweichung bei jedem dieser Ziele zum technischen Risiko.

Technische Probleme entstehen, wenn wir ungenügende Ressourcen zur Bewältigung der anstehenden Entwicklungsaufgaben haben. Manchmal ist die Ursache hierfür eine Fehleinschätzung des Aufgabenumfangs. Dies kann seinen Grund in schlecht definierten Entwicklungsaufgaben, Optimismus oder der Anpassung des Managements an Abschätzungen des ursprünglichen Aufwands haben. Wir werden uns auf dieses Abschätzungsproblem konzentrieren. Ein zweiter Grund für technische Probleme kann sein, daß zwar die Arbeit richtig eingeschätzt wird, das Projekt aber nicht die erforderlichen Ressourcen erhält. In solchen Fällen können wir unsere Aufmerksamkeit darauf richten, den tatsächlichen Ressourceneinsatz mit dem geplanten zu vergleichen. Wie im letzten Kapitel besprochen, sind hierfür Personal- oder Aufwandsbudgets gute Werkzeuge.

Unzureichende personelle Ressourcen in den frühen Projektphasen gehören zu den chronischen Beschwerden von Entwicklungsteams. Oft sind die Schlüsselfiguren, die zum Start des neuen Projekts gebraucht werden, noch mit dem Löschen der letzten Brände in einem vorhergehenden Projekt beschäftigt. Wir vermeiden dieses Problem, indem wir für besonders wichtige Mitarbeiter zwischen zwei Projekte mit hoher Priorität eine Pufferzeit legen. Um die potentielle Variabilität des vorangegangenen Projekts zu absorbieren, wird für einen oder zwei Monate eine Arbeit mit niedrigerer Priorität vorgesehen. Dies kann die Untersuchung neuer Technologien, die Bewertung von Prozeßverbesserungen oder jede andere prinzipiell aufschiebbare Arbeit sein. Somit kann das nächste Projekt mit der kompletten Mannschaft beginnen, was für die Dynamik des Teams eine große Rolle spielt.

Das Personalproblem ist nur zu lösen, wenn das Management die entsprechenden Prioritäten setzt. Hat die Entwicklung neuer Produkte wirklich Priorität, so sehen wir keine Schwierigkeiten. Demonstriert das tägliche Handeln des Managements, daß stets Fertigungs- und Kundenprobleme den Vorrang haben, werden den Produktentwicklungsteams ständig Ressourcen gestohlen, und ihre Projekte leiden darunter. Um dies zu vermeiden, sollte das Management überwachen, daß Produktprojekte tatsächlich die geplanten Ressourcen erhalten. Dies kann man tun, indem man mit den Projektmanagern spricht, Teamtreffen besucht und sich Zeiterfassungsbögen ansieht. Man kann es nicht tun, indem man fragt, wer dem Team zugeordnet ist, denn jeder Projektmanager weiß, daß einem Projekt zugeteilt zu sein und tatsächlich in ihm zu arbeiten zwei völlig verschiedene Dinge sein können.

Betrachten wir nun das Problem, wie wir den Aufwand für etwas abschätzen können, das wir noch nie zuvor getan haben. Wie beim Marktrisiko gibt es drei Punkte. Erstens müssen wir uns die notwendigen Informationen beschaffen, um "intelligente Wetten" abschließen, also sinnvolle Risiken eingehen zu können. Zweitens müssen wir feststellen, ob diese Wetten sich ausgezahlt haben. Je früher wir dies feststellen, desto leichter können wir reagieren. Drittens müssen wir einen Alternativplan haben, falls wir die Wette verlieren. Bei der Betrachtung dieser Punkte müssen wir unsere Aufmerksamkeit auf die Bereiche des größten technischen Risikos konzentrieren.

Wie identifizieren wir Bereiche mit hohen technischen Risikos? Die größten technischen Probleme betreffen zwei Bereiche: besonders riskante Technologien und Gesamtintegration des Systems. Das zweite Problem tritt meist gegen Ende des Entwicklungsprozesses auf, wenn wir die Systemintegration beginnen. Ich möchte Ihnen dringend empfehlen, die Fehlerdaten Ihrer eigenen Projekte daraufhin zu untersuchen, welche der beiden Arten von Fehlern häufiger ist.

Die Erfahrung sagt uns, daß bei den meisten Produkten Probleme mit der Integration überwiegen, was heißt, daß die Fehler eher an den Schnittstellen als in den Modulen entstehen. Das liegt daran, daß die Zahl der Schnittstellen in einem System viel schneller als die Zahl der Module ansteigt, wie in Bild 12.4 dargestellt ist. In den meisten Projekten wird das technische Risiko zum größten Teil vom Systemintegrationsrisiko bestimmt.

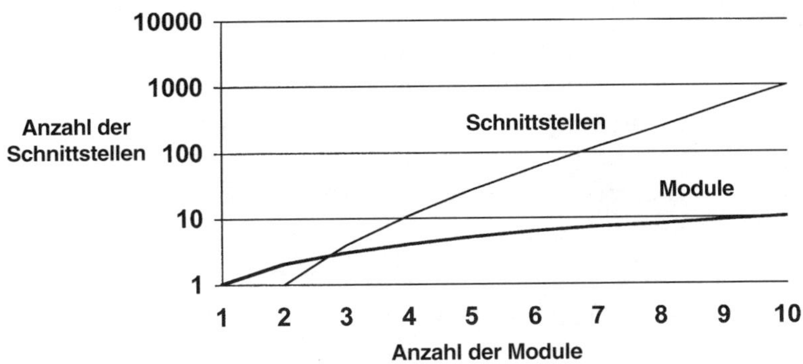

Bild 12.4: *Schnittstellen und Module*

Kontrolle des Subsystemrisikos

Beginnen wir mit der ersten Quelle des technischen Risikos, den besonders riskanten Subsystemen. Um zu bestimmen, welche Komponenten ein hohes technisches Risiko tragen, müssen wir erst unsere Analyse auf

Projektebene durchführen, um abzuschätzen, welchen Einfluß die Projektziele Aufwand, Kosten, Leistung und Geschwindigkeit jeweils auf den Gewinn haben. Dann bewerten wir jedes Subsystem im Hinblick auf seine Bedeutung für jeden der vier Faktoren. Am leichtesten läßt sich dies in einem Treffen des Teams tun, wo die Mitglieder das Versagensrisiko der Subsysteme hinsichtlich Ausmaß und Wahrscheinlichkeit darstellen. Dabei kann zunächst jeder einzeln seine Einschätzung vornehmen, dann diskutiert das Team die Gründe für mögliche Abweichungen und kommt schließlich zu einem gemeinsamen Ergebnis. Das Ergebnis eines solchen Treffens ist eine erstaunlich gute Einschätzung des Projektrisikos. Entgegen dem weitverbreiteten Glauben, daß unbekannte Risiken die größte Gefahr bilden, sind sich die meisten Teams erstaunlich klar darüber, wo am ehesten ein Versagen des Projekts droht.

Sobald wir den Ort des Subsystemrisikos lokalisiert haben, müssen wir eine Strategie zu seiner Behandlung entwickeln. Die besten Techniken sind, das Risiko entweder ganz zu vermeiden, oder die Ungewißheit schnell zu beheben und einen Alternativplan zu verwenden, falls der ursprüngliche Ansatz versagt.

Wir sollten das Risiko vermeiden, wenn der mögliche Gewinn den möglichen Verlust nicht übersteigt. Beispielsweise könnte die Verwendung einer neuen Technik in einem Entwurf substantielle Kosteneinsparungen ermöglichen. Allerdings würde uns das ein bis drei Monate Zeit kosten – je nach den Problemen mit der neuen Technik. Zunächst könnte uns dies wegen der hohen Kosteneinsparungen trotz der verzögerten Produkteinführung sinnvoll erscheinen. Eine genauere Analyse kann jedoch zeigen, daß dieselbe Kostensenkung nach der Fertigungsfreigabe zu erzielen wäre. Dies würde früh im Produktlebenszyklus geschehen, bevor viele Einheiten ausgeliefert sind; wir könnten 95 Prozent der Kosteneinsparungen ohne mögliche Verzögerungen realisieren. Das Subsystemrisiko auf eine spätere Produkteinführung zu verschieben, ist oft wirtschaftlich sinnvoll.

Wenn es Sinn macht, ein Risiko einzugehen, sollten wir nicht versuchen, es zu vermeiden. Statt dessen beseitigen wir die Ungewißheit und entwickeln einen Alternativplan für den Fall, daß der riskante Weg scheitert. Normalerweise gibt es zwei Möglichkeiten, Ungewißheit zu beseitigen. Die erste ist eine Analyse mit Hilfe eines Rechnermodells oder einer Simulation. Dies ist eine zunehmend wirkungsvolle Technik, vor allem, wenn die Kosten für einen Prototypen hoch wären. Zweitens können wir früh im Projekt einen genau zugeschnittenen technischen Test durchführen, indem wir einen Prototypen eines bestimmten hochriskanten Subsystems bauen.

Solche speziellen Prototypen können sehr komplexe technische Probleme früh im Projekt lösen. Tatsächlich ist das Konzept, Konstruktionen auf dem Papier ohne physische Modelle oder Prototypen zu entwerfen, relativ neu. Man fragt sich, wie früher die großen architektonischen Meisterwerke ohne die heutigen analytischen Werkzeuge gebaut wurden. Was war das Geheimnis der antiken Architekten? Normalerweise bauten sie ein Modell im großen Maßstab, bevor sie die eigentliche Struktur errichteten.

Als das erste nuklear angetriebene Unterseeboot gebaut wurde, bestand Admiral Rickover auf einem maßstabsgetreuen Modell aus Holz und Pappe. Er hielt dies für die einzige Möglichkeit, die Wartbarkeit der technischen Systeme sicherzustellen. Die Konstruktion von Unterseebooten erfordert eine hohe Raumausnutzung durch dichtes "Packen" aller Systeme. Je kleiner der Rumpf, desto geringer der Widerstand, was eine höhere Geschwindigkeit bei gegebener Größe des Nuklearantriebs ermöglicht. Die beste Möglichkeit, bis an die Grenze der Raumausnutzung vorzustoßen, ist der Bau eines physischen Modells.

Entscheidend an solchen Modellen ist, daß sie genau auf die Beantwortung bestimmter Fragen zugeschnitten sind. Wenn man das Layout eines U-Boots untersuchen will, braucht man kein Modell aus Stahl zu bauen – Holz und Pappe genügen völlig. Der Zweck des Modells ist, eine *begrenzte* Zahl von technischen Fragen zu klären.

Der Bau derartiger Modelle und Prototypen früh im Projekt hat einen zweifachen Nutzen. Erstens klären sie zusammen mit dem technischen Risiko auch oft das Marktrisiko. Der Mensch hat viel mehr Vertrauen in physische Modelle und funktionierende Prototypen als in Konstruktionszeichnungen und Darstellungen von Designern. Zweitens haben diese Modelle eine stark motivierende Wirkung auf die Organisation. Es ist ein psychologisches Phänomen, daß wir vom Fortschritt eines Projekts viel stärker überzeugt sind, wenn wir etwas physisch Greifbares anstatt nur Bilder auf Papier sehen.

Wir müssen eine genaue Balance zwischen der Perfektion des Modells und dem zu seiner Erstellung erforderlichen Aufwand finden. Wenn das Modell zu ungenau ist, können seine Ergebnisse so mangelhaft sein, daß sie die Organisation demotivieren. Beobachter können vorschnell zu der Überzeugung kommen, daß das Projekt keine Erfolgschancen hat. Wenn wir das Modell mit zu hohem Aufwand perfektionieren, kann das zu einem überzogenen Engagement für den gewählten Entwicklungsweg führen. Je mehr Anstrengungen wir auf die Erzeugung des Modells verwenden, desto wahrscheinlicher werden wir Input aus anderen Quellen, etwa vom Kunden, vernachlässigen. Dennoch ist es in der Regel klug, sich um das Aussehen jedes Modells zu bemühen, auch wenn es um rein technische Fragen geht. Das Aussehen hat oft große Bedeutung für die Wirkung außerhalb des Teams, und es kann schwer sein, einen ersten Eindruck zu korrigieren.

Kontrolle des Systemintegrationsrisikos

Die zweite Hauptquelle technischen Risikos ist das Systemintegrationsrisiko. Bei den meisten Projekte liegt hier das größte technische Risiko. Im folgenden werden vier Strategien zur Reduzierung dieses Risikos skizziert: verstärkte Wiederverwendung von Schnittstellen, Bereitstellung eines größeren Sicherheitsspielraums in den Schnittstellen, mehr Tests der Subsysteme und Verlegung der Systemintegration in frühe Phasen des Projekts.

Unsere erste Strategie zur Reduzierung des Systemintegrationsrisikos ist die Wiederverwendung von Schnittstellen. Schnittstellen bilden das größte Integrationsrisiko. Wie wir in Kapitel 8 erläutert haben, bietet uns die Wiederverwendung eine stabile, geprüfte Schnittstelle, die als Entwicklungskriterium beim Entwurf einzelner Module dient. Beispielsweise werden bei der IC-Entwicklung oft vorhandene Untermodule, sogenannte Bibliotheksmodule, als Bausteine des Entwurfs benutzt. Da diese Module bereits für ein anderes Produkt gefertigt worden sind, können wir die Schnittstelle zwischen dem Schaltkreisentwurf und dem Fertigungsprozeß wiederverwenden. Dies eliminiert viele Probleme der Anpassung von Entwurf und Fertigungsprozeß.

Eine zweite Strategie, das Risiko der Systemintegration zu senken, besteht in der Bereitstellung von zusätzlichem Entwicklungsspielraum in den Schnittstellen. Wie in Kapitel 8 diskutiert, ermöglicht es dieser Spielraum, Leistungsprobleme einzelner Module lokal auf diese Komponenten zu begrenzen. Dieser Spielraum muß sorgfältig zugewiesen werden, um das Risiko rings um die riskantesten Module des Systems abzupuffern.

Eine dritte Strategie zur Reduzierung des Systemintegrationsrisikos ist das verstärkte Testen von Subsystemen. Mit einer robusten Testumgebung für Subsysteme können wir viele Probleme identifizieren, die wir herkömmlicherweise erst bei der Produkterprobung entdecken. Eine gute Vorgehensweise ist, die bei der Produkterprobung aufgetretenen Fehler daraufhin zu analysieren, ob man sie schon bei früheren Tests hätte finden können. Zum Beispiel können wir feststellen, daß eine Unterbaugruppe, die im Labor funktioniert hat, unter rauhen Feldbedingungen versagt. Wir können diesem Problem begegnen, indem wir bereits auf der Subsystemebene Umwelttests durchführen.

Eine vierte und letzte Strategie besteht darin, die Systemintegration auf frühere Phasen des Entwicklungsprozesses vorzuverlegen. Die Unternehmen rücken zunehmend von einer "Super-Integration" am Ende des Entwicklungsprozesses ab. Statt dessen trifft man vermehrt auf eine "schrittweise" Integration. Man kann mit der Arbeit an den Schnittstellen zwischen Subsystemen beginnen, sobald mehr als ein Subsystem fertiggestellt ist. Ein Beispiel hierfür ist der Entwicklungsansatz von Microsoft, wie ihn Michael Cusumano in seinem Buch *Microsoft Secrets* dargestellt hat. Microsoft beginnt oft den Integrationsprozeß im ersten Drittel des Entwicklungsprozesses. Von diesem frühen Zeitpunkt an wird täglich der neu entwickelte Code zusammengebaut. Interessant an diesem Vorgehen ist, daß jeweils ein Mitglied des Teams die Verantwortung für diesen Zusammenbau übernehmen muß. Diese Person wird als *build master* bezeichnet. Die Integration des Codes ist ein zeitaufwendiger Prozeß, so daß der *build master* meist bis in die späten Abendstunden arbeiten muß. Man bekommt diese Aufgabe, wenn man am Vortag Code abgeliefert hat, der sich nicht kompilieren ließ oder, wie die Programmierer sagen, "den Bau zerstört hat". Das bewirkt, daß jeder hart arbeitet, um sauberen Code abzuliefern.

Alternativpläne

Alternativpläne schützen uns vor Versagen bei wirtschaftlichen Schlüsselparametern. Normalerweise trachten wir danach, Schaden auf einem Gebiet durch Pluspunkte in einem der drei anderen Bereiche wiedergutzumachen. Beispielsweise kann der Entwicklungsaufwand größer als geplant werden, wenn der Entwurf sich als unerwartet schwierig erweist. Hierauf haben wir drei Reaktionsmöglichkeiten. Erstens könnten wir Abstriche bei den angestrebten Stückkosten machen. Damit könnten wir vorhandene, aber teure Subsysteme aus anderen Projekten verwenden und so Entwicklungszeit einsparen. Zudem könnten Verfeinerungen des Entwurfs unterbleiben, die ebenfalls Zeit kosten. Zweitens könnten wir unsere Leistungsanforderungen senken. Wir könnten ein Produktmerkmal fallen lassen oder bei anderen Merkmalen die Leistung einschränken. Das kann selbst dann vernünftig sein, wenn das Produkt damit für einige Kunden inakzeptabel wird. Es bedeutet nur, daß wir einen geringeren Marktanteil bekommen oder einen niedrigeren Preis im Markt erzielen können. Drittens könnten wir die Zeit überziehen und den Entwicklungsprozeß mit einem kleineren

Team stärker sequentiell gestalten. Solche Teams sind effizienter. Welchen dieser Ansätze wir wählen, hängt von unserer wirtschaftlichen Analyse ab. Sie sagt uns, welche Kompensationsstrategie die geringsten ökonomischen Auswirkungen hat.

Ähnlich gehen wir bei Risiken vor, die Stückkosten, Leistung oder Entwicklungszeit betreffen. Bild 12.5 faßt einige der Strategien für verschiedene Arten von technischem Risiko zusammen.

Alternativpläne werden grundsätzlich nach denselben Prinzipien wie Originalpläne entwickelt. Sie sollten schriftlich niedergelegt werden, sonst riskieren wir, daß verschiedene Teammitglieder unterschiedliche Ansichten über die Vorgehensweise haben. Der Alternativplan sollte von den Mitarbeitern ausgearbeitet werden, die ihn gegebenenfalls durchführen, da wir sowohl ihr Wissen als auch ihr Engagement brauchen. Schließlich sollte der Alternativplan im voraus erstellt werden, weil wir die Alternativen besser gegeneinander abwägen können, wenn wir Zeit haben, unsere Optionen zu bedenken und divergierende Meinungen zu berücksichtigen.

	Risikobereich			
Kompensationsansatz	**Aufwandsüberschreitung**	**Stückkostenüberschreitung**	**Leistungsdefizit**	**Zeitverzögerung**
Aufwand		• Teure Subsysteme neu entwickeln	• Subsysteme mit unzureichender Leistung neu entwickeln	• Projektressourcen vergrößern • In bevorzugte Bearbeitung investieren
Stückkosten	• Stückkostenziele senken • Subsysteme wiederverwenden		• Stückkostenziele senken • Teurere Subsysteme verwenden • Subsysteme wiederverwenden	• Hohe Anfangskosten hinnehmen • Subsysteme wiederverwenden
Leistung	• Leistungsziele senken • Auf Merkmale verzichten • Markt neu segmentieren • Produkt in zwei Schritten einführen	• Leistungsziele senken • Auf Merkmale verzichten • Zielmarkt neu segmentieren		• Leistungsziele senken • Auf Merkmale verzichten • Zielmarkt neu segmentieren • Produkt in zwei Schritten einführen
Zeitplan	• Zeitplan überschreiten • Teamgröße reduzieren • Billige, aber langsame Dienstleistungen verwenden	• Zeitplan überschreiten • Entwurf anpassen • Warten, bis sich die Kosten verbessern	• Zeitplan überschreiten • Warten, bis sich die Technik verbessert	

Bild 12.5: Alternativansätze

Prüfprozesse der Spitzenklasse

Wir kommen nun zu einem der wichtigsten Werkzeuge zur Senkung sowohl des technischen Risikos als des Marktrisikos: den Prüfprozessen. Meist wird das Prüfen als notwendiges Übel im Entwicklungsprozeß angesehen. Es existiert nur, weil wir Fehler machen. Wenn wir weniger Fehler machen würden, bräuchten wir nicht so viele Tests. Wir sollten unser Geld dafür ausgeben, Qualität "in das Produkt hineinzukonstruieren", statt im nachhinein Fehler "herauszuprüfen". Das Ergebnis einer solchen Einstellung kann ein Prüfwesen sein, das personell unterbesetzt und technisch unzureichend ausgestattet ist. Wenn wir die Produkterprobung als Problem und nicht als Potential betrachten, verpassen wir die Gelegenheit zu außerordentlichen Verbesserungen, die dieser Prozeß bietet.

Betrachten wir das Prüfwesen im Zusammenhang: Dieser Prozeß beansprucht typischerweise 30 bis 60 Prozent des gesamten Produktentwicklungszyklus – nicht irgendeine unter vielen, sondern eine *wesentliche* Entwicklungsaktivität. Erst die Prüfverfahren sagen uns, ob die vorher auf Papier oder im Rechner entworfenen Konzepte den Verhältnissen in der wirklichen Welt entsprechen. Ohne Tests bewegen wir uns in der abstrakten Welt der Theorie. Die Diskrepanz zwischen der Welt der realen Objekte und der Welt der Theorie ist oft unerwartet groß. Das bedeutet, daß Prüfergebnisse prinzipiell einen hohen Informationsgehalt haben, wie wir in Kapitel 4 sahen.

Im Grunde ist der Prüfprozeß oft der Schritt der Entwicklung, der die meiste Information erzeugt. Da unser Ziel im Entwicklungsprozeß die Erzeugung von Information ist, sollten wir an unseren Prüfverfahren sehr interessiert sein.

Einer der Hauptgründe dafür, daß die meisten Unternehmen die Rolle des Prüfens mißverstehen, ist die ungenaue Unterscheidung zwischen dem Prüfen des Entwurfs, also der Entwicklungsprüfung, und der Fertigungsprüfung. Das ist verständlich, weil beide Arten von Prüfverfahren dieselben Prüfer, dieselben Tests und dieselben Anlagen verwenden. Die Übereinstimmungen sind offensichtlicher als die Unterschiede, aber die Unterschiede sind fundamental. Fertigungsprüfungen werden durchgeführt, um Defekte im Fertigungsprozeß zu entdecken. Ein gutes Ergebnis einer Fertigungsprüfung lautet: "Keine Fehler". Ihr Hauptkriterium ist ihre Effizienz. Entwicklungsprüfungen dagegen werden durchgeführt, um Informationen über den Entwurf zu erhalten. Ein gutes Ergebnis einer Entwicklungsprüfung lautet: "Informationserzeugung früh im Entwicklungsprozeß". Wie wir in Kapitel 4 gesehen haben, bedeutet dies, daß wir eine Fehlerrate nahe an 50 Prozent wünschen. Zudem wollen wir diese Information so früh wie möglich. Beispielsweise sind wir bereit, höhere Prüfkosten in Kauf zu nehmen, indem wir Tests in verschiedenen Phasen des Entwicklungsprozesses duplizieren, weil jede Information, die wir früh bekommen, extrem wertvoll ist. Im Gegensatz zur Fertigungsprüfung sind die Erfolgskriterien der Entwicklungsprüfung also die Informationserzeugungsrate und der Zeitpunkt der Informationserzeugung.

Bei der Gestaltung des Prüfprozesses können wir die Konzepte verwenden, die wir in Kapitel 7 für die Entwicklung von Subprozessen vorgestellt haben. Ein Prüfprozeß kann hinsichtlich Aufwand, Stückkosten, Leistung oder Geschwindigkeit optimiert werden. Da wir jeweils verschiedene Vorgehensweisen verwenden, müssen wir uns über unser Ziel klar sein. Wie üblich ist die ökonomische Analyse aus Kapitel 2 unser Wegweiser.

Kostengünstig prüfen

Das erste Ziel ist, Prüfkosten zu senken. Für eine Fertigungsprüfung ist dies ein passendes Ziel – für eine Entwicklungsprüfung dagegen selten das wichtigste. Wenn wir die Prüfkosten senken wollen, gibt es hierzu vier Schlüsseltechniken. Erstens können wir Wiederholungen von Tests eliminieren, zweitens auf der effizientesten Subsystemebene prüfen, drittens Prüfvorgänge automatisieren und viertens einen"*Overkill*" beim Prüfen des Produkts vermeiden.

Oft werden Entwürfe wieder und wieder durch dieselben Testserien geschickt. Durch die Beseitigung von solchen Wiederholungen können wir unsere Prüfkosten senken. Um es mit einem einfachen Beispiel zu sagen: Die meisten Textverarbeitungssysteme führen die Rechtschreibprüfung eines Dokuments am Ende des Editiervorgangs durch und nicht zehnmal vorher. Dies führt mit weniger Aufwand zu einem Ergebnis von gleicher Qualität.

Verwenden Sie diese Technik aber vorsichtig, denn sie kann andere Entwicklungskosten steigern, während die Prüfkosten reduziert werden. Tests, die spät im Entwicklungsprozeß durchgeführt werden, zeigen oft Fehler auf, die zu korrigieren sehr teuer sind. Dann verlieren wir das Geld, das wir durch spätes Testen einsparen, durch teure Konstruktionsänderungen.

Eine zweite Technik zur Senkung der Prüfkosten ist das Testen der Produktstruktur zu einem Zeitpunkt, wo ein möglichst effizientes Auffinden von Fehlern möglich ist. Gewöhnlich ist dies die Ebene der Subsysteme. Hier können wir sorgfältiger, billiger und schneller prüfen. So besteht zum Beispiel ein Kopierer aus einem mechanischen Mechanismus und einer elektronischen Steuerung. Die Elektronik überwacht den Mechanismus, um Fehler wie falschen Papiereinzug oder Versagen mechanischer Komponenten zu entdecken. Eine Möglichkeit, die Elektronik zu testen, ist, den Kopierer auf Systemebene zu prüfen. Man wartet, bis eine mechanische Komponente versagt, um dann herauszufinden, ob die Elektronik funktioniert. Eine Alternative ist, die Elektronik zu isolieren und als Subsystem zu testen. Dazu können wir die Signale simulieren, die vom Papiereinzug oder anderen mechanischen Komponenten ausgesandt werden. So können wir die Elektronik vollständig, aber tausendmal schneller testen, als wenn wir auf das tatsächliche Versagen auf Systemebene warten würden – eine enorme Ersparnis von Zeit und Kosten.

Eine dritte Technik, die Automatisierung des Prüfprozesses, kann die Prüfkosten dramatisch reduzieren. Wenn wir das Testen und die entsprechende Datenerhebung automatisieren, können wir statt 40 Stunden pro Woche ununterbrochen testen, also 168 Stunden pro Woche. Die Arbeitskosten sinken beträchtlich, und die Prüfgeräte sind 24 Stunden am Tag ausgelastet.

Einen vierte Technik ist, "Test-*Overkill*" zu vermeiden. Sehr oft werden Prüfungen durchgeführt, die Ressourcen verschwenden. So wird beispielsweise eine Serie von zehn Tests für einen Prototyp angeordnet. Der Ingenieur, der die ersten Testergebnisse auswertet, stellt fest, daß das Produkt versagt hat und umkonstruiert werden muß. Die verbleibenden acht Testläufe werden trotzdem durchgezogen, obwohl ihre Ergebnisse von geringem Wert sind. Das Problem ist, daß das Prüfwesen darauf eingestellt ist, immer eine ganze Testserie zu fahren. Der Einsatz verzweigter Prüfpläne ist eine praktische Lösung für dieses Problem (s. Bild 12.6).

Bei diesem Vorgehen können wir einem anderen Prüfpfad folgen, wenn das Produkt bestimmte Tests nicht besteht.

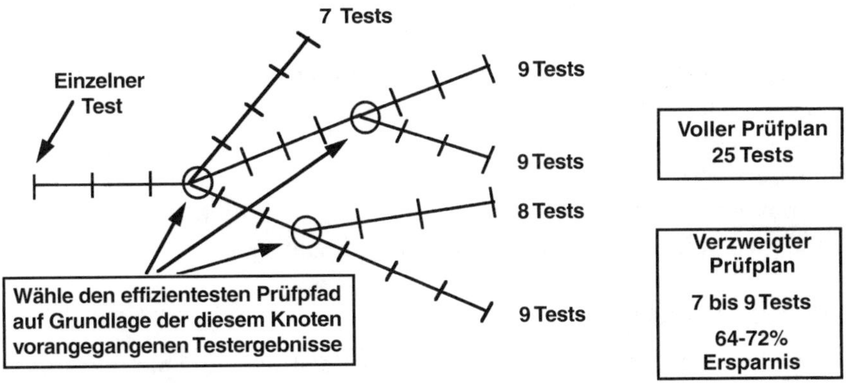

Bild 12.6: Verzweigte Prüfpläne

Den Einfluß des Prüfens auf die Stückkosten reduzieren

Das nächste wirtschaftliche Ziel ist, den Einfluß des Prüfens auf die Stückkosten zu reduzieren. Wiederum ist dies in den wenigsten Projekten ein erfolgskritisches Ziel, weil der Prüfprozeß die Stückkosten ohnehin kaum erhöht. Wenn wir es für wichtig halten, gibt es zwei Techniken, dieses Ziel zu erreichen. Erstens können wir Features aus dem Produkt eliminieren, die lediglich zum Zweck besserer Prüfbarkeit vorgesehen sind. Beispielsweise können Konstrukteure einem Entwurf Prüfpunkte oder Verbindungen hinzufügen, um das Testen zu erleichtern. Programmierer entwerfen speziellen Code, der das Debugging eines Software-Systems erleichtert. Solche Features zu eliminieren, kann Kosten senken. In der Praxis kosten diese Prüf-Features wenig, und die Kosten entstehen nur temporär. Wenn das Prüfen des Entwurfs abgeschlossen ist, lassen sich diese Features normalerweise leicht entfernen. Wir sind selten gezwungen, diese zusätzliche Kostenbelastung über den gesamten Produktlebenszyklus mitzutragen.

Die zweite Technik hat mehr praktische Bedeutung. Das Testen kann als sehr effektives Werkzeug zur Feinabstimmung des Entwurfs genutzt werden. Unsere Papiermodelle sind immer in gewisser Weise Approximationen. In manchen Fällen treten überdimensionierte Konstruktionen auf, die die Produktkosten unnötig erhöhen. So können zum Beispiel viele elektronische Schaltkreise elektromagnetische Interferenzen erzeugen. Zu den Standard-Konstruktionslösungen für dieses Problem gehören die Senkung des Pegels der Quelle und deren Abschirmung. Leider kosten diese Lösungen Geld. Ein Unternehmen, das Computertechnik in einem sehr hart umkämpften Markt produziert, verwendet den Prüfprozeß, um die Stückkosten niedrig zu halten: Man entwirft den Prototypen und fügt die Abschirmung nur hinzu, wenn es absolut unumgänglich ist. Diese Prototypen funktionieren nie beim ersten Mal, aber nach einigen Tests kristallisiert sich eine funktionierende Lösung heraus, die viel billiger ist, als es die konservative Entwicklung nach dem Prinzip "Mach's beim ersten Mal richtig" gewesen wäre. Wenn wir eine solche Strategie zur Senkung der Stückkosten verfolgen, führen wir sehr ausführliche Tests früh im Entwicklungsprozeß durch.

Leistung steigern

Unser drittes Schlüsselziel ist die Produktleistung. Wie Sie sich aus Kapitel 2 erinnern, messen wir die Produktleistung mit dem Gesamtertrag des Produktlebenszyklus. Wir maximieren diesen Ertrag, wenn das Produkt die Anforderungen des Kunden voll erfüllt. Um dies zu überprüfen, müssen wir das vollständige Funktionieren des Produkts verifizieren. Es gibt zwei Wege, unseren Prüfprozeß auf die Maximierung der Leistung zu trimmen: erstens, den Geltungsbereich der Tests zu vergrößern, und zweitens, die Gültigkeit der Tests zu verbessern.

Die erste Strategie zur Steigerung der Leistung ist die Vergrößerung des Geltungsbereichs der Tests. Der Begriff "Geltungsbereich" bezieht sich auf den prozentualen Anteil durch einen Test entdeckbarer potentieller Versagensfälle. Für einige Leser mag es überraschend sein, daß ein hundertprozentiger Geltungsbereich für die meisten Produkte ein unmögliches Ziel ist. Die Zahl der Permutationen und Kombinationen, die man prüfen müßte, kann atemberaubend sein. Betrachten wir das Beispiel eines Personal Computers, der ein Programm mit hundert verschiedenen Bildschirmen, hundert verschiedenen Videokarten und hundert verschiedenen Druckern verarbeitet. Es würde mehr als eine Million Tests erfordern, alle möglichen Kombinationen zu überprüfen. Nehmen wir nun an, es gäbe hundert mögliche Betriebssystemkonfigurationen, und der Anwender installiert nur drei von fünfhundert Programmen auf seinem Rechner. Jetzt müßten wir 124.000.000.000.000.000 Kombinationen testen. Wenn wir tausend Konfigurationen pro Sekunde testen könnten, würden wir fast viertausend Jahre für die Tests brauchen. Dabei würden wir aber Billiarden von möglichen Kombinationen testen, die in Wirklichkeit nie auftreten – eine Verschwendung von Zeit und Geld.

Um dieses Problem zu umgehen, werden die meisten komplexen Produkte nicht hundertprozentig geprüft. Statt dessen schneiden kluge Entwickler ihre Prüfpläne auf wahrscheinliche Anwendungen und Konfigurationen zu. Das bedeutet, daß die Entwicklung eines Prüfplans ein genaues Verständnis der tatsächlichen Anwendung des Produkts voraussetzt – viel mehr als eine einfache Liste von Produktmerkmalen.

Dies verweist auf das zweite Werkzeug zur Verbesserung der Produktleistung. Wir müssen die Gültigkeit unserer Prüfungen verbessern. Die Prüfprozesse sollten dieselben Typen von Fehlern erzeugen, wie sie im Feld auftreten. Wenn wir zum Beispiel entdecken, daß unsere Produkte im Feld heißlaufen, im Prüflabor dagegen nicht, müssen wir die Ursache hierfür verstehen. Vielleicht stellen die Anwender die Anlage nicht korrekt auf oder betreiben sie bei zu hohen Temperaturen. Wenn wir diese Fehler entdecken wollen, bevor sie im Feld auftreten, brauchen wir realistische Prüfprozesse.

An Realismus mangelt es häufig in Prüfprozessen. Tests können zu nachlässig sein. Beispielsweise kann ein Produkt fehlerfrei funktionieren, wenn es seinen Strom aus einem Stecker einer westlichen Industrienation bezieht. Soll es dagegen in einem Land der dritten Welt arbeiten, wo eine Spannungsregelung fast nichtexistent ist, kann es hohe Versagensraten aufweisen. Tests können aber auch zu streng sein. Ein Unternehmen unterwarf sein Produkt aus dem Konsumgüterbereich einer Serie von strengen Tests und entdeckte damit Fehler, die in der realen Anwendung nie auftraten. Man änderte das Produkt, um Fehler zu beseitigen, deren Auftreten höchst unwahrscheinlich war. Eine Möglichkeit, die Gültigkeit unserer Prüfprozesse zu testen, ist, im Feld bewährte Produkte unseres eigenen Unternehmens und unserer Wettbewerber zu prüfen. Wenn dabei Fehler auftreten, ist es wahrscheinlich, daß unsere Prüfverfahren ungeeignet sind.

Schnell prüfen

Für viele Unternehmen ist die Beschleunigung der Produktentwicklung ein zunehmend wichtigeres Ziel. Es gibt vier Techniken, die Testzeiten zu verkürzen: Erstens können wir die Anzahl paralleler Prüfungen steigern, zweitens können wir Zuverlässigkeitsvoraussagen verwenden, drittens können wir die Prüflosgrößen senken, und viertens können wir die Warteschlangen in unseren Prüfprozessen überwachen und managen.

Die erste Technik zur Verkürzung der Erprobung besteht darin, die Anzahl der parallelen oder simultanen Prüfvorgänge zu erhöhen. Dies verkürzt den kritischen Pfad des Projekts, weil ein Test außerhalb des kritischen Pfads uns keine Zykluszeit kostet. Lassen Sie uns zum Beispiel annehmen, daß wir die geeignete Stärke eines bestimmten Bauteils festlegen wollen. Wenn der Entwurf mit einer geringeren Stärke nicht funktioniert, erhöhen wir die Stärke. Wenn die Zykluszeit wichtig ist, sollten wir beide Entwürfe parallel erproben. Somit ist der Entwurf mit der größeren Stärke bereits geprüft, wenn wir auf ihn zurückkommen müssen.

Eine zweite Technik zur Verkürzung der Prüfzyklen ist die Verwendung von Zuverlässigkeitsvoraussagen. Ein Ansatz hierfür ist die sogenannte Duane-Methode. Dieses Verfahren, den Anstieg der Zuverlässigkeit zu messen, stellt die kumulative Fehlerrate logarithmisch als Funktion der kumulativen Betriebsstunden des Produkts dar. Bild 12.7 zeigt ein Beispiel. Wenn die Fehlerrate als gerade Linie nach unten verläuft, funktioniert der Fehlerbehebungsprozeß korrekt.

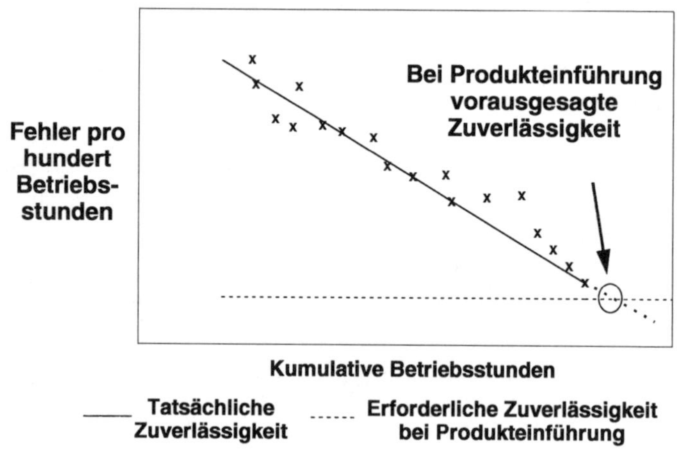

Bild 12.7: Anstieg der Zuverlässigkeit

Der Vorteil dieser Technik ist, daß sie uns eine Prognose darüber erlaubt, wann wir das Zuverlässigkeitsziel des Produkts wahrscheinlich erreichen werden. Sobald wir uns diesem Ziel nähern, können wir mit minimalem Risiko nachgelagerte Aktivitäten beginnen, ohne das Ziel voll erreicht zu haben. Beispielsweise erproben Hersteller von Verkehrsflugzeugen die Flügel, um ein Versagen durch Materialermüdung auszuschließen. Die erforderlichen Tests dauern sehr lange. Daher beginnt man, das Flugzeug zu verkaufen, bevor die Erprobung abgeschlossen ist. Man begnügt sich mit einer gewissen Anzahl von Prüfzyklen, da man sich sicher ist, dennoch jedes mögliche Problem Jahre, bevor es ein tatsächliches Sicherheitsrisiko werden kann, zu entdecken.

Eine dritte Technik zur Erhöhung der Prüfgeschwindigkeit ist die Reduzierung der Losgrößen in unseren Prüfprozessen. Mittlerweile sind

Sie mit der Beziehung von Losgröße und Zykluszeit vertraut. Es sollte daher nicht überraschend sein, daß wir die Geschwindigkeit, mit der wir Prüfergebnisse erzeugen, durch Verkleinerung unserer Prüflose steigern können. Es sollte weiterhin klar sein, daß hierzu das Mittel der Wahl eine Senkung der Festkosten pro Test ist, da somit das Prüfen in kleineren Losen wirtschaftlich wird.

Die meisten Unternehmen nutzen den Vorteil kleiner Lose in ihrem Prüfwesen noch nicht. Statt dessen gehen sie in dieselbe Falle wie Fertigungsfabriken in den Zeiten vor *Just-in-Time*. Sie streben eine Amortisation der Festkosten durch eine möglichst lange Prüfperiode an. Die logische Konsequenz dieses Ansatzes ist, daß die Prüfvorgänge lange dauern und man lange auf die Ergebnisse warten muß. Die "Super-Integration" des Gesamtsystems am Ende des Entwicklungsprozesses fällt in diese Kategorie. Im Gegensatz dazu reduzieren die täglichen "Zusammenbauprüfungen" in der Software-Entwicklung die Losgröße erheblich. Kleinere Lose bieten uns den bedeutenden Vorteil, die Entwürfe schneller verfeinern zu können. Weil die Rückkopplungsschleife so kurz ist, sind die Entwickler mit dem betreffenden Teil des Entwurfs noch gut vertraut. Wenn die Prüfung Monate nach dem Akt des Entwurfs erfolgt, kann man sich nur noch schwer an Details erinnern, so daß die Behebung von Mängeln langsamer und ineffizienter ist.

Der Weg zu kleineren Losgrößen liegt in der Senkung der Festkosten pro Prüfzyklus, weil dies kleine Lose realisierbar macht. Gleichzeitig können wir damit überraschende Nutzeffekte auf anderen Gebieten erzielen. Beispielsweise hatte ein Unternehmen Dutzende von Prüfständen für die Erprobung eines motorgetriebenen Systems. Man ermittelte, daß die Einrichtung der Anlagen 30 Prozent der verfügbaren Prüfstandszeit belegte. Mit einigen einfachen Modifikationen an den Prüfständen wurde es möglich, bereits während eines Testlaufs den nächsten Test einzurichten. Die Durchführung dieser Einrichtungsarbeiten abseits vom kritischen Pfad entsprach einer fast 50prozentigen Erhöhung der Prüfstandskapazität.

Die vierte und letzte Technik ist das Messen und Managen von Warteschlangen im Prüfprozeß. Diese zentrale Kennzahl ist einer der wichtigsten Indikatoren für die Gesundheit dieses Prozesses. Wie wir in Kapitel 3 gesehen haben, sind Prüfwarteschlangen ein besserer Indikator als Prüfzykluszeiten, weil sie auf Zykluszeitprobleme hinweisen, bevor sie auftreten.

Warteschlangen im Versuchswesen richten mehr Schaden an als wir denken. Manchmal erzeugen Warteschlangen weitere, längere Schlangen. In anderen Fällen führen sie dazu, daß Prüfprozesse umgangen werden. Betrachten wir, wie zwei Entwickler ihre Tests planen.

Entwickler 1 (E1): "Wie läuft der Prüfplan?"
Entwickler 2 (E2): "Fast fertig."
E1: "Wie viele Tests brauchen wir?"
E2: "Das Prüfwesen soll zehn machen."
E1 (sieht auf den Plan): "Wie es aussieht, machen sie nur einen Geräuschtest."
E2: "Ja, aber den müßten wir leicht bestehen."
E1: "Und wenn nicht? Wir müßten eine Dämpfung einbauen und wieder prüfen."
E2: "Ja, aber das ist unwahrscheinlich."
E1: "Ich weiß, aber das Prüfwesen hat eine Warteschlange von acht Wochen. Wenn wir bei einem Test versagen, müssen wir acht Wochen warten, bis wieder ein Prüfstand frei wird."
E2: "Wir sollten besser noch einen Test für ein Gerät mit zusätzlicher Dämpfung verlangen."

(später)

E1: "Nun, das wär's wohl."
E2: "Ja, seh'n wir mal: Wir haben vom Prüfwesen 22 Tests angefordert."
E1: "Eine Menge – aber so kommen wir wenigstens nicht zweimal in deren Warteschlange."

Es zeigt sich, daß Warteschlangen tatsächlich die Arbeitsbelastung erhöhen können. In anderen Fällen kann die Arbeitsbelastung sinken, wenn Konstrukteure zu ungeduldig sind, um auf den Test zu warten. Statt dessen finden sie einen anderen Weg der Risikovermeidung, zum Beispiel eine Überdimensionierung des Bauteils, um ein Versagen auszuschließen. Dies ist wahrscheinlich viel teurer als ein aggressiver und gut geprüfter Entwurf.

Kontinuierliche Verbesserung

Bevor wir das Thema der Produkterprobung verlassen, sollten wir noch auf ein chronisches Problem eingehen: Es mangelt an einer kontinuierlichen Verbesserung des Versuchswesens. Ein gut geführtes Unternehmen sollte hieran ebenso interessiert sein wie an der Verbesserung jeder anderen Geschäftstätigkeit. Mehr noch: Da das Prüfen eine Kernkompetenz ist, sollte es eine höhere Priorität erhalten.

Leider führt das durchschnittliche Unternehmen seine Prüfprozesse wie vor fünf Jahren durch. Der Hauptgrund dafür ist, daß das Management keine Veränderungen der Prüfqualität, der Kosteneffektivität und der Prüfzykluszeiten verlangt hat. Wir haben kein Ziel und keinen Verantwortlichen, wir haben keine zuteilten Ressourcen und keinen Zeitplan – eine ziemlich sichere Methode, nichts zu erreichen.

Die Lösung ist klar: Wir brauchen explizite Ziele, Mitarbeiter, die sie erreichen sollen, eine Vorgehensweise, Ressourcen und einen Zeitplan. Ein Elektronikunternehmen begann zum Beispiel, seine Prüfprozesse zu automatisieren. Über einen zehnjährigen Zeitraum wurden Handhabungsautomaten installiert und die Datenerhebung automatisiert. Die Dauer eines Tests, der vorher 30 Tage in Anspruch genommen hatte, wurde auf unter 23 Stunden gesenkt. Das Unternehmen kann jetzt seine Produkte in verschiedenen europäischen Märkten gleichzeitig einführen. Früher war nur ein phasenweiser Markteintritt möglich. Die Entwickler erhalten das Feedback über ihre Entwürfe so schnell, daß die Produktivität enorm gestiegen ist.

Zusammenfassung

Dieses Kapitel behandelte das Problem des Managements von Ungewißheit und Risiko. Wir unterschieden dabei zwischen dem Marktrisiko, also dem Fall, daß die Produktspezifikation die Marktanforderungen nicht erfüllt, und dem technischem Risiko, nämlich daß der Entwurf die Spezifikation nicht erfüllt. Wir vermerkten, daß die meisten Unternehmen beim Management des Marktrisikos schlechter abschneiden als beim Management des technischen Risikos. Ein Schwerpunkt lag auf der Bedeutung des quantitativen Risikodenkens: Was sind die möglichen Nachteile einer Entscheidung, und wie wahrscheinlich ist ihr Auftreten? Unter dieser Perspektive kann das wichtigste Risiko eines Projekts den vier Zielen Aufwand, Kosten, Leistung und Geschwindigkeit zugeordnet werden.

Dann stellten wir mehrere Ansätze des Risikomanagements dar. Ersatzprodukte können zur Validierung der Anforderungen dienen, Schlüsselmerkmale eines Produkts lassen sich simulieren. Wir diskutierten, wie man ungewisse Merkmale eines Entwurfs flexibel halten und mit kürzeren Entwicklungszyklen das Marktrisiko reduzieren kann. Anschließend wandten wir uns dem technischen Risiko zu und erläuterten zwei Schlüsselstrategien, die Kontrolle des Subsystemrisikos und die Kontrolle des Systemintegrationsrisikos.

Schließlich behandelten wir das Management der Prüfprozesse und die Optimierung dieser Prozesse im Hinblick auf unsere vier Ziele. Welches Ziel wir wählen, hängt von der wirtschaftlichen Analyse auf Projekt- und Unternehmensebene ab (s. Kapitel 2). Auch hier kann ein Vorgehen, das zur Erreichung eines Ziels gut geeignet ist, bei einer anderen Zielsetzung völlig ungeeignet sein. Es gibt keine *best practices* der Produkterprobung, sondern lediglich Vorgehensweisen, die uns helfen, *bestimmte wirtschaftliche Ziele* zu erreichen.

Am Ende dieses Kapitels müssen wir darauf verweisen, daß in zu vielen Unternehmen beim Management des Versuchswesens schlechte Arbeit geleistet wird. Es fehlt die Einsicht dafür, welche Bedeutung die Entwicklungsprüfung für die Erzeugung von Informationen hat. Statt dessen wird das Testen von Entwürfen wie die Fertigungsprüfung behandelt, die ganz andere Ziele verfolgt.

Damit ist unsere Darstellung der Werkzeuge der Entwicklungsfabrik beendet. Es wird Zeit, Sie in ihrer Verwendung zu bestärken.

Teil 4

Die ersten Schritte

13 Was ist zu tun?

Wir haben ein breites Spektrum in diesem Buch abgedeckt; einige der Ideen sind für viele Leser sicherlich neu. Nun wird es Zeit, diese Ideen in die Tat umzusetzen. Meine Empfehlungen richten sich an die Führungsebene des Unternehmens, weil deren Engagement erforderlich ist, wenn eine Organisation erfolgreich umgewandelt werden soll.

Statt die Ideen dieses Buchs zu wiederholen, möchte ich einige bescheidene erste Schritte vorschlagen, mit denen die Unternehmensführung starten kann. Das Anfahren ist normalerweise schwerer, als Fahrt aufzunehmen, wenn der Zug sich erst einmal in Bewegung gesetzt hat.

Machen Sie Ihre Hausaufgaben!

Ihr einziger Weg zum "richtigen" Handeln ist, die wirtschaftlichen Zusammenhänge ihrer Entwicklungsprojekte und -prozesse zu verstehen. Das zentrale Thema dieses Buchs ist, daß wir eine große Zahl von Möglichkeiten haben, die jeweils zur Erreichung bestimmter wirtschaftlicher Ziele geeignet sind. Den richtigen Kurs können wir nicht ohne Kompaß steuern, und der einzige zuverlässige Kompaß, den wir gefunden haben, ist die Wirtschaftlichkeitsanalyse. Sie haben Ihre Zeit mit der Lektüre dieses Buchs verschwendet, wenn Sie weiterhin glauben, es gebe *best practices*, die universell für alle Entwicklungsumgebungen geeignet seien.

Wenn für Sie der Hauptgegenstand der Produktentwicklung weiterhin das Entwickeln von Produkten ist, haben Sie die Kernidee verfehlt, daß unser eigentliches Ziel darin besteht, Profite zu machen, nicht Produkte. Da die Wirtschaftlichkeitsanalyse Grundlage jeglichen weiteren Gewinnstrebens ist, müssen wir zunächst wie in Kapitel 2 beschrieben vorgehen, um Entscheidungsregeln zu formulieren.

Wenn diese Entscheidungsregeln für die gesamte Organisation nützlich sein sollen, muß die kaufmännische Abteilung an den Analysen beteiligt sein. Ansonsten werden die Zahlen nicht als offiziell oder glaubwürdig betrachtet. Andererseits wird die vielbeschäftigte kaufmännische Abteilung sich nur auf Veranlassung der Unternehmensführung engagieren. Ein guter erster Schritt ist also, jedem Team zur Unterstützung einen Finanzfachmann zuzuweisen und sicherzustellen, daß das Team seine Alltagsentscheidungen auf der Basis eines akzeptablen wirtschaftlichen Modells fällt. Wenn die Projektmodelle stehen, können auf dieser Grundlage die Unternehmensmodelle geschaffen werden, die für das Design des Entwicklungsprozesses unerläßlich sind.

Verwenden Sie Entscheidungsregeln!

Eine Wirtschaftlichkeitsanalyse ist wertlos, wenn sie nicht für die Alltagsentscheidungen verwendet wird. Wenn Manager die wirtschaftlichen Zusammenhänge ignorieren und ihre Entscheidungen auf der Grundlage von Intuition treffen, werden sie schlecht entscheiden und die falschen Signale an die Organisation aussenden. Wenn Sie wollen, daß Entscheidungen auf der Basis von Fakten und nicht von Intuition gefällt werden, müssen Sie mit gutem Beispiel vorangehen.

Das heißt nicht, daß wir keine Intuition bräuchten. Sie ist im Gegenteil dringend notwendig, um effektive Prognosen machen zu können, aber sie sollte auf den Input der Modelle angewandt werden und nicht, um Annahmen über den Output zu machen. Wir finden, daß bei finanziellen Berechnungen Arithmetik besser als Intuition funktioniert.

Ein guter zweiter Schritt ist also, darauf zu bestehen, daß wichtige Entscheidungen in die Form einer faktenbasierten wirtschaftlichen Gewinn-und-Verlust-Rechnung gebracht werden. Wenn Ihre Intuition Ihnen sagt, daß die Antwort falsch ist, dann verfolgen Sie das Problem zurück zu den fehlerhaften Annahmen und korrigieren Sie diese. Signalisieren Sie nicht Ihrer Organisation, daß an der Spitze des Unternehmens rationale Entscheidungen ignoriert werden. Je mehr Sie Ihre Entscheidungen als Gewinn-und-Verlust-Rechnungen formulieren, desto eher werden Ihre Mitarbeiter dies auch tun.

Achten Sie auf die Kapazitätsauslastung!

Häufig begegnen uns Manager, denen die Beziehung zwischen Kapazitätsauslastung und Warteschlangen im Prozeß nicht hinlänglich klar ist. Sie lasten ihre Prozesse möglichst weitgehend aus und sind erstaunt, daß ihre Projekte sich verspäten. Wie wir in Kapitel 3 aufgezeigt haben, kann man einen Prozeß mit Schwankungen nicht zu 100 Prozent auslasten, ohne lange Warteschlangen zu erzeugen.

Entscheidend ist, die Ökonomie von Warteschlangen zu verstehen. Die Möglichkeit, die Kosten einer Warteschlange abzuschätzen, bietet unsere Wirtschaftlichkeitsanalyse. Unser Verständnis der Warteschlangenproblematik erlaubt es uns darüber hinaus, die Schlüsselbereiche des Prozesses zu identifizieren, die besondere Ressourcen erfordern. Dies sind Aktivitäten im kritischen Pfad, die hohe Grade von Variabilität aufweisen. Der dritte Schritt besteht also darin, die wichtigsten Warteschlangen des Prozesses sorgfältig unter die Lupe zu nehmen und zu quantifizieren, ob der bestmögliche Kompromiß zwischen den Kosten der Kapazität und den Kosten der Warteschlange bereits gefunden ist. Dabei kann nicht stark genug betont werden, daß dies ein quantitatives Problem ist und daß simplistische Vorgehensweisen wie eine Überversorgung aller Projekte mit Ressourcen weniger bewirken als eine Zuweisung dieser Ressourcen an die wirklichen Engpässe.

Achten Sie auf die Losgrößen!

Tief verwurzelt in den Entwicklungsprozessen der meisten Unternehmen ist die Annahme, daß in der Produktentwicklung große Lose günstig seien. Es ist nicht ungewöhnlich, in Phasen gegliederte Entwicklungsprozesse anzutreffen, bei denen die gesamte Arbeit an einem einzigen Tag zur nächsten Phase übertragen wird. In diesem Buch haben wir viele Beispiele dafür angeführt, wie große Lose Geschwindigkeit, Effizienz, Kosten und Leistung im Entwicklungsprozeß negativ beeinflussen. Der Übergang zu einem Prinzip kleiner Lose erfordert ein ebenso großes Umdenken wie der Wechsel zu *Just-in-Time* in der Fertigung. Es ist unwahrscheinlich, daß ein solcher Wandel von der untersten Unternehmensebene ausgeht; er muß vom leitenden Management initiiert werden.

Es gibt zwei wirkungsvolle Wege, die Losgrößen des Entwicklungsprozesses zu verkleinern. Erstens können wir explizit die Losgrößen messen und sie reduzieren. Dies funktioniert bei speziellen Prozessen wie etwa im Prüfwesen besonders gut. Die zweite Technik ist, die Entwicklungsauftragsbestände zu messen. Festzuhalten ist, daß diese Art von Inventar nicht in den Bilanzen erscheint, sondern ein nützliches Konstrukt für den Eigengebrauch des Managements ist. Es ist auf ähnliche Weise nützlich wie eine Berechnung der Qualitätskosten, die ja auch nicht in unseren Bilanzen aufgeführt wird. Der vierte Schritt ist also, Losgrößen oder Entwicklungsauftragsbestände zu messen, um damit die Losgrößen zu reduzieren.

Respektieren Sie die Variabilität!

Zu viele Manager glauben, Überraschungen seien das entscheidende Problem der Produktentwicklung. Sie versuchen, alles Unvorhergesehene, das heißt jegliche Variabilität, aus dem Prozeß zu entfernen. Anders als diese Manager sollten Sie jedoch inzwischen verstanden haben, daß Unsicherheit Informationen erzeugt und Informationen wiederum Wert im Entwicklungsprozeß. Es ist Unsinn zu versuchen, dem Entwicklungsprozeß seine Variabilität auszutreiben.

Wir schlagen eine andere Lösung vor: Wir müssen Prozesse entwickeln, die auch in einer Welt der Unsicherheiten funktionieren. Glücklicherweise gibt es dazu genügend Werkzeuge. Das primäre Hindernis für ihre Anwendung ist der Glaube, daß die Produktentwicklung deterministisch ist oder sein sollte. Es wird höchste Zeit, diese Vorstellung über Bord zu werfen. Es wird höchste Zeit zu erkennen, daß der Kaiser nackt ist und immer nackt bleiben wird. Wir müssen die Produktentwicklung als einen Prozeß mit prinzipiell notwendiger Variabilität behandeln. Der fünfte Schritt ist, beim Design eines Entwicklungsprozesses die Toleranz gegen Unsicherheiten als Schlüsselziel zu betrachten.

Seien Sie risikobewußt!

In den meisten Unternehmen kann man fast jedes Risiko eingehen, so lange man erfolgreich ist. Diese heuchlerische Einstellung zum Risiko ist gefährlich und verwirrend. Wir müssen in dem Sinne risikobewußt sein, daß wir eine riskante Entscheidung wie eine vernünftige Wette behandeln. Das Eingehen eines Risikos sollte nicht nach dem Erfolg bewertet werden, sondern danach, ob die Entscheidung zum Zeitpunkt des“Abschlusses der Wette” vernünftig war.

Das größte Hindernis bei der Durchsetzung dieser Einsicht ist die Tendenz, Fehler zu bestrafen. Die Stigmatisierung von Fehlern führt dazu, daß Ereignisse mit hohem Informationsgehalt nicht kommuniziert werden. Die Gefahr ist groß, daß wir dieselbe Lektion wieder und wieder lernen müssen. Der sechste Schritt sollte sein, Fehler publik zu machen und sogar zu feiern, die als Ergebnis eines klug kalkulierten Risikos aufgetreten sind. Solche Fehler erzeugen neues Wissen. Sie sind eine zentrale Quelle wertvoller Informationen. Sie sollten auch als eine solche behandelt werden.

Denken Sie in Systemen!

Wir haben an vielen Stellen dieses Buchs betont, daß Systeme nicht optimiert werden können, indem man jedes einzelne ihrer Subsysteme optimiert. Unglücklicherweise haben in den meisten Unternehmen die Manager unter der obersten Führungsebene ganz spezielle Verantwortlichkeiten, für deren gute Wahrnehmung sie mit *Incentives* belohnt werden. Beispielsweise kann die Fertigung an ihrem monatlichen Bruttogewinn gemessen werden. Wenn dieser Bereich zwischen dem Bau eines Prototypteils zur Unterstützung der Produktentwicklung und der Fertigung eines Kundenauftrags wählen muß, wird er unweigerlich den Kundenauftrag vorziehen. Das Prototypteil bringt ja keine Einnahmen. Diese dysfunktionalen Anreize müssen wir beseitigen, wenn wir das Denken auf Systemebene in den Köpfen unserer Mitarbeiter verankern wollen.

Das leitende Management ist für gewöhnlich die einzige Gruppe im Unternehmen, die ein klares Bild der Gesamtzusammenhänge auf Systemebene hat. Also ist es entscheidend, daß *diese* Gruppe das Unternehmen auf die Ziele des Gesamtsystems fokussiert. Dies erfordert oft den Verzicht auf Anreizsysteme, die nur zur Optimierung kleiner Lehensgüter anspornen. Der nützliche siebte Schritt ist also ein Überdenken der bestehenden *Incentives*, damit das Denken in Zusammenhängen des Gesamtsystems nicht blockiert wird.

Respektieren Sie die Menschen!

Die Qualitätsbewegung hat die Tendenz mit sich gebracht, Probleme eher der Ebene des Systems als der Ebene des Menschen zuzuweisen. Die Intentionen dieses Ansatzes sind gut, seine Nebeneffekte jedoch gefährlich: Wenn man glaubt, daß die primären Determinanten aller Ergebnisse im System liegen, verwendet man auf diesen Schwerpunkt Zeit und Aufmerksamkeit. Man versucht, ein narrensicheres System zu schaffen, das aber notfalls auch "Narren" betreiben können.

Eine andere Sichtweise erkennt, daß Erfolg sowohl ein funktionierendes System als auch exzellente Menschen in diesem System voraussetzt. Dieser Ansatz erfordert die sorgfältige Auswahl und Entwicklung von Mitarbeitern, um sicherzustellen, daß das System wie gewünscht arbeitet. Statt uns zu beklagen, daß "unser Vermögen jeden Abend zur Tür hinaus spaziert", müssen wir die Chance ergreifen, unsere Mitarbeiter zu einem erfolgskritischen Unternehmensvermögen zu entwickeln und sie nicht wie austauschbare Rädchen in einem geistlosen Getriebe zu behandeln.

Wenn wir wirklich glauben, daß eine solche Einstellung zum Humankapital richtig und profitabel ist, werden wir unsere knappste Ressource, nämlich die Managementzeit, der Entwicklung unserer Mitarbeiter widmen. Das ist ein durchgängiges Merkmal der besten Entwicklungsorganisationen. Der achte Schritt besteht darin, die Entwicklung des Humankapitals als eines Schlüsselvermögens in den Mittelpunkt unserer Managementarbeit zu stellen.

Entwerfen Sie den Prozeß sorgfältig!

Es sollte klar sein, daß der Entwurf eines Entwicklungsprozesses sowohl ein wirtschaftliches Ziel als auch eine Anzahl sorgfältiger Designentscheidungen erfordert. Die meisten Bemühungen um ein Reengineering des Entwicklungsprozesses sind hoffnungslos fehlgeleitet. Sie konzentrieren sich auf Dinge wie Prozeßdiagramme und die Beseitigung von "Verschwendung", die prinzipiell als Ursache allen Übels angesehen wird. Inzwischen verstehen Sie, daß vieles von dem, was als "Verschwendung" bezeichnet wird, einen ganz bestimmten Zweck im Produktentwicklungsprozeß erfüllen kann. Zum Beispiel erzeugen doppelte Tests, früh und spät im Entwicklungsprozeß, Informationen zu einem frühen Zeitpunkt, wenn sie am wertvollsten sind. Dem naiven Reengineering-Spezialisten erscheinen sie als Verschwendung. Überschüssige Kapazität im Prototypenbau mag wie Verschwendung aussehen, dabei bildet sie die Voraussetzung zur Beseitigung von Warteschlangen. Eine eigene Fachbibliothek erscheint im Vergleich zum Fremdbezug der entsprechenden Dienstleistungen wenig kosteneffektiv, aber der positive Effekt für die Entwicklungszeit kann viel schwerer wiegen als der negative Effekt eines erhöhten Aufwands.

Wenn wir wollen, daß unsere Mitarbeiter sich tiefgehender mit dem Prozeßdesign auseinandersetzen, müssen wir intolerant gegen oberflächliches Denken werden. Diese geringere Toleranz erfordert nicht ein Bestrafen simplistischer Lösungen, sondern ein Ermutigen tiefgehender Analysen und sorgfältiger Entwürfe. Dies ist vielleicht eine der größten Herausforderungen, weil die vielbeschäftigten leitenden Manager ständig mit neuen Slogans und Themen bombardiert werden, die alle nach Umsetzung schreien. Aber wenn unsere Manager nicht kritischere Konsumenten von Managementliteratur werden, dürfte es sehr schwer fallen, ganze Unternehmen zu einem genaueren Denken zu bringen. Der neunte Schritt ist, den Entwurf der Entwicklungsprozesse mit derselben methodischen Strenge anzugehen wie den Entwurf der Produkte.

Achten Sie auf die Architektur!

Zu häufig achten Entwicklungsorganisationen nicht genügend auf die Architektur ihrer Produkte. Dabei haben architektonische Entscheidungen eine ungeheure Auswirkung auf Zeitplan, Leistung, Kosten und Aufwand. Sie sind zu wichtig, um sie einem Systemarchitekten allein zu überlassen. Andere Abteilungen haben bedeutende Interessen, die auch vertreten sein müssen.

Es ist unwahrscheinlich, daß die Architektur als eine Frage der Unternehmenspolitik behandelt wird, wenn nicht das Management entscheidet, daß sie wichtig ist. Wenn die Produktarchitektur als unternehmerisches statt nur als technisches Problem aufgefaßt wird, werden die anderen Unternehmensbereiche an diesem Problem mitarbeiten. Unser zehnter Schritt ist sicherzustellen, daß alle Produktarchitekturen vor ihrer Verabschiedung funktionsübergreifende Reviews durchlaufen.

Verstehen Sie den Kunden!

Es hat einen wundersamen Anstieg der Zahl von Unternehmen gegeben, die sich als "kundenorientiert" oder "kundenzentriert" bezeichnen. Zu häufig gibt man sich jedoch damit zufrieden, zu verstehen, *was* der Kunde will. Es ist viel wichtiger zu verstehen, *warum* der Kunde etwas will, und zu akzeptieren, daß Kunden unter Umständen ihre eigenen Anforderungen nicht genau kennen.

Die Konsequenz daraus ist, daß wir viel mehr Zeit darauf verwenden müssen, die Motive und Hintergründe von Kundenanforderungen zu untersuchen. Werkzeuge wie anwendungsökonomische Modelle bieten gute Testmöglichkeiten des Wissens auf diesem Gebiet. Entscheidend ist weiterhin, einen hohen Prozentsatz des Entwicklungsteams in Kontakt mit den Kunden zu bringen. Leider stehen häufig einem derartigen breiten Kontakt finanzielle und organisatorische Hindernisse entgegen. Der elfte Schritt in der Reihe unserer Maßnahmen ist daher, permanent zu prüfen, ob das Unternehmen versteht, *warum* die Kunden bestimmte Produktanforderungen haben, und alle Hindernisse zu beseitigen, die dem Erlangen dieser Kenntnisse im Wege stehen.

Beseitigen Sie nutzlose Kontrollen!

Zu viel Kontrollaufwand wird mit Faktoren getrieben, die keine wirtschaftliche Bedeutung haben. Aufmerksame Arbeiter sind ständig über diese sinnlose Bürokratie erstaunt. Die Lösung ist nicht, Kontrollen abzuschaffen, sondern sie auf Faktoren zu konzentrieren, die wirklich die wirtschaftlichen Ergebnisse beeinflussen. Nach unserer Erfahrung ist der einzig zuverlässige Weg, die Kontrollstrategien aus Wirtschaftlichkeitsanalysen abzuleiten. Von Mitarbeitern für die Entnahme einer Schachtel Bleistifte aus dem Lager die Zustimmung des Managements zu verlangen, ist in kaum einer Entwicklungsabteilung sehr sinnvoll.

Kontrollen sind eine Frage der Schwerpunktsetzung, denn irgendeine Form von Budget wird es fast immer geben. Was wir vermeiden müssen, ist wertvolle Zeit talentierter Mitarbeiter mit der Eingabe von Daten in sinnlose Kontrollsysteme zu verschwenden. Ein nützlicher zwölfter Schritt ist es also zu überprüfen, wieviel Zeit für welche Kontrollsysteme aufgewendet wird und ob die überwachten Größen wirklich wirtschaftlich von Bedeutung sind.

Gehen Sie an die Front!

In meiner eigenen Managementerfahrung habe ich vor fünfundzwanzig Jahre als junger Marineoffizier auf einem Atom-U-Boot eine wichtige Lektion gelernt: Mein Vorgesetzter machte mir klar, daß ein Offizier zu seiner Mannschaft gehört, nicht an den Schreibtisch. Der grundlegende Unterschied zwischen Unternehmen wie Hewlett-Packard, die diese Philosophie praktizieren, und anderen, die dies nicht tun, hat mich in meiner gesamten Managementlaufbahn immer wieder beeindruckt.

Seinen Worten Taten folgen zu lassen, die Übereinstimmung von Reden und Tun, ist von entscheidender Bedeutung für eine gute Kommunikation. Für die meisten Mitarbeiter ist die Art und Weise, wie eine Führungskraft ihre Zeit verbringt, das wichtigste Zeichen dafür, was im Unternehmen wirklich zählt. Ein Manager zeigt sein Interesse an der Produktentwicklung also dadurch, wieviel Zeit er in der Entwicklungsabteilung verbringt. Dies ist eine entscheidende Möglichkeit, frühzeitige und genaue Informationen darüber zu bekommen, was tatsächlich passiert.

Viele ranghohe Manager vermeiden es, sich mitten ins Entwicklungslabor zu begeben, vielleicht weil sie Angst haben, dort könne ihr Mangel an technischem Verständnis offenbar werden. Das ist für die Entwickler selten ein Problem. Die bloße Anwesenheit vor Ort hat außerordentliche Nutzeffekte. Meine letzte Empfehlung ist, daß leitende Manager dahin gehen sollten, wo die Arbeit gemacht wird, um die Dinge einmal "aus dem Erdgeschoß" zu sehen. Mit Ausnahme des Suchens und Einstellens von Mitarbeitern gibt es für das Management keine bessere Möglichkeit, seine Zeit zu verbringen.

Vermeiden Sie Slogans!

Ich bin mir der herrlichen Ironie des Slogans "Vermeiden Sie Slogans!" bewußt, aber ich konnte der Versuchung nicht widerstehen. Wir haben das Ende des Buchs erreicht. Fassen wir noch einmal das zentrale Thema zusammen. Statt auf *best practices* zu hoffen, die ihren Anwendern angeblich automatisch Vorteile verschaffen, ist meine Position, daß das Management der Entwicklungsfabrik ein viel gründlicheres Nachdenken erfordert. Es ist die wirtschaftliche Realität des Unternehmens, die letztlich bestimmt, welche Parameter verbessert werden müssen. Wenn wir erst wissen, was wir zu optimieren versuchen, kennen wir die Entwicklungsziele für unseren Prozeß. Dies versetzt uns in die Lage, die Entscheidungen zu treffen, die uns unsere Ziele schneller und besser erreichen lassen.

Wie ein weiser Mann einmal sagte: "Weisheit ist die Kunst, zu wissen, was wichtig ist." Es ist unwahrscheinlich, daß es auf dem Weg zur Weisheit eine Abkürzung gibt. Allerdings sind einige Wege direkter als andere. Der direkteste Weg, den wir gefunden haben, besteht in sorgfältigen Beobachtungen und im Nachdenken über diese Beobachtungen. Seltsamerweise führt nur die Annahme, daß unsere Beobachtungen zu ungenau und unsere Schlußfolgerungen zu simpel seien, dazu, daß wir unsere Genauigkeit und unseren Scharfsinn verbessern. Viel Glück!

Ausgewählte Literatur

Alexander, Christopher; Ishikawa, Sarah; Silverstein, Murray; Jacobson, Max; Fiksdahl-King, Ingrid; Angel, Shlomo: *A Pattern Language, Towns Buildings Construction.* New York, Oxford University Press, 1977.

Allen, Thomas J.: *Managing the Flow of Technology.* Cambridge, MA, MIT Press, 1977.

Argyris, Chris; Schön, Donald A.: *Organizational Learning II: Theory, Method, and Practice.* Reading, MA, Addison-Wesley Publishing Company, 1996.

Brooks, Frederick P., Jr.: *The Mythical Man-Month, Essays on Software Engineering.* Reading, MA, Addison-Wesley, 1982.

Clark, Kim B.; Wheelright, Steven C.: *Managing New Product and Process Development, Text and Cases.* New York, The Free Press, 1993.

Cusumano, Michael; Richard W. Selby: *Microsoft Secrets.* New York, The Free Press, 1995.

Griffin, Abbie; John R. Hauser: *The Voice of the Customer, Marketing Science.* Vol. 12, No. 1, Winter 1993.

Hall, Randolph W.: *Queueing Methods for Services and Manufacturing.* Englewood Cliffs, NJ, Prentice Hall, 1991.

Kuhn, Thomas: *The Structure of Scientific Revolutions*. Chicago, University of Chicago Press, 1970.

Lorenz, Christopher: *The Design Dimension: The New Competitive Weapon for Product Strategy and Global Marketing.* Oxford, UK, Basil Blackwell, 1990.

O'Connor, Patrick D.T.: *Practical Reliability Engineering.* Chichester, UK, John Wiley & Sons, 1991.

Ohno, Taiichi: *The Toyota Production System.* Cambridge, MA, Productivity Press, 1988.

Pahl, G.; Beitz, W.: *Engineering Design: A Systematic Approach.* London, The Design Council, 1988.

Deutsches Original: *Konstruktionslehre*. Berlin, Heidelberg, New York, Springer-Verlag, 1986.

Patterson, Marvin: *Accelerating Innovation.* New York, Van Nostrand Reinhold, 1993.

Petroski, Henry: *Design Paradigms: Case Histories of Error and Judgement in Engineering.* New York, Cambridge University Press, 1994.

Pierce, John R.: *An Introduction to Information Theory: Symbols, Signals & Noise.* New York, Dover, 1980.

Porter, Michael: *Competitive Strategy: Techniques for Analyzing Industries and Competitors.* New York, The Free Press, 1980.

Rechtin, Eberhardt: *Systems Architecting: Creating and Building Complex Systems.* Englewood Cliffs, NJ, Prentice Hall, 1991.

Rich, Ben R.; Janos, Leo: *Skunk Works: A Personal Memoir of My Years at Lockheed.* Boston, Little, Brown, 1994.

Seaston, J.A.H.: *Improving the Competitive Weight of Large Turbofan Aero Engines.* Conference Papers C482, International Conference on Design for Competitive Advantage, London, Institute of Mechanical Engineers, 1994.

Shingo, Shigeo: *Non-Stock Production: The Shingo System for Continuous Improvement.* Cambridge, MA, Productivity Press, 1988.

Simon, Herbert A.: *Sciences of the Artificial.* Cambridge, MA, The MIT Press, 1981.

Smith, Preston G.; Reinertsen, Donald G.: *Developing Products in Half the Time.* New York, Van Nostrand Reinhold, 1991.

Thomke, Stefan H.: *The Economics of Experimentation in the Design of New Products and Processes.* PhD thesis, Massachusetts Institute of Technology, February 1995.

Stichwortverzeichnis

D

E

F

T

Der Autor dieses Buchs

Donald G. Reinertsen ist Geschäftsführer und Inhaber von Reinertsen & Associates, einem Beratungsunternehmen, das auf das Management des Produktentwicklungsprozesses spezialisiert ist. Bevor er sein eigenes Unternehmen gründete, sammelte er ausführliche Erfahrungen bei dem internationalen Unternehmensberater McKinsey & Co. Betriebliche Praxiserfahrungen machte er als *Senior Vice President of Operations* des unabhängigen Fertigungsunternehmen Zimmermann Holding.

Seine Beiträge zum Thema Produktentwicklung haben internationale Anerkennung gefunden. 1983, während er als Berater für McKinsey tätig war, veröffentlichte er in der Zeitschrift *Electronic Business* einen bahnbrechenden Artikel, der erstmals den Wert der Entwicklungsgeschwindigkeit quantifizierte. Dieser Artikel wird als die McKinsey-Studie zitiert, laut der "eine sechsmonatige Verzögerung 33 Prozent der Lebenszyklusprofite eines Produkts kosten kann". Über diese frühe Arbeit ist der Autor seitdem weit hinausgegangen. Das Spektrum der von ihm beratenen Unternehmen reicht von Gewinnern des *Fortune 500 Baldridge Award* bis zu kleinen, mit Wagniskapital finanzierten Pionierfirmen. Er hat eine Vielzahl innovativer analytischer Techniken zur Bewertung des Produktentwicklungsprozesses entwickelt.

Don Reinertsen studierte Elektrotechnik an der Cornell University und erwarb den akademischen Grad eines *Masters of Business Administration* (MBA) mit Auszeichnung an der *Harvard Business School.* Er ist Mitglied von IEEE, SME und ASQC sowie Co-Autor des Buchs *Developing Products in Half the Time: New Rules, New Tools.* Er äußert sich häufig in Vorträgen und Aufsätzen über Techniken zur Verkürzung der Produktentwicklung und hält ein beliebtes Führungsseminar mit dem Thema *Streamlining the Product Development Process* am California Institute of Technology. Er hat Tausende von Produktentwicklern in einem Dutzend Ländern geschult.